FONTANERIA

ENCICLOPEDIA CEAC DEL BRICOLAJE

FONTANERIA

SANTIAGO PEY ESTRANY
Diseñador Industrial

Fotografías: MARTI PEY GRAU

ediciones **ceac**

Perú, 164 - Barcelona 20 - España

© EDICIONES CEAC, S. A. - 1984
Perú, 164 - Barcelona-20 (España)

1.ª edición: Junio 1984

ISBN 84-329-5212-5

Depósito Legal: B-20596 - 1984

Impreso por
GERSA, Industria Gráfica
Tambor del Bruc, 6
Sant Joan Despí (Barcelona)

Printed in Spain
Impreso en España

Prólogo

La finalidad de esta obra editada ya hace algunos años, y de la que se han tenido que hacer varias reediciones, continúa siendo vigente: poner en manos del lector aficionado una documentación práctica, y asimismo unos conocimientos generales que le sirvan para realizar pequeños trabajos que tan a menudo se presentan en una vivienda y que resueltos por un tercero resultan mucho más caros, como cambiar la zapatilla de un grifo, solucionar una fuga, soldar una tubería, etc.

En las ediciones anteriores este tema de fontanería estaba acompañado con el de albañilería. Al proceder a esta revisión actual se ha creído oportuno desglosar ambos temas, pese a que están muy íntimamente ligados; en realidad ciertos trabajos en el cuarto de baño implican también trabajos de fontanería y de alicatado, que hemos reservado para el tomo de albañilería y no son tratados en el tomo correspondiente a revestimientos.

Por otra parte, la gran cantidad de procesos y productos, así como de herramientas e instrumentos que, durante estos años —de una a otra edición— se han divulgado en el campo del bricolaje, han aconsejado hacer una revisión general, partiendo del principio de que hay ahora muchos sistemas más aconsejables para operar (desde el punto de vista del bricolaje), que no los de seguir las técnicas tradicionales del fontanero, tal como se proponía en las ediciones anteriores.

La aplicación de este tema ha hecho que prácticamente se tuviera que dedicar una gran parte de la obra a él. Ello hubiera comportado si se le añadía la albañilería un volumen desmesurado. En cambio, se ha complementado el tema con otro bastante afín, cual es el de las pequeñas reparaciones de objetos usuales y a su entretenimiento y conservación.

Introducimos el tema de albañilería con unas consideraciones de carácter general, que advierten al aficionado respecto a las intervenciones que no le es lícito hacer en las instalaciones de fluidos.

Los problemas de la fontanería

Así como el aficionado no tiene reparos en proceder a una serie de trabajos de carpintería y ebanistería, tapizado, empapelado y pintado, e incluso de ciertas manipulaciones de albañilería, en cambio, de una manera instintiva, siente cierta aprensión a meterse en las instalaciones domésticas de fluidos, de cualquier clase que sean: electricidad, gas y agua. Y tiene toda la razón.

Intervenir en una instalación de agua, gas y electricidad está prácticamente vedado a todo aficionado, pues la ley establece claramente que solamente pueden hacerlo los *instaladores autorizados*, es decir, aquellos que han superado unas pruebas en un examen cualificativo, establecido por la Delegación de Industria de la región a la que pertenecen habitualmente. Y esto vale tanto para el ramo de la electricidad —como ya se advirtió en el tomo correspondiente— como para el de fontanería que se trata en este tomo.

Es lógico que se formule la pregunta: ¿Si la intervención en una instalación de agua y gas nos está prohibida por qué se nos habla de ello?

La respuesta en el sentido de que se realizan estas divulgaciones está abundada por varias razones:

1. No todas las intervenciones están prohibidas, siempre y cuando se sepa prevenir y tener en cuenta una serie de condicionamientos y respetar completamente aquellas prescripciones, que designan de manera tajante, que solamente puede intervenir en algunas manipulaciones un instalador autorizado.

2. Tal como hemos dicho cabe también una posible solución cual es la de que, habiendo consultado a un instalador o técnico, se proceda —si se es capaz de llevarlo a cabo— bajo las instrucciones del mismo, y que luego él, después de una revisión, proceda a redactar la hoja del boletín con la cual se sanciona su intervención. Naturalmente, ello supondrá el pago de unos honorarios como consultor técnico, pero nos habremos ahorrado (y muy probablemente el profesional estará contento de poder atender a otro cliente en una instalación más delicada que en una chapuza) unas horas de instalador cualificado, de material empleado y... posiblemente de que haya sido un aprendiz, que si bien está a las órdenes del profesional carece en realidad de competencia, y quizás lo haga con menos conocimientos y cuidados que los que uno mismo empeñará. Esta fórmula es una solución que se viene empleando en otros países y que resulta muy satisfactoria para todos los interesados.

3. Dicen que el saber no ocupa lugar y, evidentemente, saber cómo funcionan los elementos más importantes de nuestras instalaciones no sólo no molestarán sino que podrán ser de mucha utilidad. Y no sólo en una emergencia, cuando no haya manera de que el profesional pueda acudir y sea necesario e indispensable tomar una decisión, sino también para controlar lo que otro está realizando, y saber que lo está realizando como es debido y no de una manera arbitraria para salir del paso, tal como puede ocurrir muy bien si en lugar del interventor autorizado se nos manda una persona que está haciendo sus primeras armas, e incluso que a pesar de su veteranía se ve notoriamente que está incurriendo en un error por falta de unos conocimientos básicos. Téngase presente de que, así como ahora se requiere una titulación de maestría industrial, como mínimo, son aún muchos los industriales que carecen de esta titulación, pese a que por su experiencia hayan merecido el que se les haya concedido el ser instalador autorizado.

4. Finalmente otra razón, que si bien algunos pueden considerar desorbitada, no lo es tanto: después de tener un mínimo de conocimientos y si se dispone de alguna titulación análoga a la de maestría industrial sacar el título de instalador autorizado, presentándose a unos exámenes. Con estos títulos (el de fontanería y el de electricidad, pues cada uno es

independiente) se podrán realizar todas las operaciones para las que uno queda facultado, redactando el conveniente boletín.

Ello valdrá para uno mismo e incluso para realizar un trabajo para otro *siempre y cuando no se cobre nada*. Cobrar sería una competencia desleal a un industrial que paga su contribución y por lo tanto, además de una intrusión en un terreno ajeno, sería una acción incursa en penalidad jurídica. No hay que decir que por definición un bricolador no es una persona que trabaje por lucro.

Téngase presente también que, si se tiene una titulación superior, de igual forma pueden llevarse a cabo trabajos *para los que el título faculta*.

Hemos intentado proporcionar unos caminos posibles para el aficionado, sin que pueda sentirse frustrado ante las limitaciones legales, encaminadas a evitar riesgos muy peligrosos y que por incompetencia o por negligencia pueden dar lugar a accidentes y perjuicios muy graves.

La voz de la conciencia y de la sabia reflexión es la de *en la duda abstenerse*. Una cosa es haber leído o saber de oídas y otra es tener perfecto conocimiento para operar con todas las garantías y la seguridad que estas manipulaciones con fluidos requieren.

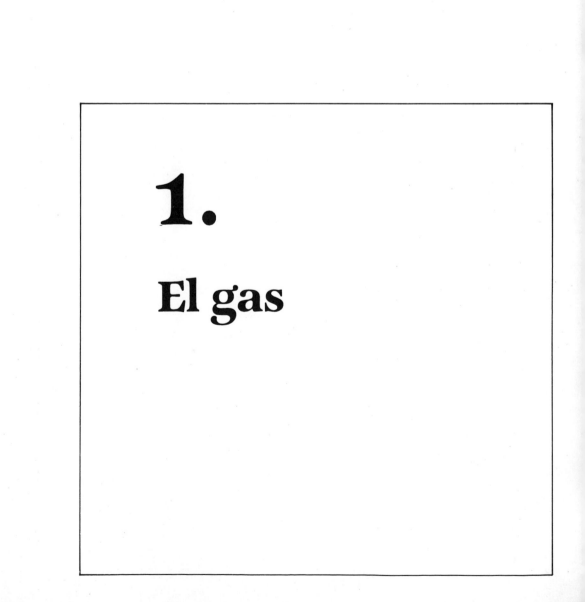

1.

El gas

ALGUNAS NOCIONES ELEMENTALES DE LAS NORMAS VIGENTES SOBRE EL GAS

Sin querer menospreciar el agua y las normas relativas a la misma, consideramos que con las explicaciones que más adelante se darán basta para poder actuar con eficacia frente a una emergencia ocasionada por una avería en la instalación de agua.

En cambio el gas es mucho más complicado y requiere muchas más precauciones ya que, las consecuencias de una imprudencia en el manejo solamente de aparatos equipados con cualquier tipo de gas, los riesgos son mucho más peligrosos.

Así como en una fuga o escape de agua se podrá cortar, en la mayoría de los casos, acudiendo a cerrar el paso general de entrada, y las principales averías se conseguirán subsanar también cortando el suministro y luego manipulando la parte afectada, en las instalaciones de gas, si bien cabe en ciertos casos cortar una fuga acudiendo a la espita de paso junto al contador, o cerrando la correspondiente a una botella, pueden ocurrir muchos otros percances, que habrán sucedido por inadvertencia o desconocimiento de muchos de los factores condicionantes de la misma manipulación de los aparatos, de no haber tomado unas precauciones elementales en los lugares donde hay los aparatos de consumo, y por bastantes otros motivos.

Es por ello que consideramos esencial dar unas noticias generales sobre las normas vigentes para el uso de diferentes tipos de gas, y asimismo describir los principales elementos que intervienen en una instalación.

El gas (por oposición al agua, cuya fuga, si es importante, se pone en evidencia muy pronto pudiendo por lo tanto atajarla) es traidor y puede invadir rápidamente una estancia y toda una vivienda de manera muy rápida, e incluso en cuestión de se-

gundos según la presión a que se halle sometido.

Así como para el agua hay manifestaciones claras que revelan una fuga (unas gotas, un charco, una humedad en la pared afectada, etc.), en cambio para el gas que haya podido escaparse no es tan fácil detectarlo sino es por el olor. Pero pueden ser muchos los casos en que cuando se nota el olor ya se ha producido una gran acumulación en la parte alta, si es un gas menos denso que el aire —tal como ocurre con el gas de alumbrado tradicional— o bien en las zonas bajas si se trata de gases más densos que el aire —como son los gases embotellados, por regla general, y algunos gases ciudad, según qué mezclas se haya producido con ellos, y otros gases.

Pudiera muy bien ocurrir que una persona en pie no notase el olor a gas en una habitación en la que el escape producido haya llenado una tercera parte de la misma, ya sea ocupando la parte alta o la baja de ella. Por otra parte hay gases que son casi inodoros, aunque como medida de seguridad suelen mezclarse con otros gases, gracias a cuyo hedor propagado con el combustible permite identificar que ha habido un escape.

En cualquier habitación donde se haya producido una acumulación de gas, una pequeña chispa o una llama dará lugar a una inflamación y explosión, tanto o más peligrosa cuanto mayor sea la cantidad de gas acumulado. No hay que decir que la propagación del incendio puede venir ayudada a través de los mismos conductos hasta la propia acometida o hasta el depósito a partir de los cuales hay fluido, dando lugar a una extensión del siniestro hacia otros lugares más o menos alejados.

La única manera de evitar esta propagación es cortar, si se llega a tiempo, el suministro, mediante las sucesivas llaves de control que puedan haber desde el punto de consumo hasta el paso general.

Por lo tanto es lógico que una de

las normas prescritas y que hay que tener muy en cuenta y respetar son las entradas y salidas de aire, en aquellas habitaciones en donde se produce el principal consumo de gas. Estas aberturas al aire libre no deben confundirse con las chimeneas y conductos de evacuación de humos y gases, producidos en la combustión en aquellos aparatos que los requieren especialmente.

Además de las consecuencias aludidas, otro peligro al que hay que dar mucha importancia son los gases tóxicos, altamente peligrosos, ocasionados por una mala combustión de los mecheros. La atención y limpieza de dichos mecheros, así como el proporcionar una alimentación de aire fresco y una buena evacuación de los humos y gases quemados, es una de las primeras normas a tener en cuenta en el uso de aparatos que consumen gas.

Respecto a los posibles escapes, y tan pronto como se huela a gas en cualquier sitio no habitual, lo más indicado es dar aviso inmediatamente a la compañía suministradora.

Evidentemente, cuando se va a usar un aparato que consume gas, puede darse como resultado que, incluso habiendo acercado la llama para que arda el mechero o tablero de incandescencia, se escape un poco de gas y que se huela a él. Si una vez encendido el mechero éste arde normalmente y no se siente ya más olor, lo habitual es que haya sido simplemente una solución de continuidad entre la abertura de la espita y el acercamiento de la llama. Cosa que no debiera producirse puesto que lo más correcto es proceder de manera inversa, es decir: acercar la llama al lugar de consumo y a continuación abrir el grifo o espita poco a poco, para que no se dé lugar a que por culpa de una abertura demasiado rápida el flujo de gas sea tan fuerte que apague la llama. Esperar a que pren-

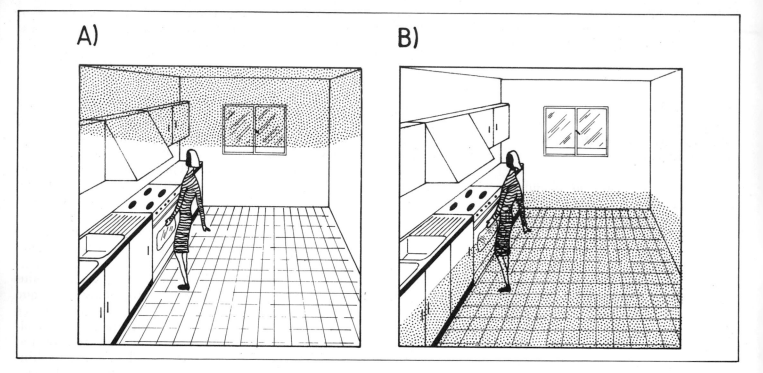

En estas ilustraciones se ve la manera como se dispersa el gas a distintas zonas de la habitación según su intensidad: A) acumulación de gas ciudad en la zona superior de la habitación por ser menos denso que el aire; B) gas butano o propano acumulado en la zona inferior por ser más pesado que el aire. Obsérvese que puede existir una zona de separación en que un ser humano no llegue a detectar una gran cantidad de gas acumulado procedente de una fuga. Los gases que, naturalmente, son inodoros, se les incorpora un aditivo maloliente para que se puedan localizar con facilidad.

da algo el mechero o placa de combustión y luego ir aumentando el caudal de consumo según convenga.

En el caso de que se note olor a gas sin haber procedido al encendido de un aparato o si habiéndolo hecho se continúa sintiendo olor, puede sospecharse de que hay un escape antes del lugar donde se consume, en cualquier punto de la conexión e incluso en el conducto de alimentación, o en la misma espita que da paso al conducto que lo lleva al aparato. En este caso, *está prohibido terminantemente el intentar localizar el escape con una llama.*

Cerrar todas las llaves a las que se pueda acceder. En primer lugar la

del mismo aparato, luego la de la espita en la que está empalmado el conducto de alimentación a aquél y finalmente la llave general de paso. No se debe utilizar el gas hasta no tener la completa seguridad que el escape ha sido reparado.

La manera lógica de proceder para intentar localizar el escape es volver a abrir la llave general, después de haber abierto todas las puertas y ventanas. El escape puede estar entre dicha llave de paso y el punto de consumo, es decir en cualquier lugar del conducto que lo alimenta.

Si se siente olor a gas y hay confirmación del escape caben dos posibilidades: de que se note muy rápidamente el olor y con bastante intensidad, o bien que, al cabo de cierto rato, se note, pero sin mucha intensidad. En el primer caso más vale llamar urgentemente a un profesional.

En el segundo caso puede intentarse la localización concentrándose en el punto terminal de la conducción fija, es decir en la espita de donde parte la conexión que alimenta el aparato.

Desconectar dicho aparato y aplicar agua jabonosa espesa en la espita de manera que quede envuelta como un guante. Si se producen burbujas en ella se sabrá casi con toda seguridad el punto de fuga. Volver a cerrar la llave general y llamar al técnico.

Esta avería es la más normal dentro de un conducto fijo, pues salvo que se haya producido un incidente poco común, como es el desoldado de un empalme o bien se haya golpeado algún punto del recorrido de una cañería fija vista, no es muy frecuente que haya una fuga en ella. Pese a esta poca frecuencia, sin duda se tendrá que atribuir a una fuga en el recorrido de la cañería si, habiendo comprobado que no se producen burbujas en la espita, se continúa notando olor a gas. Cerrar otra vez la llave de paso y llamar urgentemente al instalador autorizado.

Pese a estas posibles causas de escape de gas que, como hemos dicho, si bien son posibles no son muy frecuentes, las más habituales, y que el mismo aficionado podrá remediar, son las que se producen en el mismo tubo de alimentación del aparato, debido a haber sufrido un daño en su recorrido o a haberse degradado el material. Esta degradación no debiera haber ocurrido, pues todos los tubos para empalmar una instalación fija o una botella de gas tienen una fecha de caducidad que está inscrita en la misma manguera. Conservarla más allá del tiempo que en ella está indicado, es correr el riesgo de una fuga.

Habiendo comprobado que no hay escape en la instalación fija ni en la espita terminal, lo primero que hay que hacer es cambiar el tubo, si la fecha de caducidad está rebasada o a punto de expirar. Si, pese a este cambio, se continúa notando olor a gas, lo más probable es que la pérdida se halle en el mismo aparato y se tenga que proceder a su revisión y reparación.

Recuérdese que las conexiones elásticas que unen la instalación o el recipiente con el aparato de consumo deben ajustar perfectamente, y preferiblemente apretadas, mediante abrazaderas metálicas.

Evitar el contacto de dichas conexiones con partes muy calientes del aparato, procurando mantenerlas lejos de estas zonas de temperatura elevada que acelerarán la caducidad prevista, haciéndolo inflexible y propenso a que con un doblado se produzcan grietas.

Téngase presente que no todos los tubos de conexión son adecuados para toda clase de gases y que deben elegirse en función del tipo de gas que se consume.

Existen aparatos y sistemas de combustión que están provistos de un cierre automático y que actúa en el caso de que haya una emergencia en el paso del fluido. Estos dispositivos suelen incorporarse a aparatos de calefacción, estufas y cocinas y evitan que el gas continúe saliendo si por una causa fortuita se apagase la llama (un derramado de líquido en ebullición, una corriente de aire, un paro momentáneo en el suministro, etc.). Cuando no existen estos dispositivos automáticos deben ser vigilados constantemente los aparatos de consumo.

Si se usan botellas de gases licuados, aquellos recipientes procurarán colocarse o guardarse en lugares donde haya muy buena ventilación, en donde no se produzca mucho calor natural o existan focos de calor artificial. Más adelante se hablará de cómo acondicionar una instalación permanente de gases licuados.

Al proceder a los recambios de botellas consumidas, hay que evitar los golpes bruscos en el transporte y asimismo proceder con cuidado al encajar el regulador, asegurándose de que realmente se ha conseguido entrarlo de manera estable. La mejor manera de hacerlo es, tomando el regulador con ambas manos, tirar hacia arriba con él, sin aflojar la llave de retención.

Finalmente otra de las normas de seguridad prescritas es la que se refiere a cerrar la llave general de paso cuando se abandone el domicilio y cada noche antes de acostarse. En el caso de consumir gas ciudad, distribuido mediante conductos fijos, será la llave situada generalmente en un lugar a la intemperie la que se accionará. Si se trata de botellas, se cerrarán las válvulas de los reguladores, después de haberlo hecho con las de consumo instaladas en el mismo aparato.

TIPOS Y FAMILIAS DE GASES

A finales del pasado siglo se divulgó en las grandes ciudades el uso del gas. Sus dos principales aplicaciones fueron la de iluminación, tanto privada como pública (utilizada especialmente durante la noche y eventualmente durante el día en lugares oscuros o donde se requería mucha cantidad de luz) y, en segundo lugar, para proporcionar calor mediante hornillos y estufas.

El denominado *gas del alumbrado* se obtenía por destilación del carbón de hulla. Esta carbonización se lograba en recipientes cerrados que recogían los gases obtenidos en grandes tanques. Las fábricas como medida de seguridad se emplazaron a las afueras de las ciudades, y desde allí se efectuaba la distribución mediante una ramificación de conductos subterráneos por las calles, hasta situarlo al pie de cada vivienda.

La introducción de la electricidad, que resultaba algo más barata que el gas para la iluminación, tanto doméstica como pública, arrinconó de manera muy notable el gas. Este, sin embargo, se fue manteniendo con diferentes altibajos como combustible, hasta volver a conseguir una importante difusión en los últimos tiempos, debido a tener mucho mayor poder calorífico al ser mezclado y enriquecido con otros gases, que no son los de la destilación de la hulla.

El gas del alumbrado, si bien tenía muy buenas condiciones para la iluminación, por su costo relativamente bajo, carecía de gran poder calorífico. Poco a poco se fue modificando, tanto por un mejor procedimiento de carbonización como por la incorporación en la misma fábrica de otros productos gaseosos de origen muy diverso: metano, óxido de carbono, hidrógeno, etc. dando como resultado lo que se conoce como *gas ciudad*, para diferenciarlo de otras clases de gas, que también se utilizan y distribuyen mediante una red urbana, como es el *gas natural*; extraído de yacimientos subterráneos vecinos a las zonas petrolíferas. Además de su uso cerca de los manantiales, el gas natural se transporta a sitios lejanos por medio de gaseoductos, o bien comprimidos en tanques o botellas.

El antiguo gas del alumbrado y el gas ciudad deben un gran enriquecimiento gracias al gas natural, el cual se transporta a las antiguas factorías de gas en grandes buques o camiones cisterna.

Al lado de esta clase de gases, que se suelen suministrar desde factorías mediante redes de canalizaciones, están también los gases líquidos, que se suministran mediante bombonas y botellas de acero de diferentes tamaños, según cual sea el uso a que se destinan. Nos referimos al *gas butano* y al *gas propano*, los cuales si bien se hallan en estado natural en algunos yacimientos petrolíferos su obtención masiva procede de la destilación del petróleo. De dicha destilación, junto a los combustibles líquidos como son la gasolina, el gasóleo y otros productos, se consiguen también estos combustibles gaseosos: el butano y el propano.

Para una mayor comodidad en el transporte, estos gases se licuan (es decir se convierten en líquidos) por compresión a la temperatura ambiente, ocupando de esta manera menor volumen.

Cuando se abre el regulador o válvula de salida del envase que los contiene, estos gases licuados vuelven al estado gaseoso, ya que se produce una reacción inversa a la de su compresión, por medio de ebullición a la temperatura ambiente, y efectúan su salida al exterior como resultado de la expansión que se ha producido.

Al lado de estos gases, utilizados tanto para el alumbrado como para conseguir calor, no podemos olvidar otro que solamente se utilizó para iluminación y cuya obtención en sitios rurales se conseguía por cada interesado. Nos referimos al *gas acetileno*, que se obtiene por acción del agua en el carburo de calcio. El acetileno se empleó para tener luz en pequeñas lámparas portátiles, las cuales consistían en un recipiente donde se depositaba el carburo en trozos, y sobre el cual caía el agua procedente de un pequeño depósito incorporado al mismo aparato.

El gas, que se produce en el interior del recipiente, se escapa por una boquilla colocada en la parte superior al tratarse de un fluido de muy poca densidad, por lo menos más ligero que el aire ambiente.

La llama que se obtiene por combustión del gas en el orificio de escape, situado en la punta de la boquilla, es muy brillante y de gran poder luminoso. Al lado de esta utilización como lámpara individual transportable, se utilizaban instalaciones completas para proporcionar iluminación a toda una casa. Para ello se construía un gasógeno situado en el exterior de la casa (como medida de seguridad ante una eventual explosión), cuyo principio de funcionamiento era el mismo descrito para la lámpara individual.

Si bien se puede decir que el uso del carburo de calcio ha caído bastante en desuso debido a la divulgación del gas líquido embotellado y a sus indiscutibles ventajas de aprovechamiento, no se puede considerar el acetileno como algo totalmente obsoleto. Hay viviendas rurales en donde se continúa utilizando, y no hay que rechazarlo como una solución posible en determinadas circunstancias y, sobre todo, con los precios a que se han elevado todos los derivados del petróleo.

Desde el punto de vista oficial los gases, que se suministran en el mercado y procedentes de una obtención industrial, se agrupan en familias:

En la familia primera se integran:
— el gas manufacturado,
— el aire propanado o butanado con bajo índice de calorificación,
— el aire metanado.

En la segunda familia se hallan:
— el gas natural
— el aire propanado o butanado de alto índice de calorificación.

Finalmente en la familia tercera están:
— el butano comercial.
— el propano comercial.

Estas diferentes familias deberán ser conocidas por todo aquel que lleve a cabo cualquier instalación de gas.

CARACTERISTICAS DE LOS GASES DOMESTICOS

Cada uno de los gases que hemos mencionado tiene características peculiares, y por lo tanto serán también particulares las precauciones que tendremos que tomar para cada uno de ellos.

Densidad

El *gas ciudad* es mucho menos denso que el aire, por cuya razón tiene tendencia a subir. Ello quiere decir que, si hay un escape en una habitación, el gas se acumulará en la parte alta de esta pieza, y solamente cuando haya saturado esta zona se introducirá, en su descenso, por el primer hueco o rendija que encuentre a una habitación o habitaciones colindantes, para acumularse también en las partes altas.

Cuando el gas ciudad se ha enriquecido con propano, su densidad es superior o igual a la del aire, según la proporción que contenga. En este caso se desparrama por la habitación, ocupando las partes bajas o niveles medios.

El *gas butano* y el *gas propano* son más densos que el aire, y por lo tanto si se produce un escape en las botellas que los contienen el gas se irá acumulando en el suelo y ascendiendo lentamente.

Olor

Debido a su origen, el gas ciudad tiene un olor característico, procedente de los benzoles y carburos de hidrógeno que contiene. Aun cuando suelen purificarse estos benzoles antes de ser suministrados, el olor del gas ciudad suele ser suficiente para detectar cualquier escape.

El gas butano y el gas propano tienen un olor muy característico, por lo que fácilmente se percibirá también una pérdida en los recipientes o aparatos que lo contienen o utilizan.

Toxicidad

El gas ciudad es muy tóxico, debido al óxido de carbono que puede contener. Los demás constituyentes del gas ciudad no son nocivos para el organismo; en cambio, el óxido de carbono se fija sobre la hemoglobina de la sangre, siendo preciso inhalaciones profundas de oxígeno para eliminarlo. Ahora bien, este óxido de carbono no tiene ninguna trascendencia posterior a su combustión, puesto que durante la misma, se transforma en gas carbónico.

El peligro reside, pues, en un escape producido antes de la combustión, o también en una combustión incompleta, debido a un aparato defectuoso o deficientemente regulado.

Tanto este escape como esta incompleta combustión suelen ser detectados por el olor característico del gas.

En cambio, la inhalación de gas butano o propano no provoca una intoxicación, como ocurre con el óxido de carbono. El peligro de ellos estriba en la inhalación de una atmósfera saturada por dichos gases, pues en este caso la falta de oxígeno del aire que respirásemos podría provocar la asfixia.

INSTALACIONES DE GAS CIUDAD Y GAS NATURAL

A partir del punto en que el gas es suministrado por la compañía, el técnico competente, en función de los datos que le suministre aquélla, procede a la instalación con unas tuberías, cuyo dimensionado se ajuste a las necesidades y a las prescripciones establecidas, de acuerdo con unos materiales.

Una primera condición de estas instalaciones fijas, hasta los puntos de consumo por el utilizador, es la de que no deben ser utilizados los conductos de plástico. Deben ser de materiales que no sean atacados por el gas ni por el medio exterior con el que están en contacto.

En algunos casos es recomendable emplear un recubrimiento eficaz. Asimismo las tuberías tendrán que ser resistentes a los golpes, especialmente en aquellos casos en que las cañerías queden descubiertas a la vista.

Para los gases de la primera y segunda familia se podrán utilizar tuberías de acero y de cobre. El plomo, que había sido el material más comúnmente utilizado, solamente se podrá conservar en aquellas viejas instalaciones que demuestren buen estado y que pueden resistir una presión del gas hasta 500 mm de columna de agua.

Para los gases de la familia tercera, solamente se podrá emplear el cobre y el acero estirado.

La presión máxima de gas, en el interior de edificios habitados, no podrá rebasar nunca la de cuatro kg/cm², si se utilizan exclusivamente tubos de acero con uniones por soldadura o con tubo de cobre con soldadura fuerte por capilaridad.

Las tuberías flexibles, a base de plásticos elastómeros, sólo son admitidas para alimentar los aparatos móviles o desplazables, o para empalmar una botella de gas líquido a una instalación fija, convenientemente fijada mediante abrazaderas o racores. Son diferentes las que se emplean para gas doméstico de primera y segunda familia, y las que se utilizan para gas butano o propano. Las instalaciones pueden ser enterradas, empotradas y vistas.

Las cañerías ascendentes irán siempre vistas o bien en cajas ventiladas, tanto en su parte superior como inferior, y deberán ser siempre accesibles.

Este conducto ascendente termina siempre con una válvula de cierre para que pueda emplear como seguridad el consumidor. Estas llaves estarán situadas en un lugar al exterior. En el caso de que esto no fuera posible, se dispondrá una válvula accesible desde el exterior y además otra accesible desde el interior. Las válvulas interiores en exclusiva solamente son permitidas en aquellos casos en que resulte imposible colocar otra desde el exterior.

Aquellas instalaciones que estén suministradas con gases húmedos deberán tener una pendiente continua, de manera que quede asegurado el flujo de las posibles condensaciones que se produzcan en el interior de las cañerías, y estar provistas de un orificio de purga con los correspondientes órganos que garanticen la estanqueidad.

Las instalaciones enterradas

Tendrán una pendiente no inferior al 1 por 100, y las cañerías estarán ocultas de modo que se hallen bajo una adecuada protección o a suficiente profundidad. Aquellas cañerías, cuyo material sea propenso a la oxidación, tendrán que ser tratadas o estar convenientemente protegidas. Al atravesar un muro o cimentación los tubos tendrán que estar protegidos con una funda o vaina. No podrán, en ningún modo, atravesar cavidades no ventiladas, o si ello no es posible la cañería tendrá que ir alojada dentro de una vaina continua y estanca.

Las instalaciones empotradas

Las instalaciones empotradas solamente se podrán realizar con tubo de acero y uniones a base de soldadura. No podrá empotrarse tubo de plomo o de cobre, salvo que la parte empotrada no exceda de 40 cm de longitud y se haga para rodear un obstáculo o tener acceso a algún órgano de maniobra (por ejemplo, una llave de paso). Las cañerías empotradas tendrán como mínimo un diámetro de 12,5 mm. Su trazado debe ser vertical u horizontal (con pendiente del 0,5 por 100 si pasa un gas húmedo).

Las cañerías empotradas no po-

drán entrar en contacto directo con armazones metálicos de la estructura del edificio, ni con ninguna otra clase de tubería. Asimismo no podrán pasar a través de huecos de la construcción, salvo que dichos huecos se rellenen. Las que pasen por cámaras cerradas, no ventiladas, como altillos, cielos rasos, etc., tendrán que ser continuas y enteras, sin ningún dispositivo en dicho tramo, así como tampoco uniones que no sean soldadas. Obligadamente tendrán que hallarse dentro de una vaina ventilada.

Las instalaciones vistas

Estas instalaciones no deben colocarse en lugares donde las cañerías puedan ser objeto de choques o deterioros y en la proximidad de bocas de aireación, ventilaciones y tragaluces.

No se permite el paso de cañerías por conductos de ventilación, de extracción de gases quemados, de evacuación de basuras, huecos de ascensores y montacargas, así como por locales donde hayan transformadores eléctricos o se almacenen combustibles líquidos. Tampoco podrán pasar en cielos rasos, dobles techos, cámaras aislantes, armarios empotrados, salvo que las tuberías sean de acero con uniones soldadas y se hallen dentro de vainas ventiladas. Por lo tanto, recordamos que, en un lugar donde haya una vieja cañería de plomo vista, no se puede construir un armario empotrado...

Las cañerías vistas deben estar distantes de conducciones eléctricas, de agua caliente o de vapor. La distancia mínima será de 3 cm de tramos paralelos y de 1 cm cuando se crucen. Análogamente, la distancia mínima entre una cañería de gas y un conducto de evacuación de humos o gases quemados tendrá que ser de 5 cm.

Los dispositivos que intervengan en toda instalación vista tendrán que estar situados de tal modo que, su estabilidad y solidez sea completa y, estén perfectamente alineados con la

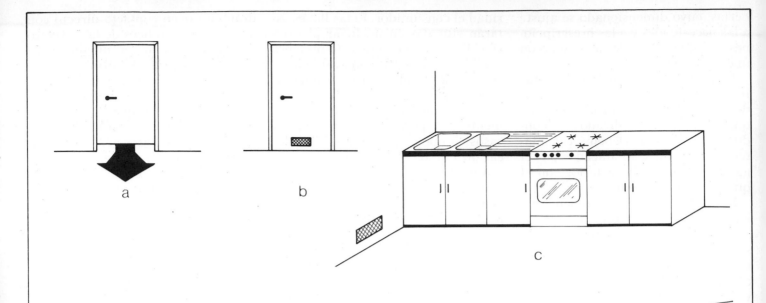

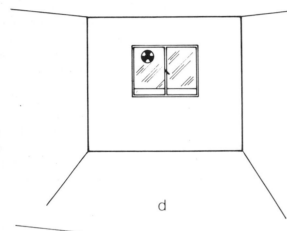

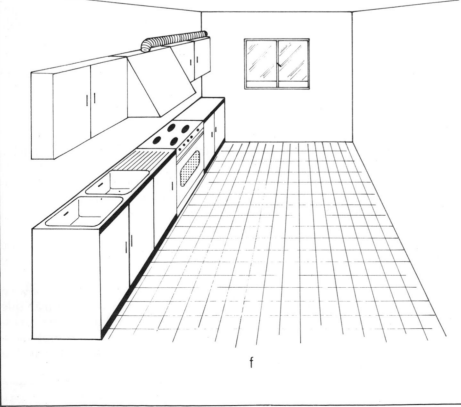

He aquí representadas gráficamente las sucesivas maneras como se puede lograr una buena ventilación en una cocina donde se producen combustiones de gas: a) puerta recortada en la parte inferior; b) abertura practicada en la parte inferior de la puerta; c) abertura practicada en la pared colindante a la cocina; d) pese a sus defectos, los extractores situados en pleno cristal de una ventana logran una aireación de seguridad justamente satisfactoria; e) en cambio, un extractor situado junto al techo y que expulse el aire hacia un patio constituye una solución mucho más satisfactoria; f) el mejor sistema para expulsar los gases mal quemados, los vahos y los vapores, consiste en una campana situada encima de la cocina, de la cual parte un conducto de gran diámetro que sale al exterior, donde se aplica un extractor que activa la circulación por dicho conducto.

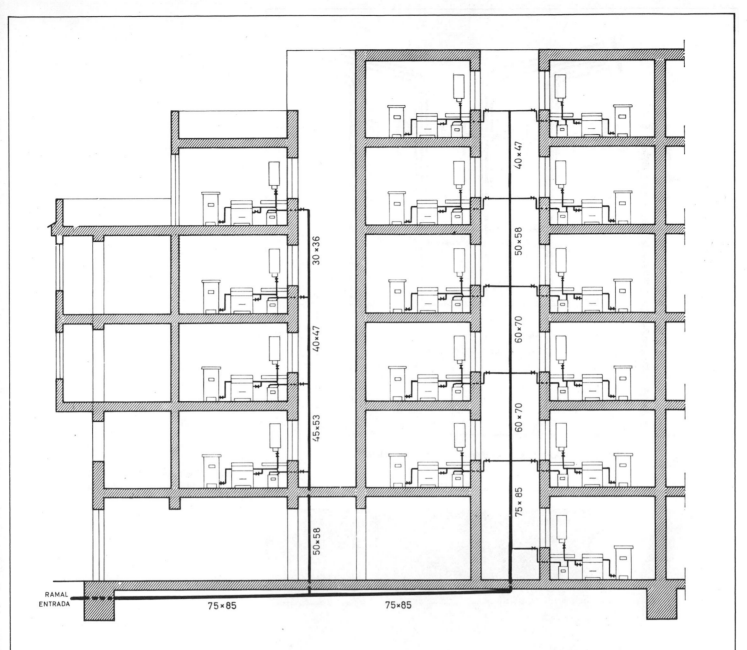

RAMAL
ENTRADA

30×36
40×47
45×53
50×58
75×85
40×47
50×58
60×70
60×70
75×85
75×85

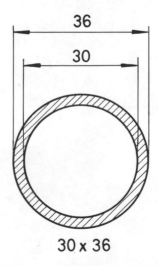

36

30

30 x 36

Esquema de una instalación de gas en una casa de varios pisos. En las tuberías están indicados unos números (30 × 36) que corresponden al diámetro interior y exterior del conducto de gas. Obsérvese que estas dimensiones van disminuyendo a medida que el piso es más elevado.

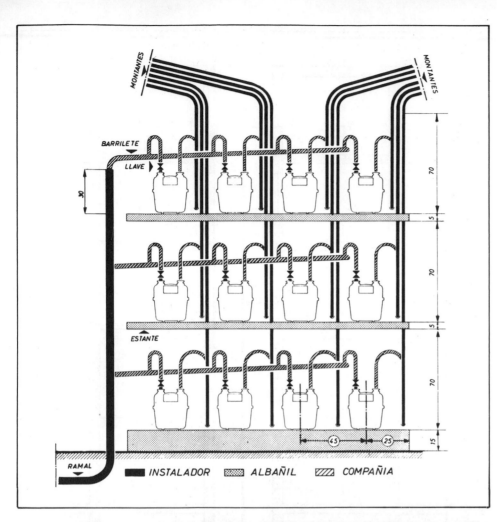

Croquis en el cual se muestra la instalación de una batería de contadores de gas para una casa de vecinos. Los distintos trazos indican a quién corresponde realizar los trabajos: instalador, albañil o a la misma compañía.

Batería de contadores de gas en la que se ven los tubos derivados de la tubería principal, al mismo tiempo los que salen para proporcionar combustible al inquilino al que corresponde cada contador.

tubería, para evitar angosturas en el paso del fluido.

Las tuberías vistas al nivel del suelo están totalmente prohibidas. Por lo menos, debe guardarse una separación de 5 cm.

Para gases húmedos se requiere una pendiente mínima del 0,5 por 100.

Uniones y juntas entre tuberías

Las uniones entre tuberías, y de ellas con los accesorios, estarán de acuerdo con los materiales que entran en contacto, y serán llevadas a cabo de tal modo que los gases empleados en la instalación no den lugar a ocasionar pérdidas de estanqueidad entre dichas uniones.

Las uniones de metal con metal solamente son posibles con uniones del tipo esfera-cono o del tipo *ermeto* y similares. Es importante asegurarse de la correspondiente homologación.

Las uniones con juntas de caucho sintético podrán utilizarse cuando este material trabaje a compresión sobre asientos planos de sobrada sección, para que garantice una total estanqueidad.

Las uniones a base de elementos roscados o manguitos roscados, solamente se podrán emplear en algunos casos indispensables, como puede ser el montaje de aparatos y uniones de tuberías en donde no pudiera realizarse una soldadura. En dichos casos, la rosca debe ser cónica y asegurarse de la estanqueidad con tira de teflón o una masilla de retención, convenientemente homologada para el caso.

Contadores

Deben hallarse resguardados en un lugar seco y ventilado para evitar su daño y mal funcionamiento. En caso de ser el gas más denso que el aire, está prohibida su colocación en pisos o lugares más bajos que el nivel superior del suelo. Junto al contador habrá siempre un dispositivo de corte del suministro, salvo que antes del contador hubiera un reductor o regulador de presión. Deberán hallarse en lugares donde no hayan

cuadros eléctricos, transformadores, o aparatos que puedan producir chispas. Por ello no estarán en los cuartos de máquinas de ascensores.

También pueden disponerse en un local privado, cerca de la entrada general del edificio. En ningún caso se hallará el contador en un cuarto de aseo.

Podrán establecerse en batería varios contadores, siempre que sea un lugar cerrado, accesible y ventilado, debiéndose reservar exclusivamente a instalaciones de gas.

Aparatos

En primer lugar hay que utilizar cada aparato para el gas a que está destinado. Conviene cerciorarse de ello.

La fijación se realizará de acuerdo con sus características. Por ello, los aparatos que precisen un conducto de humos tienen que estar inmovilizados y los de tipo ventosa o de circuito estanco hallarse fijados al muro o suelo por medio de tornillos.

En las cocinas se tendrá que prever la conexión por el lado derecho o por el izquierdo de la parte posterior de la misma, siempre y cuando el tubo flexible de conexión no quede en contacto con las partes calientes o destinadas a calentarse. Para evitar que las grasas o los fuegos de la cocina puedan dañar a otro aparato situado encima de la misma, se guardará entre ambos aparatos una distancia mínima de 40 cm en proyección vertical.

Los calentadores instantáneos y sin salida de humos tendrán que colocarse de forma que, entre su parte superior y el techo, quede una distancia por lo menos de 40 cm, y que entre dicha parte superior y el suelo quede una separación de 180 cm.

Conexiones

Aparte de la norma ya explicada, según la cual deben utilizarse los tubos para conectar los aparatos móviles y desplazables, y que hay que emplear una determinada clase de material, según sea el tipo de gas, asimismo se deberá tener en cuenta

que un tubo de conexión no puede tener una longitud superior a los 150 cm y estar homologados, señalando su fecha de caducidad.

Entrada de aire y evacuación de humos

Los aparatos de gas tienen que ser colocados en locales que, como mínimo, dispongan de un volumen de 8 m³ y una salida directa al exterior o a un patio interior (de una superficie mínima de 2 × 2 m), a través de una puerta o una ventana.

En los edificios que ya estén construidos anteriormente a estas normas, el patio interior podrá tener un lado de 2 m, y de no ser así se tendrá que establecer inexcusablemente un sistema de tiro forzado.

Todos los aparatos tienen que tener un conducto de evacuación de gases quemados, excepto las cocinas y los calentadores de 5 l. Estos últimos pueden proporcionar el agua caliente a dos grifos, pero no pueden suministrar agua caliente a bañeras o lavaderos (o lavadoras) de más de 75 l de capacidad.

En viejas instalaciones se tolera el que un calentador alimente a tres grifos pero que uno de ellos sea una bañera o un lavadero.

No pueden colocarse calentadores que carezcan de salida de humos en cuartos de baño. Por otra parte, se aconseja no colocar este tipo de aparato dentro de esta habitación.

Tanto las cocinas como los calentadores de 5 l tendrán que evacuar los gases quemados a través de sistemas de ventilación (extractores, campanas u otros dispositivos análogos).

En el caso de que no puedan realizarse las evacuaciones expresadas anteriormente, podrá efectuarse la evacuación para una salida practicada en la parte alta de una pared, puerta o ventana, cuya base debe estar a una altura de 1,80 m sobre el nivel del suelo. La salida tendrá que disponerse de modo que ningún elemento móvil de la construcción pueda obstruirla (por ejemplo una (siana). Los orificios tendrán que estar protegidos con una rejilla o deflector, tanto en el interior como en el exterior.

La sección de paso del aire enrarecido puede ser subdividida, pero de tal modo que la sección total tenga las dimensiones mínimas siguientes:

Cocinas

Con aparatos de cocción solamente	100 cm²
Con otros aparatos (por ejemplo, calentadores)	150 cm²

Otros locales

Calentador de agua	150 cm²
Lavadora o termo	100 cm²
Otros tipos de aparatos	50 cm²
Conjunto de varios aparatos	150 cm²

Los orificios estables de 150 cm² cabe la posibilidad de que puedan ser substituidos por orificios regulables, de sección variable entre 100 y 200 cm².

LA INSTALACION DE GAS DE UNA VIVIENDA

La instalación que corresponde a una vivienda particular (tanto si es de varios inquilinos como de uno sólo) habrá sido realizada durante la construcción de la casa, o posteriormente a ella, por un instalador, cuyos planos y realización habrán sido hechos de acuerdo con el tipo de gas suministrado por la Compañía.

Esta instalación no debe modificarse nunca sin consentimiento del propietario o comunidad de propietarios de la finca y posterior aceptación por parte de la compañía suministradora. Si se lleva a cabo una modificación, ésta debe realizarse siempre por personal especializado, instalador autorizado y aceptado asimismo por las Compañías.

Queda, pues, muy lejos de las posibilidades de un aficionado, incluso aunque se vea capaz de hacerlo, el intervenir en una instalación. Salvo, naturalmente, que disponga del título de instalador autorizado.

Incurrir en esta temeraria aventura, no solamente es asumir unas responsabilidades que desbordan las aptitudes individuales sino que, aparte del gran riesgo en que se puede caer, se incurre en una posible reclamación legal, tanto por parte del propietario de la finca como de los suministradores. No hay que decir, que, en caso de producirse un accidente, la responsabilidad deja de ser meramente civil para convertirse en una acción criminal.

Sin embargo, esta prohibición de que no puede un profano intervenir en una instalación, ya sea para modificarla o ampliarla o también para resolver una eventual avería, no quiere decir que se tenga que renunciar a conocer cómo funciona esta instalación, de qué elementos se compone y poderla inspeccionar, para que, una vez conocida, se detecten los posibles fallos que pudieran ocurrir y de esta manera proceder a las oportunas reclamaciones o avisos cerca del personal especializado y competente. E incluso, para solventar una avería de poca entidad, atajar un peligro grave en un caso de emergencia, aunque sólo sea de una manera provisional, pero evitando un desastre mayor.

Distribución en un interior

La distribución del gas en el interior de una vivienda se realiza de manera análoga a la del agua, por medio de conductos y ramificaciones, procurando acumular todos los servicios en una zona concreta de la vivienda, y evitar el realizar prolongaciones de conductos a habitaciones lejanas a ella, para evitar el paso de cañerías a través de estancias interiores y eludir así posibles accidentes. En cambio situándolas en una zona próxima a un punto ventilado, automáticamente se alude un posible peligro, si ocurre un percance en el recorrido de la tubería.

Los diámetros de las cañerías corresponden al consumo previsto para los aparatos que tienen que alimentarse. Normalmente se suele proveer a cada ramificación con una

Vista de una fábrica de gas que conserva casi la misma impresión de cuando el gas empezó a divulgarse. Nótese la diferencia entre el gasómetro situado en primer plano, más antiguo, y el situado en segundo plano con otra concepción.

En el dibujo esquemático (que no corresponde a una instalación real), se pueden apreciar, desde la salida del contador, las derivaciones para alimentar aparatos diferentes, cada uno de ellos provisto de una llave específica.

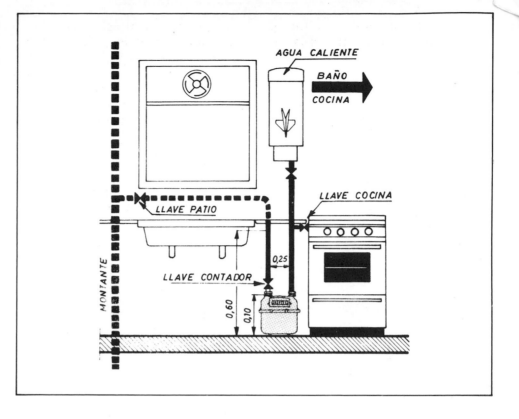

llave en su parte terminal. Gracias a esta llave, que suele ser al propio tiempo espita, es decir que puede empalmarse en ella un conducto, se proporcionará al aparato el gas y se dispondrá de una seguridad mayor de la que pueda tener el propio aparato. Esta llave debería considerarse como un dispositivo obligatorio en todo terminal de un conducto.

Independientemente de este grifo o espita terminal de un tramo, es también aconsejable intercalar una llave de paso en el curso de una tubería larga, o bien en una bifurcación o trifurcación, que permita cortar el suministro a cada uno de los aparatos. Esto es especialmente indicado si hay consumo de gas en dos lugares apartados de la vivienda. En este caso la espita estaría muy indicada inmediatamente después que se haya derivado el ramal.

En las grandes viviendas donde hay núcleos de consumo de gas repartidos y se precisa gas en cada uno de ellos es preferible realizar la con-ducción por el exterior y, en caso de fuerza mayor, procurar que pase por el interior el mínimo trayecto que sea posible. Tendrá que darse la debida importancia a estos trayectos, y comprobar periódicamente el buen estado de las cañerías y uniones que existan.

INSTALACIONES PARA GAS NATURAL

El gas natural, al que muchos suministradores se han pasado por completo, tiene la ventaja de que, siendo un producto compuesto esencialmente por gas metano, prácticamente carente de impurezas y de derivados sulfurados, resulta ser uno de los combustibles con menor poder de contaminación atmosférica.

Se halla el gas natural, por lo tanto, dentro de la primera de las familias de los tres grupos de gases domésticos, y requiere, pues, para su distribución canalizadores con tuberías de acero y de cobre, no siendo recomendables las cañerías de plomo. La generalización del gas natural supuso, consecuentemente, una revisión de una gran mayoría de instalaciones antiguas, ya que hubo lugar a varios fracasos al conectar directamente el suministro de gas natural a aquellas instalaciones, especialmente en las que se habían realizado con avaricia del material.

Hay que confesar que quizás en las revisiones se fue algo magnánimo, ya que se aceptaron cañerías de plomo que al parecer ofrecían garantías de resistencia, pero que prácticamente estan al límite de ellas.

En principio, es aconsejable que todo aquel que haya utilizado una vieja instalación de gas ciudad, y actualmente se le suministre gas natural, proceda al cambio de la instalación, aprovechando cualquier ocasión que se le presente con motivo de una reparación o de un arreglo decorativo.

2.

Pequeñas atenciones y reparaciones en una instalación de gas

ESCAPES

Aun cuando ya hemos hecho alusión a los escapes anteriormente, no estará de más insistir sobre esta cuestión, una de las más importantes en toda instalación de gas. Por regla general, es el olor el que nos pone sobre aviso de que hay o ha habido un escape (aunque éste se haya limitado a un mal encendido de un quemador). Inmediatamente que se note esta señal de alarma, el olor a gas, proceder de manera rápida y contundente:

1. Abrir la ventana o ventanas más cercanas al lugar donde se ha sentido el olor. En caso de notar mucho olor concentrado no limitarse a estas aberturas sino a todas las de la vivienda.
2. Cerrar el grifo general de entrada de gas a la vivienda.
3. Abstenerse de producir cualquier chispa o llama que pudiera causar la inflamación del gas que se haya podido acumular. Evitar, pues, encender la luz eléctrica, ya que al abrir ésta, generalmente, se produce una chispita entre los contactos.
4. Conseguida la desaparición del olor a gas y habiendo obtenido una aireación total, intentar localizar el punto donde se ha producido el escape. No importa tomarse un poco de tiempo en esta fase de aireación para estar completamente seguros de la evacuación de gas.

Localización del escape

Se comprobará que todos los aparatos de que se dispone tienen las espitas que los alimentan cerradas. Proceder de manera análoga en los posibles grifos que pueda haber, entre la entrada general y los puntos de consumo.

Efectuada esta verificación y manteniendo el grifo general de paso cerrado nos trasladaremos al lugar donde se halle el contador. Una buena manera de cerciorarse si hay

avance en el contador es tomar nota de la lectura del momento, aguardar un cuarto de hora por lo menos, y volver a comprobar si los decimales o las unidades han avanzado.

En el caso de que realmente se haya producido una nueva lectura, independientemente de la cantidad que se haya registrado, basta que hayan corrido unas cuantas cifras decimales, ello quiere decir que existe un escape entre el contador y la instalación. Se avisará inmediatamente y con requerimiento de urgencia a la Compañía suministradora, o al instalador autorizado.

En el caso de que el contador no avance, se procederá a abrir la llave general de paso, y se volverá a comprobar si el calentador marca algún avance durante un lapso de tiempo prudencial.

Si el contador avanzara (manteniendo todos los sucesivos grifos cerrados), es señal de que hay un escape entre el grifo general de paso y el recorrido de la canalización. Lo presumible es que este escape se halle situado en el tramo comprendido entre el grifo general de paso y el próximo grifo, que pudiera haber intercalado. En el caso de no existir éste, sino únicamente espitas en los puntos de consumo, la fuga puede hallarse en cualquier punto de toda la ramificación interior.

Si el contador no avanza, pudiera ser que no existiese escape entre el grifo general de paso y el que hubiese intercalado en el recorrido. Para comprobarlo abrir este grifo intercalado, o en el caso de dos ramales protegidos con sendos grifos, actuar primero en un tramo y luego en el otro, pero siguiendo el mismo sistema. Comprobar asimismo si al haber abierto el grifo intercalado se produce o no consumo. En caso positivo se habrá localizado muy posiblemente que el escape se encuentra entre esta llave de paso recientemente abierta y el o los puntos de consumo que ella asegure.

De esta manera sistemática se podrá ir comprobando, hasta reducir

Típico ejemplo de un contador de gas tradicional, como son la mayoría de los que actualmente se emplean.

a un lugar concreto del tramo, el lugar donde se halla la fuga.

Recuérdese que la primera alarma pudiera haberse producido al intentar encender un aparato, y que no habiéndolo hecho correctamente, al no producirse la llama en un mechero o el encendido de una placa, se haya escapado un poco de gas, por no haber cerrado inmediatamente la llave del mismo aparato. Asegurándose de que dicha llave está cerrada y habiendo dejado un tiempo prudencial para que el poco gas que se ha difundido quede prácticamente esparcido, volver a encender correctamente el aparato. Cuando la llama se haya producido, aumentar el caudal de gas hasta conseguir la producción calorífica que convenga.

Pudiera muy bien ocurrir que el escape se halle en las espitas o grifos situados en el punto de suministro a un aparato. Y asimismo pudiera ser que pese a funcionar éste correctamente se produjera un ligero escape en el grifo. Esto se podrá comprobar, aplicando una masa de jabón líquido o un detergente espeso en las junturas del grifo. Si se produce burbujas será señal de que, aunque ligera, hay una fuga en el accesorio.

Jamás se utilizará, como medio de localización de un escape, una llama. Y con menos razón aún, cuando la cañería se halla situada en zonas con deficiente aireación.

HERRAMIENTAS NECESARIAS PARA PEQUEÑAS REPARACIONES

Pese a las limitaciones que se ve obligado a respetar el aficionado, habrá pequeñas reparaciones y atenciones que podrá llevar a cabo por sí mismo, sin tener necesidad de llamar, para que las resuelva, a un instalador autorizado.

Teniendo en cuenta estas limitaciones, las herramientas que se pueden necesitar son pocas y sencillas. Además es muy posible que ya se cuente con ellas, dentro de la caja de herramientas que se dispone.

Prácticamente las herramientas valdrán, tanto para instalación de gas ciudad o para gas embotellado. La única excepción son algunos útiles especiales, que pueden ser necesarios para la reparación de accesorios y empalmado de tuberías de gas licuado, en las cuales no tiene que intervenir nadie, que no sea del servicio autorizado por las empresas de dicho gas.

Eliminando así las posibilidades de intervención, se puede decir que unos alicates universales, un juego de destornilladores y de llaves fijas podrán ser las herramientas que se puedan necesitar en alguna intervención, como puede ser la limpieza y mantenimiento de una espita de punto de consumo, el atornillado de una brida de una conexión flexible, etc. En cambio, sí será conveniente disponer de bridas de varios tamaños; alambre para una emergencia, en el caso de carecer de bridas, y asimismo masillas o juntas que garanti-

cen estanqueidad, las cuales se tendrán que amoldar a la de los accesorios y dispositivos que se tengan en la instalación.

MANIPULACIONES CON TUBOS

No se mencionan, pues, las herramientas relativas al trabajo con tuberías (cortado, curvado, abocardado, limpieza, soldadura, etc.), ya que todas las operaciones y trabajos con los conductos están proscritos a todo aquél que carezca del título de instalador autorizado.

Aquél que quiera informarse al respecto (pero con pleno conocimiento, *repetimos*, que estas manipulaciones no son de su incumbencia), tendrá de todos modos una orientación de lo que se puede realizar, consultando la parte correspondiente de fontanería destinada a las instalaciones de agua, dentro de este mismo tomo. Siendo algunos de los conductos de agua iguales que los que se emplean para el gas, todas las operaciones que se pueden efectuar para el gas son las mismas que las que se describen para el agua.

Y así como en las reparaciones de agua se toma como precaución primera cerrar el grifo general de paso, y evacuar el agua que hubiera podido quedar en la cañería, antes de efectuar cualquier manipulación (especialmente soldadura), también en el caso del gas deberemos proceder análogamente, *pero extremando las precauciones, ya que el gas que hubiera quedado en la cañería se esparciría por la casa y podría dar lugar a una explosión, ante cualquier llama o chispa (aparte de las posibles intoxicaciones).*

Los perjuicios de una inundación de agua no serán jamás tan graves como los que puede originar un incendio o una explosión. Por lo tanto, todas las normas de precaución relativas al gas deben tomarse al pie de la letra, y hay que proceder rigurosa y sistemáticamente a su ejecución. Es preferible pecar de prudentes y minuciosos, que actuar con precipitación y exceso de confianza.

Consecuentemente debemos manifestar al aficionado que, antes de lanzarse a una reparación por soldadu-

ra en una cañería de gas (operación que, si bien es compleja, puede ser llevada a cabo perfectamente por una persona diestra y que disfruta en los pequeños trabajos del hogar) y, teniendo en cuenta los peligros que entraña tal manipulación, debe reflexionar y estar muy seguro de lo que va a emprender. Debe, ante todo, dominar muy bien todo lo que hace referencia a la técnica de la soldadura, y haber realizado unas cuantas. Jamás se acometerá una soldadura en una instalación sin haber hecho antes unos ensayos previos, y haberse demostrado a sí mismo que se dominan perfectamente todas las operaciones.

También, y de la misma manera que se aconseja en las intervenciones de soldadura de tubos para una instalación de agua, resulta muy molesto realizar reparaciones en el mismo lugar y con difíciles condiciones de trabajo, con angosturas, rincones, cañerías retenidas en ángulos, etc. que no solamente entorpecen sino que ponen en entredicho la consecución efectiva del trabajo. Siempre que se pueda, procurar realizar el empalmado de tubos en un lugar cómodo, donde se puedan manipular con seguridad los sopletes o aparatos de llama con todas las garantías, y convenientemente resguardados, disponiendo de bancos o sistemas de retención de las piezas, etc. Reservar para el final una operación sencilla, gracias a la cual se logre el empalmado con todo el tramo realizado, en el lugar adecuado.

Otra ventaja actual es el uso de tuberías de cobre, cuya soldadura es mucho más fácil que la que se precisa para tuberías de plomo. Tanto la soldadura de tubos de cobre, con soldadura incorporada en los manguitos y accesorios, como la que se puede realizar aportando una aleación, que se infiltra por capilaridad después de haber calentado las piezas que hay que unir, son una y otra mucho más simples que la de estaño, la cual, para conseguirla eficazmente, precisa de muy buena experiencia. Por otra parte, y como se ha visto por las normas que rigen en las instalaciones, son el cobre y el acero los materiales adecuados para ellas; si bien se toleran viejas instalaciones de plomo, es recomendable substituirlas, y por lo tanto ya no se tendrá que operar con este material, salvo en algún empalme de la nueva cañería con el resto de la vieja instalación que no se puede sacar.

Independientemente de las verdaderas soldaduras hechas con llama, ahora, y *para casos de emergencia*, el aficionado puede hacer recurso a las denominadas soldaduras en frío. Estas no son propiamente soldaduras sino unas masillas a base de resinas sintéticas, que tienen muy buena adherencia con los metales. Gracias a ellas, sin necesidad de llamas ni de procesos laboriosos que requieren haber pasado por un verdadero aprendizaje, se conseguirá realizar obturaciones de fisuras, poros o juntas, así como lograr una unión sólida y estable entre dos elementos que se tengan que empalmar.

De todos modos téngase presente que estas masillas sintéticas no están homologadas por las Delegaciones de Industria, y que su uso se puede admitir solamente como la solución en un caso de emergencia, pero que debe ser substituida por los sistemas preceptuados en las normas. En el caso de realizar una obturación en cañerías de gas, las manipulaciones suelen ser más simples que cuando hay que realizarlas en una cañería de agua, ya que en ellas no se tiene que evacuar o dejar que seque el agua existente en el conducto. (Sin embargo, hay que tener presente que algunos tipos de gas húmedo puede llegar a producir condensaciones en el interior de los tubos).

Bastará, en general, pasar un paño para enjugar las eventuales gotas de condensación que hubiera, limpiar el óxido con un medio abrasivo (lana de acero, papel de lija de grano medio) y desengrasar con un disolvente enérgico (acetona, tricoloroetileno). Después de ello, se podrá proceder a taponar el poro o fisura, o a recubrir las juntas de empalme de los tubos. Para retener la masilla o adhesivo en su sitio, y evitar que descuelgue antes de que catalice con el correspondiente endurecimiento, se puede utilizar un vendaje con una hoja de bolsa de polietileno, como las que se utilizan para la venta de ciertos artículos al detalle.

Las resinas sintéticas idóneas para este uso, como soldaduras en frío, son básicamente, las de poliester, si bien cabe usar las epoxidas (con o sin carga metálica). Las primeras tienen un componente a base de resina y otro constituido por polvo metálico, en el cual se halla incluido el catalizador o endurecedor.

MANTENIMIENTO Y CONSERVACION DE GRIFOS Y ESPITAS

Los grifos y espitas que abren y cierran el paso del gas al final de una tubería conductora, y que son una garantía de seguridad en el consumo de gas de una vivienda, deben estar siempre en perfecto estado. Una de las precauciones que hay que tomar es la de que podamos abrir y cerrar perfectamente el grifo que alimenta cualquier aparato (cocina, hornillo, estufa, etc.).

Este terminal debe mantenerse siempre cerrado, cuando dicho aparato no se utiliza.

Debido al constante uso que se hace de los grifos, pueden producirse desgastes en el ajustado de las llaves dentro de su alojamiento, dando con ello origen a pequeñas fugas de gas que, probablemente, serán detectadas fácilmente por el olor. Generalmente todos los grifos suelen emplear un acoplamiento cónico, para

que el desgaste natural del metal en su rozamiento quede compensado por mayor penetración de la pieza giratoria en su alojamiento. Vea en la fotografía adjunta uno de estos grifos desmontado.

La pieza cónica está retenida por un sistema de fijación de tornillo o tuerca, con una arandela intercalada, que facilita el giro. Hay algunos grifos que, además de esta arandela, llevan también un pequeño muelle circular, que contribuye a que la pieza cónica de giro quede siempre ajustada en su alojamiento. Este muelle puede perder su eficacia, o bien romperse.

Antes de efectuar una reparación en cualquier grifo terminal, es preciso:

1.º Cerrar el grifo general de paso.
2.º Consumir el gas que hubiera quedado en la tubería. Para ello se procederá a encender el aparato que se alimente con el grifo que se va a reparar, y aguardar a que la llama se extinga totalmente.
3.º Entonces se podrá proceder a desconectar dicho aparato, y al arreglo del grifo terminal.

Grifo de gas desmontado. La válvula cónica que da paso, según que la manija esté en la misma dirección de la espita, lleva un agujero redondo o alargado. En su parte inferior y para que no salte se halla retenido por una tuerca.

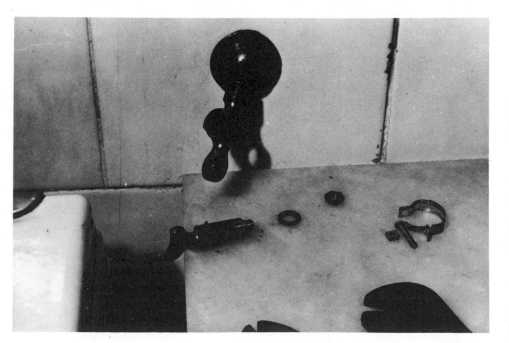

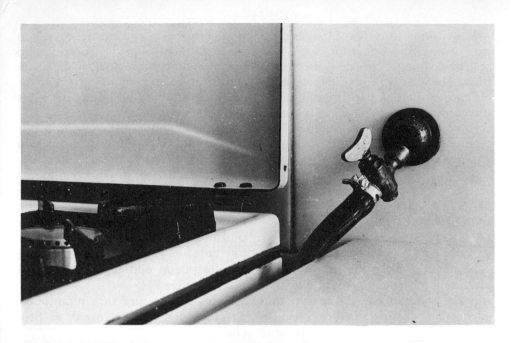

Grifo de gas en posición «abierto». La manija se halla dentro del mismo plano de la conducción.

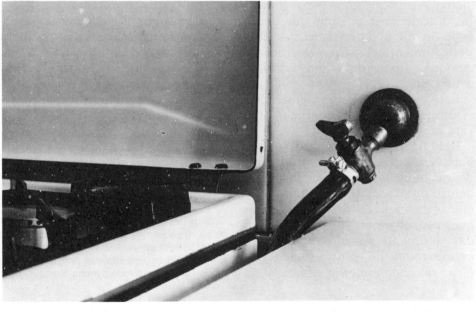

Grifo de gas en posición «cerrado». La manija queda dispuesta transversalmente a la conducción.

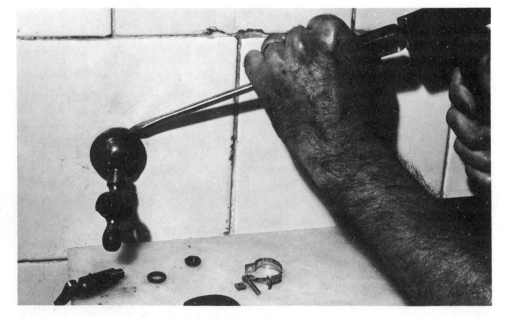

Para sacar la base del grifo, tiene que aflojarse la rosca que se atornilla en la tuerca terminal de la cañería. La manera de lograr el aflojado se hace por medio de una llave grip, o bien, como en el caso presente, aprovechando una muesca existente realizar un giro con ayuda de un destornillador o botador y un martillo.

Reparación de un grifo terminal

Se separa el grifo de la base en que está alojado en la pared.

Comprobaremos la posible holgura que tenga y que haya adquirido con el continuo uso, e intentaremos eliminarla por un avance del tornillo o tuerca que fija la pieza giratoria de la llave en su alojamiento. Si ello no es posible, porque el tornillo o tuerca están a tope de su rosca, es probable que cambiando la arandela existente por otra más gruesa se recupere el buen ajuste de las piezas del grifo. En vez de cambiar la arandela, podemos intercalar una arandela-muelle que acutará con mayor eficacia. Después de lubricar perfectamente los elementos constituyentes del grifo, devolveremos éste a su base roscada de la pared, y comprobaremos la eficacia de la reparación, volviendo a abrir el grifo general de paso y verificar si no se producen ya pérdidas.

Todos los grifos y espitas deben mantenerse siempre lubricados con aceite mineral. Hay que desconfiar de la grasa y aceite que se deposita en los grifos que alimentan una cocina u horno. Estas grasas, procedentes de las cocciones, suelen llevar y recoger materias sólidas minúsculas y polvo que actúan de abrasivo. Es conveniente limpiar periódicamente los grifos que se hallan en una cocina con un pincelito de cerdas no muy blandas, empapado en bencina o petróleo, y a continuación lubricarlos con aceite mineral para máquina (el aceite que se emplea para la máquina de coser, por ejemplo).

Atención a las conducciones entre el grifo y el aparato de gas

La conducción del gas entre el grifo terminal de una conducción rígida y el aparato que lo utiliza se realiza mediante tuberías blandas y flexibles. Los materiales empleados para estas conexiones son, habitualmente, la goma y ciertos tipos de plástico (polietileno y cloruro de polivinilo blando). Algunas de estas tuberías blandas tienen un recubrimiento metálico en hélice (*flexo*) que no solamente son más resistentes contra golpes, rozaduras, etc., sino que con ellas se evita completamente el que por una curva forzada se produzcan estrangulamientos.

Con respecto a los materiales blandos, debemos decir que hay que asegurarse de la calidad de los mismos en su comportamiento con el gas ciudad. El gas ciudad se enriquece con muchos otros gases, los cuales pueden ser nocivos para la goma, o para ciertos plásticos. Las compañías suministradoras son las que mejor pueden asesorar al respecto. Hay que desconfiar de muchas tuberías de goma vulcanizada procedente de regeneración de otras. El látex puro usado en los laboratorios es el material blando por excelencia para conducciones de gas. Es algo más caro que muchas conducciones de goma regenerada, pero mucho más seguro.

Hay que evitar, sea como sea, el que se puedan producir estrangulamientos en las conexiones entre grifo terminal y aparato consumidor de gas. Muchas veces este estrangulamiento es debido a ser demasiado corto el conducto, a que el material es demasiado blando, y otras veces se debe a la situación que guardan entre sí las dos espitas que hay que conectar: la del grifo y la del aparato. En caso de no poder recurrir a una conducción *flexo*, antes mencionada, se podrá asegurar una curva suave, obligando a que coincida la conducción con unas inflexiones preestablecidas y obtenidas con un material rígido (un pedazo de tablero de 4-5 mm, de plancha de hierro de 1 mm, o de material análogo, recortado o calado según la curvatura que interese) cuya anchura será equivalente a la del diámetro de la

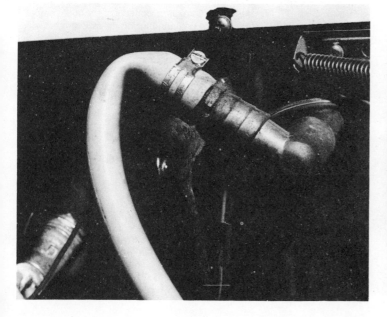

Lo que en la foto se muestra es un defecto en el que muchas veces se incurre: la conducción flexible empalmada al terminal del aparato de cocinar, debido a la posición del grifo de paso, se ve obligada a doblarse, de tal modo que se produce un estrangulamiento, cuando no el cerramiento total del gas.

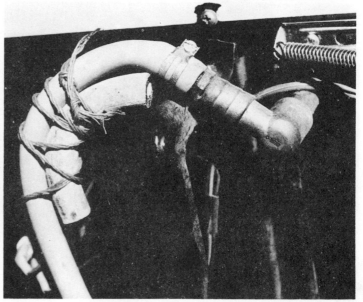

El defecto anterior puede subsanarse, tal como se muestra, atando una pieza rígida curvada a la conducción flexible, de modo que ésta se vea obligada a seguir suavemente la curva.

tubería y a la que se obligará a seguir la inflexión en el punto que nos interese, mediante una atadura.

Las conducciones que se venden suelen estar preparadas para efectuar un buen acoplamiento con la espita del grifo terminal y la del aparato, que muchas veces suelen ser de calibres distintos. En el caso de adquirir para conducción, una tubería cuyo calibre sea uniforme, se procurará que éste corresponda al de la espita de mayor diámetro (debe entrar algo forzada, pero de manera que la elasticidad del material lo permita, sin desgarrarse). Entonces en la boca opuesta, si quedara holgada para la otra espita, tendríamos que encasquillar un pedazo de tubería, de la misma calidad que la adquirida, pero más pequeña y de manera que su diámetro externo coincidiera con el interior del de la conexión, y que su diámetro interno entrase algo forzada, también en la espita más pequeña.

Para tener una mayor garantía respecto a posibles reblandecimientos ulteriores de las bocas de la conexión, es preferible asegurar el buen acoplamiento, con una brida o una simple atadura de alambre o cordel grueso. Puede usarse también cinta autoadhesiva de buena calidad.

Prolongaciones de conductos

Tal como se ha venido indicando, cualquier derivación de gas que se tenga que efectuar con una intención permanente, debe no sólo formar parte de la instalación a base de conductos rígidos, sino que si se han de situar en algún punto distante de la zona donde se consume habitualmente el gas, esta prolongación se ha de procurar que pase por lugares exteriores o patinejos interiores, y evitar su curso por el interior de la casa; especialmente por dentro de las habitaciones.

Por tanto, las prolongaciones a que ahora nos podemos referir son las que tendrán que establecerse eventualmente para alimentar un calefactor, un hornillo o cualquier otro aparato auxiliar para unas circunstancias determinadas. No hay ningún inconveniente en usar una tubería flexible (goma o plástico) la cual empalmada a una toma de gas provista del correspondiente grifo, podrá alimentar el aparato en cuestión.

Se evitará cualquier inflexión brusca (esquinas, recodos, etc.) en el recorrido de esta prolongación, tanto en sentido horizontal como vertical. A ser posible, se procurará mantener un nivel bajo y ligeramente ascendente, hasta alcanzar el aparato que alimenta. Para prever que, por una sacudida brusca, pudiera soltarse la boca de la tubería de prolongación de la espita a la que estuviera empalmado, se asegurará dicha unión con una brida o una firme atadura, de cordel grueso o de alambre.

En el caso de tener que alimentar

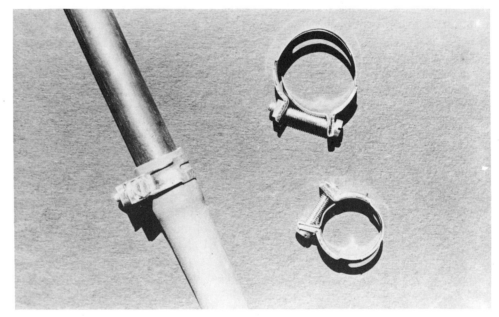

Es indispensable recurrir al uso de bridas de estrangulamiento para conseguir un buen empalmado entre una conducción rígida y otra flexible. Hay que conseguir y tener la seguridad absoluta de que no se producirán fugas.

En casos de emergencia, y si se carece de bridas apropiadas, se puede recurrir al retorcido de un alambre después de haberlo enrollado un par de vueltas alrededor del conducto flexible, procurando que este apretado se realice entre los extremos de uno y otro conducto: en su parte media central.

Unión de tuberías haciendo recurso a una T. Obsérvese el empleo de bridas en cada una de las tomas del accesorio.

dos aparatos simultáneamente con una misma espita, se puede recurrir a una «T» que se puede encontrar fácilmente en los comercios dedicados a artículos de saneamiento o de suministros de artículos de goma. La «T» deberá colocarse: o bien en el origen de la toma, o bien en el extremo de la prolongación, según cual sea la situación de los aparatos que hay que proveer de gas. Los empalmes de tuberías con la «T», convendrá asegurarlos con sus correspondientes bridas.

De mucha más garantía y eficacia, son las tuberías flexo, pero el costo de estas tuberías —especialmente para un largo recorrido— puede representar una inversión demasiado costosa para un caso de emergencia como al que estamos aludiendo. Pues de no ser eventual, ya no cabe hablar de prolongaciones de esta clase.

COMO ENTRA EL GAS CIUDAD EN NUESTRAS VIVIENDAS

El gas ciudad se obtiene y enriquece en las fábricas de gas, y desde ellas se distribuye por toda la zona urbana mediante una ramificación de conductos subterráneos, que sitúa el gas al pie de nuestra casa, de manera análoga a como se distribuye el agua. La naturaleza y diámetro de estos conductos son determinados por el distribuidor. Sus secciones técnicas y el personal de obras a su servicio se ocupan también de efectuar los empalmes desde el terminal de distribución hasta nuestro domicilio.

En los edificios de varios vecinos se establece un ramal, con tantos conductos como apartamentos o pisos tenga la casa.

En cada uno de estos conductos se intercala un contador, que pueda controlar el gas consumido por cada vivienda.

Antiguamente, este contador se acostumbraba a colocar en el mismo domicilio del consumidor. Actualmente, y salvo raras excepciones (contadores automáticos que sólo se ponen en marcha previa introducción de monedas), en los edificios colectivos se acostumbra a situar todos los contadores de los vecinos juntos en un mismo cuarto, emplazado al pie del edificio y próximo a la portería. De esta manera, es más fácil la lectura de los consumos efectuada por los empleados de la compañía suministradora, que no tienen que pasar, apartamento por apartamento, con la posibilidad de encontrar ausentes a los inquilinos.

Estas instalaciones en edificios colectivos suelen hacerse ya de obra, por operarios especializados, y bajo inspección y autorización de la empresa distribuidora de gas.

Conductos exteriores

Los conductos ascendentes que parten reunidos desde el cuarto de contadores situado al pie del edificio, se hacen subir por un patio exterior o patinejo de servicios, hasta cada uno de los distintos pisos o apartamentos. Antes de entrar en el interior de cada vivienda, el conducto alimentador se interrumpe con una llave general de paso, encargada de poder cortar o abrir la entrada del fluido.

Llave de paso

Esta llave general de paso es muy importante, ya que de ella depende nuestra seguridad, y hay que prestarle la máxima atención.

Esta llave de paso *debería estar siempre cerrada*, mientras no se consumiera gas en la vivienda. Pese a que esta norma debería ser imperativa, debido a los continuos desplazamientos que exigiría el abrir y cerrar esta llave cada vez que quisiéramos utilizar y dejar de utilizar el gas, *se admite que esta precaución básica de cerrar la llave general de paso se efectúe solamente por la noche*, para evitar que durante el sueño y totalmente inconscientes, pudiera producirse una difusión de gas por toda la vivienda, debido a un escape cualquiera, aunque fuese minúsculo.

Esta llave, debido a su cotidiana manipulación, puede sufrir desgastes, si no se conserva en buen estado. Por otra parte, estando generalmente expuesta a la intemperie, sufrirá las acciones del calor y de los elementos atmosféricos (corrosiones, oxidaciones, etc.). Por ello, conviene lubricarla periódicamente con aceite mineral muy fino, o spray que logren una buena penetración en las junturas mecánicas de la llave.

En caso de que la llave no funcionara perfectamente, no se forzará jamás. Se recurrirá a un líquido o spray desobstructor, y se procurará con movimientos intermitentes y suaves, recuperar totalmente el giro completo de la llave.

Si, aun así, no se consiguiera que la llave recuperase todo el giro que le corresponde, se avisará a la compañía o a un profesional responsable.

Contadores de gas

Creemos interesante dar a conocer las características de los contadores de gas, pues aun cuando nosotros no debemos intervenir nunca en ellos, sí debemos saber cómo funcionan, y los percances que pueden ocurrir, para poder avisar a la Compañía, y efectuar las reclamaciones oportunas a que hubiere lugar.

Los contadores sirven para establecer el consumo de gas que ha realizado el usuario. Existen varios tipos de contadores:

Los más antiguos son los *contadores de agua*, cuya forma exterior es la de un cilindro cuyo eje estuviera situado horizontalmente. En su interior hay un volante, compuesto de varios compartimentos, a los que llega el gas procedente del conducto alimentador. Este volante se halla sumergido hasta la mitad en un depósito de agua. La rotación que le imprime el gas que entra, queda registrada sobre un cuadro, gracias a un sistema de relojería.

Los *contadores de aceite* tienen forma paralelepipédica vertical y en su seno albergan dos campanas unidas por una biela. Mientras una campana se vacía, la otra se llena, siendo el cubicaje sucesivo de cada vaciado de campana lo que determina el consumo efectuado, que se inscribe también en un cuadrante.

Los actuales *contadores secos* emplean para controlar el gas consumido una membrana muy sutil. Estos contadores son menos voluminosos que los dos anteriores.

Los contadores registran el consumo en metros cúbicos. Según cual sea la naturaleza del cubicaje que se prevé, se instalarán por parte de la Compañía contadores con diferente potencia de registro. Es interesante tener esto en cuenta por parte del consumidor cuando por ampliación de los aparatos de gas, o por pasar de un consumo habitual medio (cocina y algún calentador de baño) se dispone a usar el gas como combustible de calderas para calefacción, circunstancia que se ha generalizado mucho durante estos últimos tiempos.

UN PROBLEMA: LLEGA POCO GAS A LOS APARATOS

Relacionado directamente con la situación e instalación de los contadores, tenemos que citar un percance (más que una avería) que se traduce en un suministro defectuoso de gas y que es interesante detectar por parte del consumidor, para hacerlo corregir.

Este percance es la deficiente llegada de gas a los aparatos, que da lugar a una falta de potencia calorífica, una llama baja e intermitente; a veces, con bruscas oscilaciones, que pueden llegar incluso a la extinción súbita de la llama. Suele acompañar a este fenómeno un ronroneo perfectamente audible.

La causa de esta carencia de gas puede deberse a un deficiente funcionamiento del contador (especialmente, si son de agua o de aceite), pero más generalmente a la presencia de agua, en el codo del conducto que sale del contador. Esta agua se debe generalmente a la condensación del vapor de agua que hay en el interior de las conducciones, y que al caer por gravedad se acumula en la parte inferior de las cañerías, impidiendo o dificultando el paso del gas. Este fenómeno suele producirse precisamente en invierno, cuando la frialdad del metal actúa más intensamente como condensador del vapor de agua existente en el interior de las cañerías ascendentes.

En previsión de una condensación normal, generalmente todas las cañerías ascendentes suelen tener en su arranque del contador una desviación cegada por su extremo, para que allí se recoja el agua que, a su vez, y en circunstancias normales, se irá evaporando. Pero cuando se produce un cambio brusco de baja temperatura, esta especie de depósito de seguridad resulta insuficiente para albergar el agua condensada, la cual inunda la cañería.

Será preciso avisar a la Compañía para que acudan a enmendar este percance, el cual se resolverá fácilmente, con sólo hacer evacuar el agua, mediante un pequeño agujero en la parte inferior de este trozo de cañería empalmada en donde está el agua acumulada. La misma presión del gas expulsará esta agua totalmente. Cuando el hilo de agua cesa y se detecta el olor a gas, se vuelve a obturar el agujero realizado y el suministro se habrá normalizado.

Como medida de precaución contra este percance, puede solicitarse a las compañías la colocación de un aparato automático de evacuación del agua condensada; o, en su defecto, de un artilugio provisto de grifo, gracias al cual se podrá desocupar el agua que se hubiera acumulado.

3.

Usos e instalaciones del gas embotellado

LOS GASES LIQUIDOS EMBOTELLADOS

Estos gases corresponden a la tercera familia. Proceden de la destilación del petróleo y se envasan en estado líquido, después de haberlos licuefactado por compresión. Se trata de dos hidrocarburos de gran poder calorífico, el butano y el propano, que si bien se tiende a confundirlos, ya que suelen presentarse en envases análogos, ambos se distinguen por unos caracteres que determinan, sobre todo, su forma y manera de empleo. El principal carácter diferencial es la *temperatura de ebullición*. Por tal, hay que entender la temperatura por encima de la cual esta materia se hallará en estado gaseoso, y por debajo de la cual se hallará en estado líquido.

El butano se gasifica a 0° C, en tanto que el propano lo puede hacer hasta –44° C. ¿Qué es lo que hay que deducir de ello? Pues que, así como el butano se halla más fácilmente en estado líquido, no se gasificará si la temperatura no es bastante superior a los 0° C. En cambio, el propano cuyo punto de ebullición es muy inferior, se gasifica con mucha más facilidad a bajas temperaturas. Esto hace comprender que el uso del butano en lugares sometidos a fríos crudos resulte a veces difícil de utilizar en los aparatos, puesto que el gas liquidado no se gasifica si se halla en lugares no resguardados y en los que la temperatura roza los 0° C. En cambio, el gas propano, puede dejarse a la intemperie y estar sometido a un frío muy riguroso, ya que se gasifica fácilmente, incluso a temperaturas inferiores a –20° C.

Una botella de gas butano actuará sin dificultades en un interior, cuyas temperaturas normalmente, en climas templados y en los momentos de más frío, no suelen descender más de los 5° C. Frente a ello, el propano ofrecerá muchas más garantías de seguridad, ya que, aun bajo fríos intensos, se podrá almacenar y disponer en el exterior.

Otro detalle deducible de estas particularidades es que, al transformarse el líquido contenido en la botella en gas, se produce un enfriamiento del envase que lo contiene. Este enfriamiento será tanto mayor cuanto más grande sea el caudal o consumo que se le exija. Ello se puede comprobar fácilmente con los pequeños envases utilizados para recargar encendedores de gas. Esta circunstancia obliga a que, en el caso del butano, se tengan que instalar varios envases para alimentar un aparato de mucho consumo, si se tiene que utilizar en un ambiente frío, como, por ejemplo, en un calefactor de baño. En consecuencia, una botella de gas butano solamente podrá alimentar más de un aparato cuando la temperatura ambiente no sea muy elevada (de 8° a 12° C). Sería inútil, pues, fuera de estos valores condicionantes, instalar a la salida de una botella de butano una T, para alimentar simultáneamente a dos aparatos, aunque sea de consumo medio.

Conociendo las características de los gases embotellados, es comprensible que para el gas butano se empleen bombonas y botellas de pequeño y medio tamaño respectivamente. Para la alimentación de aparatos domésticos, se acostumbra a emplear la de tamaño medio, en tanto que las bombonas de pequeño tamaño se utilizan para hornillos de camping, lamparillas de soldar (que no tengan que ser utilizadas en trabajos continuados de muchas horas seguidas).

En cambio, cuando se precise el uso del soplete durante muchas horas sin interrupción o, sobre todo, cuando se requiere para el servicio de aparatos de gran consumo, o para dotar a toda una instalación, en la

Diversos modelos de bombonas de gas embotellado. El tercero a la izquierda es un cartucho hermético que solamente se perfora al incorporarlo al fogón o lámpara y que no puede ser obturado a medio servicio. Para sacarlo hay que esperar a que se haya terminado del todo. Los otros modelos disponen de tapones y de válvulas para graduar la salida del gas, pudiéndose cerrar su paso en el momento que se desee y llevarse el depósito a otro sitio, después de haber desenroscado el aparato o el regulador de la válvula.

Esquema de los principales elementos integrantes de una bombona de gas butano, con indicación del nombre de cada uno de los citados elementos existentes en la botella, o que se le incorporan.

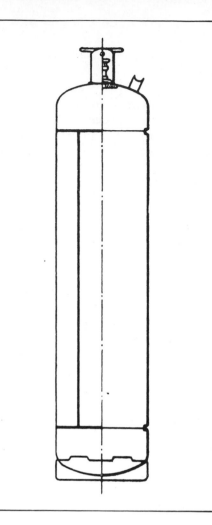

Dibujo de una botella de propano

que lo mismo se utiliza el gas para una caldera, como para un calefactor y una cocina; en estos casos, el butano no será el gas indicado sino el propano.

Con el propano, además de poder disponer de grandes envases que satisfarán un consumo muy importante, se tendrá la ventaja de que las botellas se podrán instalar, sin temor alguno, al exterior, no quedando afectado el suministro de gas, aunque se produzcan fríos por debajo de los 0° C.

De todo lo dicho se deduce que es interesante estudiar, en función de los consumos y de las condiciones atmosféricas, cuál es el gas embotellado para alimentar a uno o a varios aparatos, en una instalación compleja. No hay que desechar el que toda una instalación no pueda ser provista con gas butano, siempre y cuando la capacidad del envase

fuera suficiente, se pudieran establecer varios envases en batería y que las condiciones ambientales no fuesen muy frías (por lo menos, entre 5° y 8° C).

Es importante señalar que los conductos y aparatos para gas butano pueden ser utilizados indistintamente para gas propano. En cambio, una instalación general para estos gases embotellados es muy diferente de la instalación normal para gas ciudad y gas natural, tanto por los materiales y calibres de tuberías, como por los accesorios.

GAS EMBOTELLADO QUE ALIMENTA EXCLUSIVAMENTE UN APARATO

Este sistema es el más generalizado, particularmente para alimentar una estufa, una cocina o un calentador. En el caso de la estufa son corrientes los modelos en los que el

mueble, que tiene la plancha calefactora, es al propio tiempo el envoltorio de la botella de butano.

Es indudable que cuando el gas embotellado se utiliza como elemento complementario y de emergencia, en viviendas que disponen de otras instalaciones de medios energéticos (gas ciudad, electricidad, calefacción, etc.) el poder tener a mano una botella de butano que se incorpora a un aparato auxiliar y se puede poner rápidamente en servicio cuando se precise y que, una vez empleado, se puede arrinconar o guardar, constituirá un valioso seguro en el caso que se produzca un fallo de aquellos servicios teóricamente estables, o también para reforzar la función de algunos de aquéllos, cuando no son suficientes (complementar la calefacción de una habitación, disponer de un hornillo en una estancia que no tenga alimentación de gas ciudad, etc.). También estos aparatos podrán ser muy útiles en apartamentos pequeños que carecen de alguna de aquellas instalaciones y que con uno o dos aparatos podrán suplir a aquellos servicios.

Esta clase de aparatos están diseñados de modo que dentro pueden albergar una bombona pequeña o mediana, cuya duración —si bien depende de la intensidad de consumo— se calcula que será suficiente para cubrir las necesidades habituales, sin tener que proceder a frecuentes recambios de envase, que es la principal molestia de todo gas embotellado.

Los aparatos que albergan una bombona forzosamente ocupan un volumen importante. Este inconveniente procura contrarrestarse, proporcionándoles una gran facilidad de traslado (con ruedecillas o patines de deslizamiento), para que se puedan arrinconar cómodamente cuando no sean necesarios.

El empalme de estos aparatos a la botella que los alimenta es sencillo: basta destapar la cabeza de seguridad de que va provisto el envase, e introducir, por simple presión, el cabezal de empalme que suele estar incluido en el propio aparato, y que se puede adquirir en una casa especializada en el suministro de gas embotellado.

Botella de gas butano conectada directamente a un aparato de cocinar con tres quemadores y un horno.

Vista por la parte trasera de la misma cocina anterior. Los cables delgados que se ven son los eléctricos para iluminar el interior del horno.

Botella de gas butano conectada a un calentador de gas. El aparato situado a la derecha del mismo es una bomba que logra la presión de agua necesaria para que se produzca el encendido del quemador.

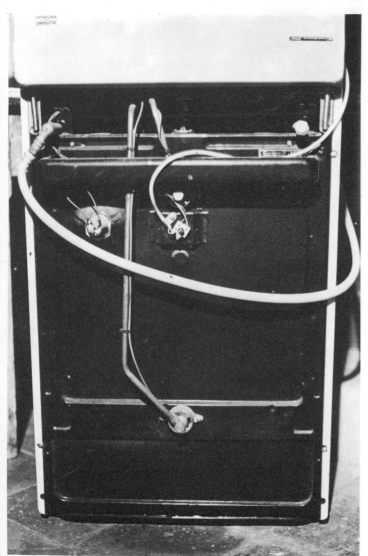

Botella de gas butano conectada a una estufa. La botella se ha sacado de su contenedor que forma un solo cuerpo con los radiadores situados en la otra cara.

Botella de gas butano conectada a un refrigerador que utiliza este tipo de energía, para lograr el frío.

Detalle de la conexión de un refrigerador al gas para conseguir, por medio de evaporación, el frío necesario.

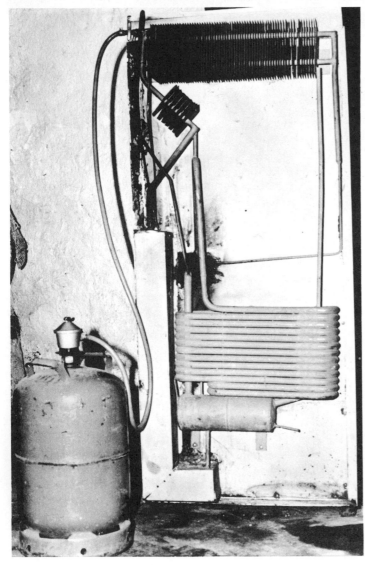

Una precaución importante

Al efectuar esta operación de empalme ha de tomarse una precaución elemental: no debe existir ni encenderse ninguna llama en la habitación donde se efectúa el empalme. Esta precaución es necesaria, ya que en el momento de proceder al destapado de la botella puede producirse una difusión de gas, debido a defectuoso estado de la válvula que retiene el gas, a poca habilidad en la realización de esta manipulación, etc. La rápida difusión de este gas a presión puede llegar rápidamente a un sitio donde haya una llama, y producirse su inflamación y propagación hasta la misma boca de la botella, con riesgo de explosión.

Pero no sólo se tendrá la precaución de que no haya llama; también habrá que poner atención en que no exista en la proximidad nada que sea origen de chispas, como podría ser un motorcillo en marcha (ventilador, máquina de coser, etc.).

Entretenimiento y conservación

La diversidad y los distintos procesos de fabricación de todos estos aparatos que consumen gas embotellado, hacen prácticamente imposible dar unas normas generales que convengan a todos ellos, en lo que respecta a su entretenimiento y conservación. Generalmente, los fabricantes acostumbran a acompañar un folleto explicativo, con las características y normas de empleo y conservación, a las que hay que atenerse en cada caso concreto. Unicamente creemos importante insistir en un detalle: hay que vigilar cuidadosamente el estado de los elementos de empalme, ya que son éstos los que, debido a su continua manipulación, pueden presentar desgastes y otros defectos: reblandecimiento y roturas de la tubería blanda de conexión, mal asentamiento y deficiente sujeción de sus extremos, con los accesorios y boquillas, etc.

Algunos aparatos que utilizan gas butano suelen estar provistos de un dispositivo piezoeléctrico, gracias al cual, mediante un mecanismo de resorte, se consigue obtener una chispa que enciende la llama de una boquilla piloto del aparato. Una vez encendido éste, se acciona el mando correspondiente para dar mayor o menor paso al caudal de la botella. Convendrá, pues, para que funcione correctamente el piloto, que no se obture con mugre o suciedad. En el caso de que ello ocurra se limpiará con alcohol la cabeza del piloto, y después, se introducirá en su pequeño agujero un alambre de poco calibre, para desobstruir lo que hubiese penetrado o taponado el orificio.

GAS EMBOTELLADO COMO FUENTE DE ALIMENTACION DE UNA INSTALACION COMPLETA

Si se necesitan cantidades muy importantes de gas para alimentar a un aparato de gran consumo, o simultáneamente a varios aparatos, lo que procede es efectuar una instalación permanente, de manera que el gas suministrado por una o más botellas de medio o de tamaño grande pueda distribuirse por toda una vivienda, y que, baste simplemente con abrir una espita en el punto de consumo, para poder disfrutar de este sistema de poder energético, tal como ocurre en las instalaciones ramificadas de gas ciudad.

Esto puede ser interesante en ciudades donde no haya suministro de gas, en villas o mansos rústicos y en pequeñas instalaciones industriales rurales.

Una instalación de esta clase se puede llevar a cabo por un aficionado, siempre y cuando tome todas las precauciones debidas. Al fin y al cabo la instalación interior de tuberías se realizará de igual forma que una instalación de agua, empleando tubos de cobre. Los principales tramos podrán ser realizados en un taller o en el mismo lugar de obra, pero sueltos y sin trabajar junto a la pared, sino preparando todo el recorrido correspondiente a cada habitación y realizando finalmente los empalmes necesarios en los extremos. Para ello se recurrirá a uniones con manguitos prefabricados que se soldarán fácilmente con sólo aplicar la llama al lugar que convenga.

Convendrá, desde luego, consultar con algún técnico, e incluso recabar de un instalador autorizado el visto bueno, ocasión en la que podría muy bien realizarse la prueba de buena estanqueidad de toda la instalación, con ayuda de un manómetro y empleo de aire o de un gas inerte. No es aconsejable realizar la prueba con el mismo gas embotellado.

Los materiales y elementos necesarios para esta instalación se podrán adquirir en casas especializadas en gas embotellado. Los empalmes se realizarán fácilmente, ya que están muy bien estudiados y combinados para esta clase de instalaciones.

La distribución de las cañerías, para una instalación de gas embotellado, se llevan a cabo con conductos rígidos (de cobre o de acero) de pequeña sección. Estos conductos, cuya longitud máxima suele estar comprendida entre los 3,5 a 4 m, pueden cortarse con una sierra para metales, pero es mejor utilizar un cortador especial a base de ruedecillas que se gradúan según el tamaño del tubo, y que se va apretando poco a poco a medida que va girando el tubo (o la herramienta, si el tubo se ha estancado en un tornillo de banco) se va progresando en el corte. Este corte resulta de gran limpieza de ejecución. Después se pasa el escariador, también especial para estos trabajos, y se limpia el tubo de oxidación y grasa en la parte a empalmar. Entonces están a punto para ser empalmados los tramos, utilizando los elementos prefabricados, los cuales pueden llevar la soldadura incorporada.

Los tubos también pueden acodarse y proporcionarles ligeras inflexiones, ayudándose simplemente de unas tenazas o de una herramienta para curvar. Sin embargo, ni uno ni otro procedimiento son los más aconsejables, especialmente para el bricolador. Es preferible emplear accesorios prefabricados, de los cuales hay una gran variedad de ángulos y son combinables entre sí, para lograr la abertura que convenga.

Las casas detallistas pueden, llegado el caso, cortar a medida y realizar ciertos conjuntos por encargo. Ahora bien, debido al poco costo de herramientas que se requieren y a la facilidad de soldadura, hace que esta comodidad acabe resultando bastante cara, pudiéndosela uno ahorrar.

Téngase presente que si se desea hacer una inflexión es preciso adquirir tubo recocido. Eventualmente se puede recocer, aplicando en el tramo a curvar la llama del soplete, hasta reblandecer el metal, evitando que llegue a ponerse al rojo. Para el aficionado resulta más cómodo operar con tubo de cobre que con el de acero.

Las secciones de los tubos deben acodarse a la instalación, solicitando para ello la ayuda de un técnico. En las casas detallistas pueden también informar al respecto.

Lo importante, al hacer una instalación de esta clase, es no improvisar. Todo tiene que establecerse previamente: determinar la longitud de los tramos rectos y los empalmes que se tuvieran que realizar (si la longitud máxima de las tuberías no bastara), saber los codos que intervendrán, las derivaciones, etc.

EMPLAZAMIENTO DE LAS BOTELLAS

Para situar las botellas alimentadoras de una instalación completa de gas propano (o butano) debe buscarse un sitio en el exterior de la casa, pero próximo a ella, para evitar largos recorridos expuestos a la intemperie; y, naturalmente, lo más cerca posible de la zona de la vivienda en que usará la instalación.

Convendrá resguardar las botellas de la intemperie. La solución mejor es la construcción de un barracón de obra, o a base de elementos prefabricados. Las principales condiciones que debe reunir este barracón son:

— Que se pueda llegar cómodamente hasta él, a fin de facilitar el transporte desde el exterior, y simplificar las maniobras de aprovisionamiento y recambio de envases.
— Que sea lo bastante espacioso para que quepan por lo menos dos envases (el que se consume, y el de repuesto), y para que las manipulaciones de recambio se

puedan efectuar cómodamente y evitar así que, por tener que adoptar posiciones difíciles, se incurra en deficientes conexiones.
— A ser posible, se procurará aislar este barracón con materiales idóneos, de modo que en su interior se noten mínimamente los cambios de temperatura, y no reciba la acción de la lluvia ni de la radiación solar directa.

En el croquis adjunto se puede ver un barracón o caseta prototipo para cuatro botellas de gas embotellado (en este caso, botellas de gas propano).

En el interior de este barracón estará la boca de entrada de la tubería rígida que ha de alimentar a toda la instalación interior. La conexión de esta boca con el cabezal de empalme de las botellas será un trozo de tubería flexible. Puede emplearse una tubería de plástico, pero mejor es la tubería metálica con recubrimiento en espiral (flexo). Se evitará que en este trozo de tubería flexible se produzcan ondulaciones y pandeos.

Cuando no exista una caseta o

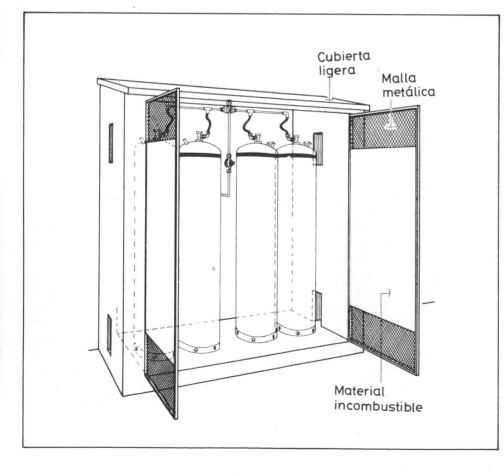

Ejemplo de caseta para guardar dos o más botellas de gas propano en una instalación al aire libre, en una casa aislada o rústica.

En el esquema se muestran las separaciones mínimas que se deben guardar entre una bombona de butano y los diversos aparatos a los que puede alimentar, así como de aquellas instalaciones en cuyo uso se puede producir una chispa.

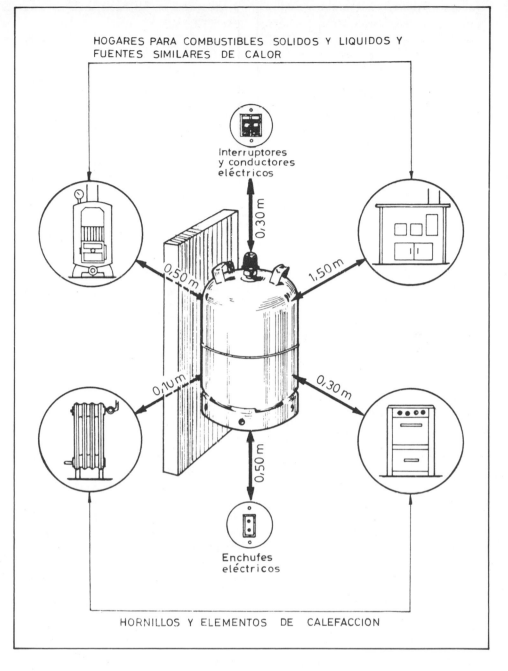

HOGARES PARA COMBUSTIBLES SOLIDOS Y LIQUIDOS Y FUENTES SIMILARES DE CALOR

Interruptores y conductores eléctricos

0,30 m

0,50 m

1,50 m

0,10 m

0,30 m

0,50 m

Enchufes eléctricos

HORNILLOS Y ELEMENTOS DE CALEFACCION

local especial para las botellas de gas, en cualquier caso se ha de cuidar mucho su situación con respecto a fuentes de calor o de electricidad, para separarlas lo más posible de ellas. Como normas generales respecto a esta separación, consultar la figura que se adjunta.

RELACION ENTRE EL NUMERO DE BOTELLAS Y EL DE APARATOS

En vez de tener que esperar a que una botella se agote, y entonces efec-tuar el cambio, puede establecerse una conexión simultánea a dos botellas con un aparato inversor automático, que si bien encarecerá la instalación, proporcionará comodidades y evitará tener que acudir, en el momento menos oportuno, al cambio de envases. Gracias a este aparato y a los manómetros indicadores de las reservas existentes en nuestras botellas, se podrá prever con antelación la sustitución de un envase vacío, mientras se continúa disponiendo del gas contenido en el otro envase.

Puede suceder, por el contrario, que una misma botella alimente dos aparatos.

TUBERÍAS SUBTERRÁNEAS

A partir de la boca de conexión, el conducto principal de alimentación de nuestra instalación debe recorrer el menor trecho posible para entrar en la vivienda. Lo ideal es que desde el mismo barracón, adosado al muro exterior, se entre dentro de la casa. En el caso de que este barracón hubiera tenido que situarse algo alejado de la casa, los conductos deben circular subterráneamente hasta llegar a la misma, convenientemente

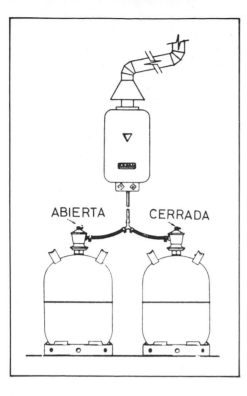

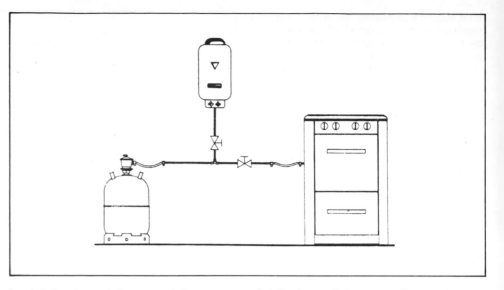

Dos botellas de gas butano conectadas a un calentador, aunque ambas no se utilizan simultáneamente para alimentar el aparato.

Botella de gas butano que alimenta al mismo tiempo a un calentador y a una cocina. El doble consumo se puede conseguir gracias a la presión que tiene a la salida el gas al cambiar de estado (de líquido a gaseoso).

protegidos y aislados. Protegidos, ya que siendo metálicos los conductos, podrían herrumbrarse con las humedades del suelo. Y aislados, para resguardarlos del calor o el frío excesivos.

INSTALACIÓN INTERIOR DE GAS EMBOTELLADO

Será análoga a la de agua o gas ciudad, con la diferencia que los conductos son mucho menos gruesos.

Como antes se ha apuntado, los elementos que se emplean para una instalación de gas embotellado (butano o propano) pueden encontrarse prefabricados en los comercios especializados, en donde nos suministrarán tuberías, racores, empalmes, derivaciones, codos, etc., acompañados de los respectivos elementos de unión y de fijación a la pared.

Para ello es conveniente que antes tracemos un croquis o plano a escala, en el que se indiquen claramente los detalles y los trechos de tubería que son necesarios para la instalación.

Pero, antes de entrar en pormenores de esta instalación, es conveniente establecer unas normas, o principios generales, que han de presidir su planteo:

El material empleado para conducciones de gas embotellado, como tiene que ser cobre o acero especial, no es barato, y por lo tanto convendrá ahorrarlo, y solamente emplear el justo. La tubería de cobre es bastante más cara que la de acero, pero tiene mayor resistencia frente a las oxidaciones que pudieran producirse por la presencia de humedades o de vapor de agua (que se condensaría en dichas tuberías porque éstas se enfrían notablemente por la presencia del gas).

Así pues, conviene estudiar meticulosamente el trazado que habrá de tener nuestra instalación.

Se estudiarán los puntos básicos en que se realizará el consumo del gas (es decir, el sitio donde se tendrán que emplazar, o ya están emplazados, los aparatos consumidores: cocina, calentador de agua, calefactor, etc.). Aun a costa de tener que variar la situación de alguno de estos aparatos, se procurará que el tendido de tuberías se concentre en una zona de la casa, lo cual viene facilitado por la norma constructiva de situar contiguamente cocina, oficio, aseos y lavabos.

Si la vivienda no dispone de cale-facción central y se tiene que recurrir a varias estufas, no quedará otro remedio que realizar ramales que vayan hasta las estancias que es preciso calentar. Estos ramales deben reducirse al menor número posible; se procurará que cada ramal alimente dos o más habitaciones, con una bifurcación o trifurcación final.

En los cuartos y habitaciones por donde circule, o en donde haya un punto de alimentación de gas butano, se tendrá la precaución de que exista una abertura a ras de suelo que comunique con el exterior. Para ello bastará realizar una perforación de un centímetro de diámetro más o menos, cuyas bocas interior y exterior se protegerán con una malla muy fina, para evitar que puedan entrar insectos. (Estas perforaciones, que han de atravesar paredes maestras o muros exteriores, hay que realizarlas con brocas de widia y mediante taladradoras manuales que a ser posible estén dotadas de mecanismo de percusión.)

TRAZADO Y PLANTEO DE UNA INSTALACIÓN PARA GAS EMBOTELLADO

Es posible que ya se disponga de un plano de la vivienda. Pero estos

Dibujo esquemático en el que se representa la instalación general de una casa de vecinos a base de gas propano, cuya batería de botellas se halla situada fuera del edificio y en un lugar resguardado pero ventilado.

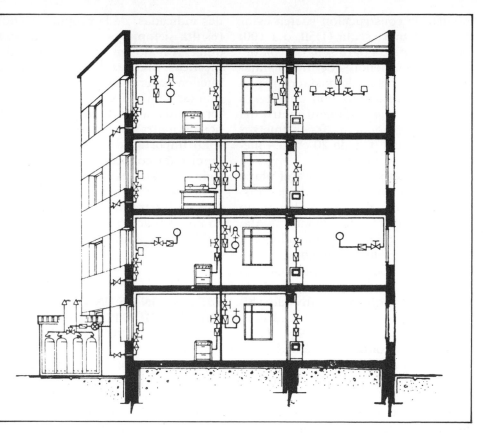

Croquis acotado de una vivienda para poder realizar a escala un plano correctamente delineado.

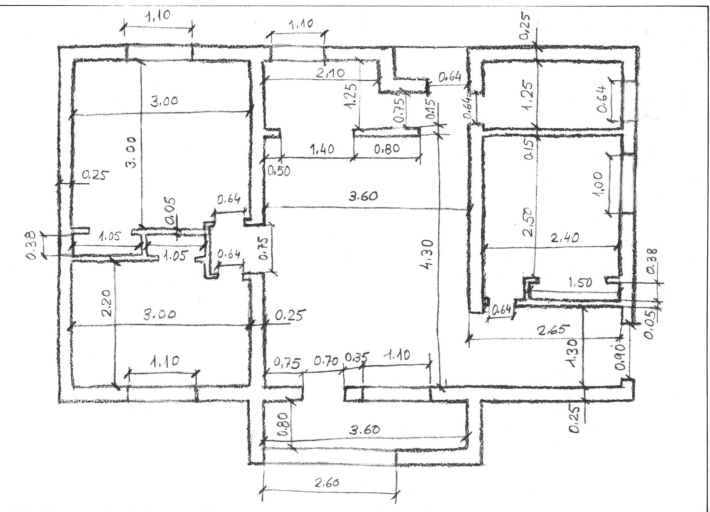

planos de construcción suelen estar hechos a una escala (1:50, o 1:100) poco apropiada para señalar con detalle los pormenores de una instalación de gas: son demasiado pequeños. La escala más conveniente es 1:20, en la que cada centímetro del plano corresponde a 20 centímetros de la realidad, y cada 20 cm a 4 metros.

Por lo tanto, se ampliará el plano de construcción (en caso de que dispongamos de él) o se realizará un plano nuevo, a la mencionada escala.

En dicho plano, y ateniéndonos a las normas antes explicadas, se podrán señalar perfectamente todos los tramos rectos, los puntos donde la tubería tenga que hacer un codo o bifurcación, los terminales, etc. Cuando la tubería tenga que dejar la situación horizontal, podrá indicarse el tramo o desviación vertical entre paréntesis, y la presencia de uno o más codos.

En caso de que le resulte difícil dibujar un plano como el que indicamos, siempre podrá recurrir a un familiar o amigo que le pueda ayudar. En cualquier caso, disponer de un plano o croquis acotado (con medidas indicadas) de la propia vivienda resulta siempre muy útil para cualquier trabajo en instalaciones domésticas. Una vez dibujado el plano, pueden hacerse fotocopias, antes de dibujar sobre él una instalación determinada, a fin de disponer de planos para otras ocasiones.

Lo importante es poder disponer de él para conocer inmediatamente todos los detalles de una instalación, para que así se pueda preparar cada uno de los tramos y accesorios, así como las fijaciones y anclajes que se tendrán que emplear en el recorrido de la tubería.

EJECUCIÓN DE UNA INSTALACIÓN PERMANENTE PARA GAS EMBOTELLADO

Con las diversas piezas adquiridas y preparadas, se efectuará una comprobación de que se dispone de todo lo necesario, y de que no nos falte nada, ya sea por omisión nuestra o del vendedor. Para ello, se efectuará un tendido de presentación, de acuerdo con el plan previsto, en que naturalmente tendremos que observar todos los detalles, por ejemplo si la tubería tiene que atravesar una pared, pasar por el interior de muebles empotrados, etc.

Cerciorados de que poseemos todos los materiales y elementos necesarios para la instalación, se señalarán los lugares en que se tenga que perforar una pared, así como los principales puntos de anclaje o de fijación. Una vez realizadas las perforaciones, y empotrados los tacos correspondientes a aquellos anclajes, se procede a montar todos los tramos rectos, efectuando los empalmes a que hubiera lugar. Luego se colocan los tubos que atraviesan paredes, y se proveen de sus correspondientes empalmes o codos.

Una vez situados estos arranques clave, se comprueba el tramo que tiene que enlazarlos (recto o quebrado), para proceder a una rectificación en su trazado, si no coincidiera. Una vez lograda esta coincidencia, se consolidan en la pared aquellos arranques clave, mediante empotramiento con cemento (el yeso no es conveniente usarlo para el acero), o con las fijaciones o anclajes previstos.

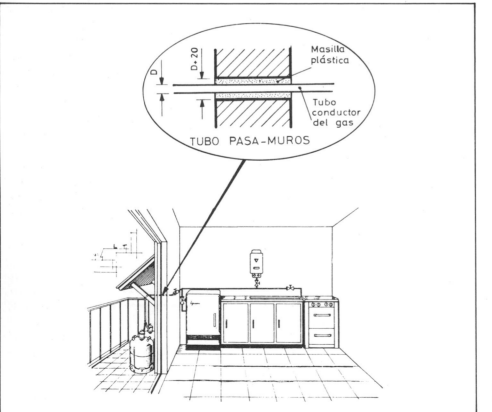

Paso de una tubería rígida para gas butano a través de una pared. En la parte superior se muestran los detalles de cómo realizar el pasa-muros.

Válvulas reguladoras para botellas de gas butano. La del centro está en posición «abierta» y la de la derecha está en posición «cerrada».

Antes de empalmar el tramo largo que ha de unir estos arranques, se señalan en la pared los puntos de fijación del mismo, se colocan los tacos que les correspondan, y finalmente puede efectuarse sucesivamente el empalme y la fijación del tramo a la pared.

REPARACIONES Y ATENCIONES DE UNA INSTALACIÓN DE GAS EMBOTELLADO

La tubería metálica de cobre o acero que sirva una instalación permanente de gas embotellado, gracias a sus elementos y accesorios complementarios, no tiene porqué tener averías, si se ha realizado como es debido. Únicamente puede contribuir a un aflojamiento de los empalmes los golpes, sacudidas, o también, las vibraciones continuas que, por cualquier motivo, puedan repercutir sobre el tendido.

También, como en el caso del gas ciudad, el olor característico de cebolla o ajo del gas butano o propano, nos delatará un posible escape. Identificada la posición del escape, que corrientemente se habrá producido en alguna conexión entre elementos, se procederá otra vez a su afianzamiento, con la llave o alicates que proceda. En el caso, más improbable, de que la pérdida sea debida a

un poro o fisura de la tubería, se puede recurrir a dos procedimientos:

a) Sustituir el tramo de tubería afectado.
b) Realizar una soldadura en frío, que tapone la parte de tubería dañada.

En el primer caso (cerrado, naturalmente, el grifo de alimentación general, o desconectado las botellas) se sueltan las fijaciones a que estuviera retenido sobre la pared, el tramo de tubería afectado, y luego se desempalma de cada extremo el mencionado tramo, el cual nos servirá como patrón para encargar el que tenga que sustituirle.

GRIFOS Y OTROS ELEMENTOS DE UNA INSTALACIÓN DE BUTANO Y PROPANO

De manera análoga a como se realiza una instalación de gas ciudad, cada extremo de una ramificación de cañerías de gas embotellado, tiene que estar dotado de su correspondiente grifo terminal.

Los grifos de gas butano y propano (pueden servir indistintamente para uno o para otro) tienen un caudal más reducido que los de gas ciudad, y por este motivo su sistema de graduación debe ser mucho más preci-

so, y por lo tanto, mecánicamente más complejo. Este es el principal motivo de que los grifos de butano sean relativamente más caros que los de gas ciudad. A pesar de que hay muchos modelos distintos en el mercado, generalmente todos los grifos para gas embotellado suelen tener un recorrido manual de giro más extenso y multiplicado que el de las llaves de simple acción empleadas para el gas ciudad.

El mejor consejo que se puede dar cuando un grifo de gas embotellado funciona mal, es sustituirlo por otro nuevo, pues la reparación de las piezas que lo componen supone un ajuste y una precisión que sólo se pueden afrontar con herramientas precisas y especializadas.

Lo que acabamos de decir a propósito de los grifos, puede aplicarse igualmente a los demás elementos que se emplean para el gas embotellado: válvula de empalme con las botellas, manómetros, dilatadores, etc.

Especialmente, hay que prestar una particular atención a las válvulas de empalme con las botellas, puesto que son los elementos que generalmente habrá que tocar más (al colocar y quitar las botellas, por lo menos).

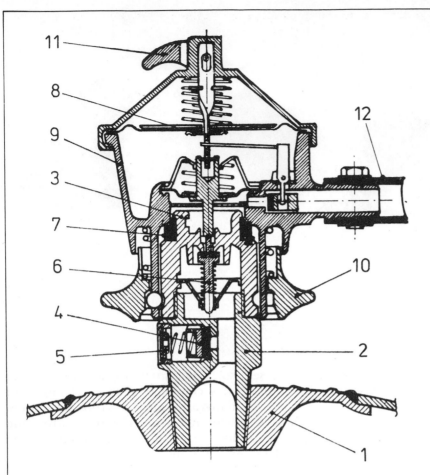

Sección esquemática de la válvula de la derecha de la figura anterior. Los elementos señalados son: 1, collarín; 2, parte inferior de la válvula que lleva la misma botella; 3, parte superior de la válvula anterior; 4, cuerpo para dicha válvula de seguridad; 5, disco roscado para alojar la válvula de seguridad de la botella; 6, vástago y resorte de la válvula; 7, anillo o arandela de caucho especial; 8, válvula de seguridad de baja presión; 9, caja del regulador; 10, anillo de cierre; 11, palanca para dar o cerrar el paso del gas a partir del regulador ya instalado en la botella; y 12, tubo de conexión de plástico, garantizada su estanqueidad con bridas.

A

Manera de colocar la válvula de regulación de baja presión. En A se ve cómo se lleva el regulador sobre la cabeza de la botella levantando el anillo de cierre (el 10 de la figura anterior). En B se introduce a fondo el regulador hasta que permita bajar fácilmente la anilla de cierre. Una vez esto hecho, se puede levantar sin desprenderse la botella, tirando de la válvula hacia arriba.

B

Este mismo modelo, en posición de cerrada, es el que se ve en el croquis adjunto. Este croquis muestra un plano en sección (o sea, en corte: como si se hubiese serrado por la mitad) de esa válvula. Como en cualquier otro plano horizontal, las diferentes piezas se señalan mediante distintos rayados (uno en una dirección y otro en otra) y se marcan por medio de números.

La botella está situada en la parte inferior, y el gas sale hacia el aparato por el tubo (12).

Observe que el agujero que lleva a un lado la parte inferior de la válvula de la botella es la salida de una válvula de seguridad, para que en caso de aumentar mucho la presión dentro de la botella, ésta no explotase, sino que el gas saliese por un agujero lateral.

Lo importante en estas válvulas es que queden bien montadas: para ello se ha de levantar primero el anillo de cierre (10) y una vez colocada la válvula, se aprieta (operaciones A y B de la figura que se acompaña). Es totalmente necesario que la válvula quede fija después de esta operación B; porque de lo contrario, no saldría gas. Esta válvula no deberá poderse mover: ésa será la prueba de que está bien colocada. Incluso estirando con fuerza hacia arriba por la parte superior de la válvula, ésta no deberá salirse ni moverse.

PRECAUCIONES CUANDO SE USA GAS BUTANO

Las precauciones relativas a los gases almacenados y empleados con botellas de acero (gas butano y gas propano) se concretan mayormente a operar con meticulosidad en las manipulaciones que hay que efectuar para la conexión, y especialmente en el momento de tener que proceder a un recambio de un depósito agotado por otro, ya que generalmente en estas circunstancias se suele ir con demasiada prisa.

— Antes de efectuar cualquier conexión, debe tomarse la precaución de que no exista en la misma habitación ninguna clase de llama: la de otro hornillo alimentado con otra botella, la de una llama permanente de algún aparato calorífico, etc.

— Las botellas que no se usan deberán guardarse siempre en un lugar situado en el exterior de la casa (patio, balcón, etc.).

— En aquellas habitaciones y cuartos donde se haga uso de gas butano o propano, se tomará la precaución de tener permanentemente una abertura a ras de suelo. Basta un orificio de 10 a 20 mm de diámetro.

Cuando se observe una anomalía en alguno de los accesorios, es preferible sustituirlos por otros nuevos, o llevarlos a personal especializado que nos pueda garantizar una buena reparación, siempre que el costo de la misma no equivalga casi a la adquisición de uno nuevo, cosa que pudiera muy bien ocurrir, dada la meticulosidad que exige la reparación, y de que existan las piezas de recambio apropiadas.

4.

Aparatos que consumen gas

COCINAS Y QUEMADORES

Pese a la concurrencia de la electricidad, el gas mantiene aún su predilección en los aparatos destinados a la cocción. Sus ventajas son indudablemente la gran rapidez para calentar frente a la mayor lentitud de los sistemas eléctricos hasta hace poco vigentes. Actualmente, y en especial para la cocción en hornos, las microondas están adquiriendo mucha estimación.

El gas, y asimismo la electricidad, admiten automatización y realizan la puesta en marcha y el paro programados, así como una regulación de las temperaturas que se desea conseguir.

Es prácticamente imposible describir todas las clases de cocinas que utilizan el gas como sistema de calentado. Sin embargo, como todas ellas tienen un punto en común, que

Para dar lugar a una llama eficaz es preciso lograr una mezcla del gas con aire, para el cual hay una toma en todo quemador.

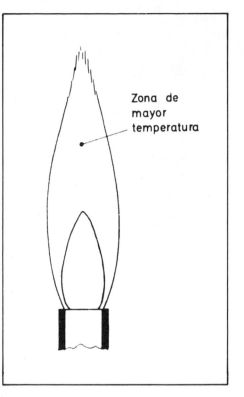

Una llama reúne varias zonas. La exterior y que aquí se indica es la que proporciona mayor temperatura.

es quizás el más importante y el que puede requerir más atenciones, nos concretaremos en él: nos referimos al quemador o también denominado de manera más vulgar e impropia mechero, puesto que el gas no precisa de mecha como algunos combustibles líquidos.

Todas las cocinas de gas desde la más simple a la más compleja utilizan quemadores, desde el sencillo hornillo de un solo quemador hasta la cocina horno que puede tener, dos, tres o cuatro quemadores en la parte superior y otros dos en el interior del horno, uno situado en la parte superior para tostar y gratinar y otro en la parte inferior para lograr una temperatura interior del horno, en la que los alimentos reciben un calor envolvente.

Recientemente se está tendiendo a separar la plataforma de fogones, la cual se coloca al mismo nivel que los otros muebles de cocina, del horno, el cual se coloca en la parte superior, generalmente empotrado, para que

no se ensucie con los vapores de la cocción procedentes de los fogones. El horno situado a nivel de la vista resulta mucho más cómodo que formando parte de un solo mueble con los fogones.

QUEMADORES

Son unos dispositivos concebidos especialmente para la combustión del gas, cuyo acceso está dosificado y además tienen unas entradas de aire para facilitar y proporcionar mayor poder calorífico a la llama.

En su forma simplificada un quemador no es otra cosa que un mechero Bunsen. Suelen tener forma circular o rectangular, y estar colocados en la misma superficie de la cocina o bien calentar una plancha continua de un metal ligero.

Los quemadores situados dentro

Cocina de gas provista de cuatro quemadores y de un horno.

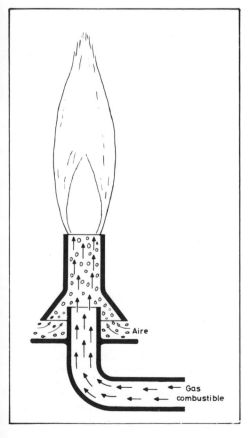

La entrada de aire en los mecheros se puede regular fácilmente abriendo o cerrando el elemento de unión de alimentación con el quemador.

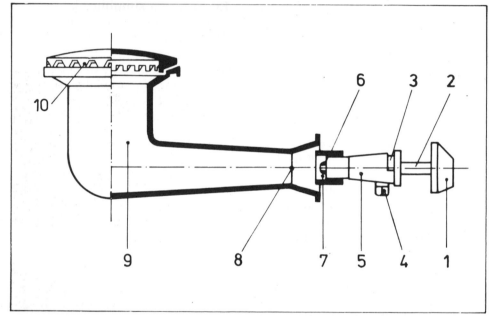

Quemador de gas ciudad y de butano. 1, mando de la llave para abrir y cerrar el paso del gas; 2, eje de la llave de accionamiento; 3, cuerpo de la llave con topes para cada una de sus diferentes posiciones estables; 4, entrada de gas al quemador; 5, inyector, cuyo calibrado interior permite la salida de la cantidad de gas adecuada a cada tipo de quemador; 6, reguladores de entrada de aire, para variar su cantidad y conseguir una mezcla ideal con llama azul; 7, orificio de salida del inyector; 8, difusor donde se mezcla el gas y el aire, una vez dosificados uno y otro convenientemente; 9, pipa, accesorio, normalmente de fundición, que proporciona el acodamiento para el mechero; 10, mechero o quemador propiamente dicho.

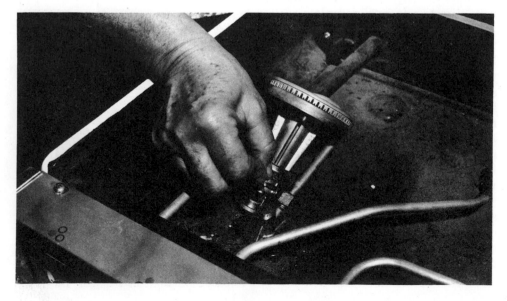

En los quemadores de gas embotellado, la boquilla de salida del gas, puesto que se halla a mucha presión en las botellas, tiene un diámetro muy pequeño, que suele obstruirse con facilidad. En la foto se ve la acción de desobstrucción empleando un alambre muy fino.

del horno tienen forma tubular con una serie de orificios en la parte superior del tubo.

La llama no es otra cosa que una mezcla de gas con aire encendida. El resultado de esta combustión es la producción de un calor aprovechable. En la misma llama hay zonas que calientan más que otras puesto que la parte exterior es la que posee más temperatura.

Encendido de los quemadores

Cualquiera que sea su forma, todo quemador tiene en su periferia una serie de orificios por donde se enciende, aplicando cerca de aquéllos una llama o chispa, previa abertura de la espita correspondiente. Tan pronto como un orificio del quemador prende, el fuego se comunica rápidamente a todos los demás, al dar más paso de gas con el mando correspondiente a dicho quemador. En algunas cocinas hay un piloto que permanece siempre encendido cerca del o de los quemadores. Basta entonces abrir el paso de gas con su correspondiente mando para que se encienda. Al reducir y cortar el paso de gas el quemador se apaga pero continúa ardiendo el piloto. Otras cocinas modernas disponen también de un encendedor electrónico que solamente se tiene que pulsar para que el quemador se encienda, habiendo abierto la llave correspondiente.

Los quemadores que se hallan en el interior del horno precisan que se mantenga abierto el pulsador incluido en el mando durante un pequeño tiempo, al objeto de lograr una continuidad en el suministro de gas. Cuando se ha logrado la continuidad de la combustión puede soltarse el pulsador para que se produzca normalmente el régimen normal de alimentación del quemador.

Los quemadores suelen apoyarse por su propio peso sobre el terminal de la pipa donde sale el gas, y en donde está situado el grifo de paso, accionado por un mando, generalmente rotativo, situado en el panel general del aparato. Este mando suele tener un recorrido que va desde una cantidad mínima de gas, que garantiza que la llama no se apague, hasta la máxima abertura que proporciona el caudal de gas.

En la base del quemador, e inme-

Llama con excesiva entrada de aire. La regularidad de la llama no es buena y borbotea.

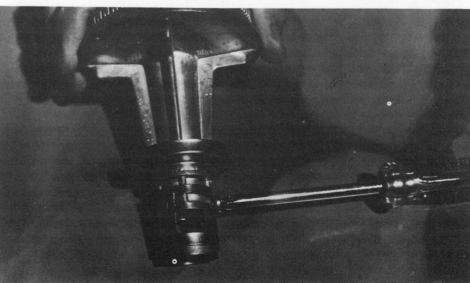

Aflojando el tornillo que fija la ventanilla que regula la entrada de aire en un quemador.

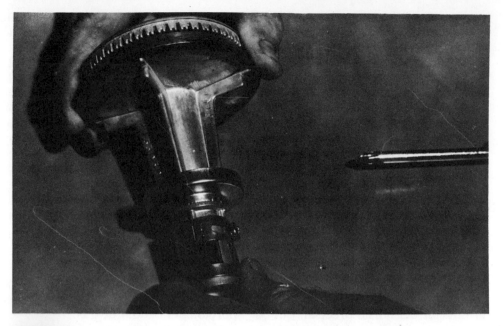

Girando a la derecha el tubo y después de haber aflojado el tornillo que lo retiene, la ventanilla puede reducirse para que no entre tanto aire.

Cuando se ha regularizado la entrada de aire, habiendo logrado la justa proporción de la mezcla de aire y de gas, la llama es más perfecta y no ofrece oscilaciones. La mayor parte de la llama es de color azulado.

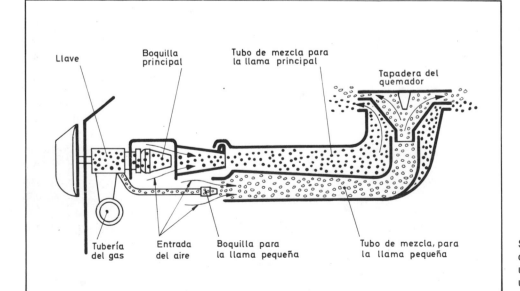

Llave

Boquilla principal

Tubo de mezcla para la llama principal

Tapadera del quemador

Tubería del gas

Entrada del aire

Boquilla para la llama pequeña

Tubo de mezcla, para la llama pequeña

Sección esquematizada de un quemador de doble llama. En realidad la doble llama estriba en una interna y otra exterior que la rodea, gracias al uso de dos boquillas de salida y dos tubos de mezcla.

diatamente después del agujero por donde sale el gas, están situados unos orificios que pueden graduarse para dar mayor o menor paso de aire y lograr una combustión perfecta del gas. Esta abertura suele estar ya ajustada por el fabricante, o bien el vendedor que suministra la cocina la pone en condiciones de buen funcionamiento.

Debido a traslados del mueble o a otras causas, puede ser que este regulador se haya desplazado por haberse aflojado el tornillo que lo retiene a la base. En la fotografía que se acompaña puede verse una cocina de gas en la que se ha sacado la bandeja esmaltada. Una de las tapas de un quemador está fuera de sitio (la de la derecha) y en el otro quemador se está regulando la entrada de aire, que viene a ser como una puertecilla deslizante (o también una tira concéntrica al cuello de la base del quemador, con una serie de agujeros, y cuyo desplazamiento circular obtura más o menos los agujeros existentes en la base).

Dejando el paso de aire adecuado se logrará una llama regular. Si el paso del aire está muy cerrado, la llama que se produce es muy rojiza y con menor poder calorífico, además de consumir mucha mayor cantidad de gas inutilmente.

Limpieza de los quemadores de la cocina

Los quemadores están compuestos de varias piezas desmontables, para que se puedan limpiar, en el caso de que por vertido de líquidos, se taponen los agujeros o ranuras donde se produce la combustión. Generalmente los elementos de los quemadores actuales son todos de aluminio fundido, y se pueden perfectamente lavar con jabón o detergente, pieza por pieza. En el caso de que se hubieran acumulado grasas o mugre, puede ejercerse una acción más contundente con un cepillo de cerdas duras (animales, vegetales o sintéticas, pero nunca metálicas, que rayarían y estropearían el aluminio).

Un quemador que se ha lavado debe enjugarse cuidadosamente hasta que esté perfectamente seco,

pues si se deja con restos de agua, no se lograría la combustión, o sería deficiente. Asimismo es conveniente que, después de haber lavado y enjugado cuidadosamente los elementos componentes de un quemador, procedamos al encendido del mismo, para así hacer desaparecer con el calor los restos de humedad que pudieran haber quedado, y evitar la oxidación del aluminio o de la aleación metálica que haga sus veces.

QUEMADORES PARA GAS BUTANO

Los quemadores de gas ciudad y de butano se distinguen por pequeños detalles; pero, en síntesis, vienen a ser iguales. La única diferencia importante es la salida de gas, en donde se acopla el mechero o quemador. La salida de gas butano o propano se realiza a través de un angosto agujero de décimas de milímetro. Siendo este agujero tan pequeño, es interesante y conveniente vigilar que este mínimo paso de gas no quede reducido por depositaciones de polvo, o de otro tipo de partículas sólidas o grasosas. Por ello se procurará periódicamente pasar por dicho agujero la punta de un alfiler de coser muy fino, o bien un alambre de acero muy fino y adecuado al calibre de la salida del gas. Hay que tener cuidado en esta operación de no forzar las bocas, pues de ser así daríamos más paso del que es conveniente para que se produzca la combustión, tal como ha sido calculada por los fabricantes del aparato.

También debemos comprobar que el alfiler o hilo de acero atraviesen totalmente el paso, pues de no ser así, lo que podríamos ocasionar sería una obturación o taponamiento, algo más abajo de su boca.

LIMPIEZA Y CUIDADOS DE MUEBLES Y SUPERFICIES DE COCINAS

Además del cuidado de los mecheros, las cocinas requieren una constante atención de limpieza, para cuyo efecto los fabricantes procuran facilitar tanto como es posible el

poder desmontar los elementos de tapa, parrilla, bandeja, etc. de que suelen componerse los planos superficiales de trabajo. Especial cuidado se ha de poner en la limpieza interior de los hornos, en donde se acumulan los vapores grasos de los alimentos que se cuecen. Hay que limpiar cuidadosamente todos los ángulos, esquinas y juntas de plancha, con polvos detergentes, que no sean abrasivos y pudieran dañar el esmalte de la plancha. Es importante seguir las instrucciones que da el propio fabricante, en los folletos que acompañan al aparato.

Debido a lo engorroso de este trabajo, actualmente han salido algunas cocinas con horno, que se limpian automáticamente gracias a un esmalte especial que reviste las paredes interiores del horno. Este esmalte especial, mate y poroso, tiene la propiedad de disolver las grasas a las temperaturas normales de cocción (entre 250 y 300°). Descompuestas por oxidación, a medida que se van produciendo, estas grasas se transforman en vapor de agua y gas carbónico, los cuales son eliminados por medio de una ventilación apropiada. De este modo el horno se mantiene siempre limpio, ya que se eliminan las grasas durante la misma cocción. En el caso de que, por un exceso de materias grasas, éstas no se eliminasen suficientemente, bastaría mantener el horno encendido durante un rato después de haber retirado el alimento.

Este esmalte especial debe ser tratado con cuidado, y no deben emplearse jamás —en el caso de que no se hayan logrado eliminar totalmente los restos de comida— ni los abrasivos ni las esponjas metálicas, ni tampoco los detergentes concentrados. Hay que poner especial cuidado en evitar que se viertan jugos con azúcar o almidones, pues éstos no se eliminan automáticamente como las grasas. Por lo tanto, hay que prever el uso de recipientes que puedan acoger estos desparramamientos, o también emplear unas hojas de papel de aluminio. En el caso de que se llegue a producir una mancha de esta clase de alimentos, hay que proceder rápidamente a su limpieza, con agua caliente sin ningún aditivo.

Otro cuidado importante en las cocinas de gas, tanto si son de gas ciudad como de butano o propano, es una periódica vigilancia de los tornillos destinados a ensamblar las diversas partes de plancha estampada que componen el cuerpo. A pesar de que las cocinas suelen estar quietas y no tienen elementos móviles, los tirafondos o tornillos que fijan los diversos elementos se desenroscan paulatinamente debido a la grasa que en ellos se deposita.

Habrá, pues, que revisar con un destornillador la fijación de todos los tornillos que ensamblan los elementos de chapa y sus refuerzos, vigilando que no se haya producido una falla en el alojamiento de los tirafondos de chapa por desgaste de esta última. En este caso se puede utilizar una pequeña pieza de chapa que venga a hacer las funciones de hembra nueva. Siendo los tornillos autorroscantes, convendrá realizar un agujero pequeño, para que el tornillo se abra paso por sí mismo y tenga eficacia.

Otro recurso pudiera ser el de sustituir los tornillos autorroscantes por tornillos con hembra, intercalando entre la plancha y la hembra una arandela de retención, que evite el aflojamiento antes mencionado, debido a una lubricación por las grasas.

En las cocinas de gas puede ocurrir también otra incidencia: los botones y manijas situadas en los paneles de mando verticales de las cocinas provistas de horno, reciben una fuerte acción del calor procedente del horno; especialmente cuando la puerta de éste se deja ligeramente entreabierta, para proceder a tostaciones del grill. Si los materiales de que están hechos aquellos mandos no son suficientemente resistentes al calor, llegan a tal grado de carbonización que pueden desintegrarse. Se tendrá, pues, que proceder a la sustitución por otras manijas, o cualquiera otro tipo de los mandos que sean.

Los repuestos serán solicitados al comerciante que nos haya vendido el aparato, o al agente representante de la marca en nuestra población. El cambio se efectuará de forma sencilla: por regla general, estos mandos van unidos al eje por una retención de presión, o bien por un tornillo. En el primer caso se arrancarán tirando de ellos, o valiéndose de un destornillador, para hacer de palanca. En el segundo, se aflojarán los tornillos. Para colocar las nuevas piezas, bastará simplemente ejercer un poco de presión para los que no empleen tornillos, o apretar éstos cuando los utilicen.

Algunas cocinas con horno disponen de una bombilla eléctrica que ilumina. Esta bombilla, y el portalámparas correspondiente, reciben naturalmente una fuerte acción de calor, que puede dar lugar a fallos, ya sea de la propia bombilla o del portalámparas. En principio, no habrá dificultades para proceder a la sustitución de una y otro, procurando adquirir un recambio igual al estropeado. También pudiera ocurrir que, debido al gran calor del horno, las conexiones perdieran por tostación toda la eficacia de sus aislamientos, en cuyo caso se tendrá que proceder al cambio del cable conductor. Naturalmente, se tendrá que respetar el calibre del cable original.

En estas cocinas de gas a las que se recurre para cualquier cosa auxiliar a la electricidad, es muy importante que la conexión esté provista de toma de tierra, para evitar cualquier eventualidad de que, por fallo de los aislamientos o por humedecimiento debido a los vapores producidos durante la cocción, se produzca un escape de corriente a través de la masa metálica que constituye el cuerpo de la cocina.

LOS HORNOS COLOCADOS EN ALTURA

Uno de los problemas más molestos ocasionados por los hornos situados debajo de las cocinas es el tener que limpiar el interior. Naturalmente el desplazar el horno en altura, e independientemente de la plataforma de quemadores, si bien el trabajo quedaba algo más facilitado al poder trabajar en el interior desde una posición más cómoda que el tener que estar agachado, continuaba subsistiendo parte del problema.

Debido a estas motivaciones, se han desarrollado una serie de hornos para ser suspendidos en una parte alta, o bien empotrados en obra o dentro de un cuerpo de armarios situados encima del plano de trabajo. Estos hornos si bien buscan la solución del problema de limpieza, lo resuelven más o menos satisfactoriamente. Básicamente ya hemos dado las características principales de estos hornos autodesengrasantes ahora bien, hay que distinguir esencialmente entre dos tipos:

Los hornos de catálisis. Según el principio de limpieza por catálisis se hace recurso a un esmalte especial que durante la cocción destruye por oxigenación todas las partículas grasas que se proyectan sobre las paredes. Esta oxidación empieza a producirse a partir de que la temperatura interior alcanza 250º C (o sea un 7-8 del termostato) temperatura que es la normal para cocer carnes, aves, tartas y pasteles. Este procedimiento es muy apto precisamente para hornos que utilizan el gas en los que una buena circulación de aire favorece una buena oxidación. En el caso de que queden aún algunos restos de mugre, después de haber cocinado, se eleva la temperatura hasta los 300º C (es decir a la cifra 10 del termostato).

Ahora bien, hay que convenir que los hornos de catálisis si bien son muy eficaces para eliminar las grasas no lo es tanto para azúcares. Otro inconveniente es de que la limpieza tiene que lograrse con ayuda de la mano. Por otra parte cuando las paredes o la base están ya muy consumidas no es posible regenerarlas sino cambiarlas por otras nuevas. El problema en este caso no sería tan grave si se tuviera la seguridad de que al cabo de x años, cuando el desgaste sea notorio, se podrán adquirir recambios. No hay que olvidar que la sociedad de consumo no se caracteriza precisamente por la supervivencia de muchos de los aparatos que se fabrican, a los que, pasados unos años, se considera que hay que cambiarlos por otros nuevos...

Los hornos de pirólisis son, hasta este momento, lo más efectivo en materia de hornos autodesengrasantes y, además, autolimpiantes. Este procedimiento estriba en elevar la temperatura del horno hasta 500° C después de haberlo utilizado. A esta temperatura quedan eliminadas por completo toda la mugre que se haya producido en el interior, se trate de lo que se trate. De hecho los hornos de pirólisis actúan por oxidación y también por carbonización. Esta operación implica realmente un consumo importante de energía, además del ya utilizado para la cocción, pero en la práctica está suficientemente compensado por las economías resultantes del indispensable aislamiento térmico, de que disponen toda esta clase de hornos. Efectivamente, para una misma temperatura graduada en un termostato, un horno con las debidas condiciones de calorificación consume mucha menos energía, ya que las pérdidas de calor están reducidas casi al mínimo. En una hora de cocción, un horno de pirólisis consume como unos dos tercios de cualquier otro horno clásico. Para que se produzca esta economía es preciso limpiar periódicamente el horno, pero no precisamente después de cada cocción. La buena medida sería realizarlo una vez cada 12 horas de utilización.

Si bien tratamos de estos hornos aquí cuando en realidad la mayoría de ellos son consumidores de electricidad en lugar de gas, actualmente ya han aparecido hornos mixtos (electricidad y gas), y se están perfeccionando los que estarán destinados exclusivamente al consumo de gas.

HORNOS DE CALOR GIRATORIO

Pueden ser indistintamente de gas o de electricidad. Proporcionan con mucha rapidez un calor homogéneo, logrado a base de una turbina que puede girar a una o dos velocidades, que es la que proyecta el aire caliente. Las ventajas de este sistema es la de poder cocinar simultáneamente varios platos muy diferentes (pescados y postres, por ejemplo) sin que se trasladen olores de uno a otro. Por

otra parte, el calor giratorio permite reducir mucho el consumo de energía, ya que los alimentos (gracias a una mejor repartición del calor) requieren temperaturas menos elevadas que las que son necesarias en hornos del tipo tradicional. El calor giratorio es también muy aconsejable para producir la descongelación de alimentos, ya que se hace suavemente y sin sacudidas bruscas de diferencia de temperaturas.

El inconveniente principal de esta clase de hornos es que no pueden soasar, es decir exponer un plato a fuego muy vivo. En el caso de querer tostar, dorar, es necesario tener que acudir a otro sistema de calentamiento por arriba. Actualmente se estan ensayando los hornos denominados de calor universal, en los que se combina el calor giratorio con un quemador para tostar, y cuyas funciones o acciones pueden cambiarse, incluso en plena cocción, sin tener que sacar las bandejas o platos del interior del horno. Evidentemente es una buena solución, pero aún resulta bastante cara ya que las producciones no son hechas en gran serie.

En esta clase de hornos, como sea que el ventilador favorece la proyección de partículas de alimentos, particularmente de grasas y azúcares indistintamente, conviene, pues, para una y otra clase de productos culinarios, hacer coincidir en esta clase de hornos un sistema de limpieza a base de pirólisis.

CALENTADORES

Otro grupo muy importante de aparatos de gas (y al propio tiempo agua) son los que se designan con el nombre de *calentadores* y también con el de *calefactores*.

Esencialmente son aparatos en los que un quemador calienta el agua que circula por un serpentín. La diferencia esencial entre los aparatos de gas y los eléctricos, que se encargan de calentar agua, estriba precisamente en que los primeros actúan desde el exterior sobre los serpentines (eventualmente también sobre un depósito o caldera), en tanto que en los aparatos eléctricos es una re-

sistencia eléctrica, convenientemente aislada, la que suele inmergirse en el agua contenida en un depósito.

Dentro de los calentadores pueden considerarse tres tipos, que presentan matices diferenciales de empleo:

a) Los calentadores instantáneos. Producen la calorifugación del agua que pasa por un serpentín a medida que se va consumiendo. Están conectados directamente a la red de suministro de agua y suelen colocarse en el mismo punto de uso, si el local presenta garantías de aireación, pero es mucho más frecuente, y por razones de seguridad del consumidor, en un lugar próximo, y preferiblemente al otro lado de la pared, que separa el punto de consumo, en un lugar al aire libre. Con ello se logran eliminar las posibles intoxicaciones en el caso de que, por un fallo en el suministro de gas, se apagase la llama y volviera a producirse el suministro. También es muy peligroso cualquier posible escape en las uniones y racores del aparato o de los conductos que lo alimentan.

Normalmente, en todos estos aparatos suele existir un piloto el cual se enciende previamente antes de poner el calentador en marcha. Esto se produce cuando al abrir el grifo de consumo circula el agua y consigue, mediante una válvula, abrir el paso del gas que alimenta el quemador. El gas que sale se enciende automáticamente con la llama del piloto. Inversamente, cuando se cierra el grifo de paso del agua la válvula al no ser ya empujada por la presión de la misma obtura el suministro de gas.

Debido a este consumo simultaneo de agua y gas solamente cuando se precisa, los calentadores instantáneos son una manera de evitar pérdidas innecesarias de calor, que se tienen que contrarrestar en los otros aparatos con protección aislante de los depósitos, en donde se almacena hasta una determinada temperatura el agua. Por otra parte, también coadyuvan a este ahorro de energía el que, hallándose los aparatos muy cerca del punto de consumo, no se precisan trayectos de tubería largos,

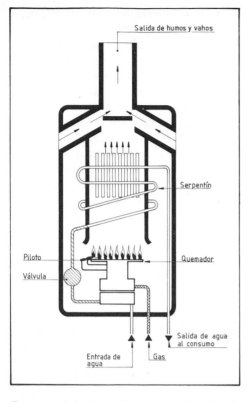

Esquema de funcionamiento de un calentador de gas.

Potencia calentador	Temperaturas de salida del agua en °C							
	35	40	45	50	55	60	65	70
125 Kcal./min.	300	250	215	188	167	150	136	125
250 Kcal./min.	600	500	425	375	366	300	273	250
325 Kcal./min.	780	650	557	488	433	390	355	325

Caudales expresados en litros/hora

A continuación indicamos en un cuadro la cantidad de agua caliente en litros por hora que se puede lograr de un calentador en función de su potencia útil, para temperaturas de salida diferentes y partiendo de una temperatura constante de entrada de alrededor de 10° C. Este valor que, podríamos decir, corresponde al término medio de la temperatura del agua en países templados durante las buenas estaciones, tendrá que ser rebajado en un 10 % para temperaturas de 5° C, y en un 20 % para temperatura cercana a 0° C, es decir que no haya llegado a convertirse en hielo.

El tamaño pequeño de 125 Kcal./min resulta ser un aparato de precio módico, suficiente en muchos casos para proporcionar agua caliente en dos puntos a razón de un caudal medio de 5 l/min, como puede ser una ducha, lavabo, fregadero, etc.

Aun cuando es preferible que todos estos calentadores estén dotados con conducto de evacuación de gases quemados, cabe usarlos sin él cuando se empleen para dar agua caliente en dos puntos de consumo (baño y cocina). En ningún caso deben instalarse en un cuarto de baño.

En cambio, si los aparatos se empalman a un conducto de evacuación de gases quemados, o bien se emplazan en un lugar al aire libre (galería, patio, etc.), se podrán utilizar para alimentar más de dos tomas de agua caliente. Si bien esto no es muy recomendable, ya que el caudal de agua seguramente no será suficiente para proporcionar agua caliente de manera simultánea en dos puntos de con-

Ejemplos típos de ubicación de contadores, tanto para ser utilizado únicamente para un baño como para un doble servicio en cocina y cuarto de baño.

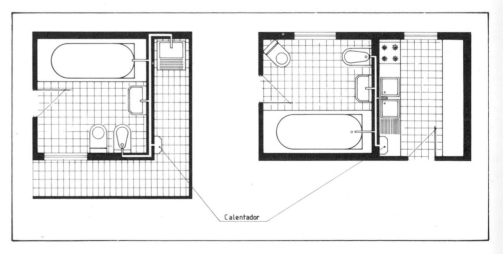

Calentador

con la consiguiente pérdida durante el recorrido.

La instalación de un calentador instantáneo es sencilla y ocupa muy poco espacio. Su mantenimiento y conservación quedan reducidos prácticamente a nada, sobre todo para aquellos calentadores en los que no se requieren temperaturas por encima de los 70° C. Téngase presente que muchos de los calentadores se utilizan precisamente a temperaturas mucho más bajas que la cifra citada. De todos modos, en el caso de que se desee tener agua a mayor temperatura, rozando el punto de ebullición, será conveniente instalar un descalcificador para evitar que se formen depósitos de sarro.

El único inconveniente que pueden tener los calentadores instantáneos es el de que estén alimentados por un servicio de agua con variantes de presión, o con muy poca. Es conveniente para lograr una temperatura regular que la presión de agua sea constante.

Usos	Agua caliente en litros	Unidad consumo Temperatura °C	Unidad de consumo (persona y día)
Lavabo	10-25	40-45	1
Ducha	25-40	35-40	1
Bañera (grande)	150	35-40	1
Bañera (pequeña)	80	35-40	1
Lavado ropa a mano	20-30	70	1
Lavadora mecánica	30-35	70	1
Fregado vajilla a mano	1-2	65-70	1
Lavavajillas	2-2,5	70	1
Agua cocción	1-2	70	1

sumo, sobre todo si se trata de utilizar un caudal muy abundante, como puede ser el de una bañera o un fregadero o lavadora.

En cambio los aparatos de mucha mayor potencia (de 250 Kcal./min. para arriba) serán mucho más indicados para utilizar agua caliente al mismo tiempo y en diferentes aparatos sanitarios o de cocina.

Para mayor ilustración acompañamos un cuadro con los consumos que se pueden considerar como término medio para diferentes usos domésticos, tanto para la cocina como para el aseo.

b) Calentadores acumuladores o termos. Se trata de aparatos que tienen un depósito de agua que una vez calentada se mantiene a una temperatura determinada. Esta temperatura viene regulada por un termostato que mantiene el quemador encendido hasta alcanzar la temperatura deseada. La puesta en marcha de este quemador se produce gracias a un piloto que está constantemente encendido. El enfriamiento del agua del depósito puede producirse por dos motivos: por entrar agua fría de reposición al abrir el grifo o los grifos a los que alimenta el calentador, o bien simplemente por enfriamiento natural, que será tanto más lento cuanto más aislado térmicamente esté el depósito de agua.

Aun cuando el calentamiento de un depósito de muchos litros de agua requiere un consumo elevado de energía, y aunque para tener siempre el calentador a punto se tenga que dejar encendido el piloto, el calentador acumulador no es caro de mantenimiento. La caloría-gas es algo más barata que la caloría-electricidad.

Hay que tener en cuenta un detalle importante en los calentadores acumuladores: El que si bien se puede disponer de bastante cantidad de agua caliente inmediatamente con sólo abrir el grifo en el punto de consumo, este agua cuando está a punto de agotarse (aproximadamente cuando se ha gastado un 80 % del volumen total del depósito) empieza a quedarse tibia, debido a que mientras el depósito se vacía va entrando agua fría por el conducto que lo ali-

Temperatura de la mezcla en °C	Capacidad (en litros) de depósitos cuya agua ha sido calentada hasta 70°			
	25	50	80	120
65	27	58	87	131
55	33	75	107	160
45	43	88	137	205
35	60	132	192	288
25	100	250	370	480
				cantidad de agua obtenida por la mezcla

menta, por lo que es necesario un período de tiempo sin consumo para recuperar la temperatura a la que se ha graduado el calentador.

Lo que ocurre normalmente, es que el agua caliente suele utilizarse en los baños y cocinas mezclándola con agua fría, dando así ocasión a poder llenar toda una bañera con agua a la temperatura de utilización sin que se vacíe totalmente el depósito del calentador. Así pues, se puede establecer el cuadro siguiente en función de la temperatura de la mezcla de agua caliente y fría y del volumen del depósito.

c) Calderas mixtas para calefacción y agua caliente. Este tipo de aparato, que reúne en uno solo dos funciones, tiene la ventaja de que en menor necesidad de espacio y en simplicidad de instalación se pueden tener dos servicios. Este sistema es muy utilizado en países que se caracterizan por hallarse dentro de unas zonas en las que predomina el frío durante la mayor parte del año. Actualmente ha empezado a divulgarse por otros países de climas benignos.

Hay modelos que se adaptan a apartamentos y viviendas unifamiliares, chalets, etc., en tanto que otros de mucha mayor capacidad y potencia son empleados para servicios comunitarios.

Debido a la doble utilidad del agua caliente que proporciona la caldera, se requiere una instalación que, si bien no es complicada, sí debe ser hecha con mucho cuidado, para que al consumir agua caliente para usos de aseo y cocina no haya lugar a una falta de potencia calorífica para la temperatura ambiental que proporcionan los radiadores.

Actualmente se tiene bastante tendencia a instalar las calderas para calefacción y agua caliente sobre un muro en lugar de descansar sobre el suelo.

APARATOS PARA PRODUCCIÓN DE AIRE CALIENTE

En estos aparatos el fluido portador de calor es el aire que, impulsado por un ventilador, se calienta en la caldera hasta unos 50° C. y se transporta por conductos adecuados a todas las dependencias.

En la instalación de estos aparatos existe una diferencia con respecto a la calefacción con agua y es que se suprimen los radiadores y tuberías de retorno. En cambio son necesarios unos conductos de aire más voluminosos que los destinados para el agua; si bien pueden ocultarse fácilmente por encima del cielo raso. Esto, naturalmente, puede estudiarse muy bien antes de realizar la obra, pero en cambio ofrecerá muchas dificultades para que una calefacción por aire caliente se pueda adaptar a una vivienda ya construida.

En antiguas casas con techos muy altos cabe la posibilidad de poder adaptar una instalación por aire caliente, pero siempre a costa de muchos trabajos de albañilería y de renovación de los techos.

La calefacción por aire caliente es muy adecuada para ambientar grandes locales, o también para poder ser aplicada a edificios de viviendas con una instalación central para todas ellas, lo cual no es del caso en esta obra destinada al aficionado.

ESTUFAS Y RADIADORES DE GAS

Las estufas que utilizaban el gas se puede decir que han ido a menos, particularmente las que empleaban el gas ciudad. Quizás el posible peligro de una intoxicación las ha apartado del uso corriente. Aparte de la intoxicación a que pudiera dar lugar una fuga, o la disipación de gas por haberse extinguido la llama que proporcionaba el calor, estaba también el inconveniente de que el ambiente quedaba muy enrarecido al consumirse el oxígeno del aire mezclado con los gases quemados.

En cambio con la difusión del gas licuado en botellas se ha generalizado mucho la estufa a gas con quemador catalítico, o bien mediante uso de rayos infrarrojos.

En las *estufas de infrarrojos*, en lugar de producirse una llama característica, la combustión se consigue propagando la llama a través de una placa de cerámica o de acero refractario, provista de múltiples perforaciones en toda su superficie, y cuyo diámetro está en función del gas empleado (gas ciudad o gas embotellado). La placa se pone incandescente al producirse la combustión, y el calor que de ella emana se comunica por radiación y no por convección, tal como ocurre en los calentadores de aire caliente.

Por lo tanto, estas estufas no calientan el aire ambiente sino los cuerpos que no se pueden atravesar, como ocurre con el aire. En cambio los cuerpos que se hallan expuestos a la radiación calorífica absorben el calor (recibido con más intensidad que por el ambiente) y luego lo disipan a su vez al ambiente.

El principio de la calefacción por rayos infrarrojos se fundamenta en que cualquier sólido caliente genera dichos rayos en mayor o menor intensidad, según su naturaleza. En este caso, se emplea el acero refractario y las placas cerámicas, ya que es absolutamente necesario que la parte posterior de dichas placas permanezca a baja temperatura, para que el calor originado en la superficie de combustión (la cual llega a alcanzar la temperatura de 85° C) no se propague al interior de la cámara, donde se produce la mezcla de gas y aire y dé lugar a un autoencendido, apagándose la llama de la placa.

Esta clase de estufas pueden emplear indistintamente todo tipo de gas, pero no pueden usarse indistintamente para unos u otros.

Aparte de las pantallas que se suelen instalar en puntos altos, mediante pies derechos o bien acopladas directamente a las botellas de gas, existen estufas propiamente dichas, es decir, con un elemento que las

Estufa de rayos infrarrojos en la que se emplea el gas como combustible.

Estufa de gas butano de placas catalíticas.

contiene y que permite su traslado de un sitio a otro. Las botellas de gas butano pueden también quedar disimuladas dentro de un mueble, en cuya parte anterior se hallan las placas radiantes.

Normalmente se enciende primero un piloto y a continuación se da el paso de gas para que toda la placa se encienda. Hay estufas que tienen más de una placa, cada una de las cuales puede ser alimentada o no con gas, lográndose así una proyección de calor más o menos intensa. Asimismo las modernas estufas de gas suelen estar provistas de encendido piezoeléctrico.

Es muy importante limpiar la boquilla del piloto para evitar obturaciones. En el caso de que se produzcan introducir un alambre muy fino por el agujero. Asimismo es interesante mantener en buenas condiciones el dispositivo de encendido automático, ya que si se condensa vapor o se engrasan pierde toda su acción.

Las *estufas catalíticas* se fundan en el principio de la catálisis, según el cual, cuando el gas se pone en contacto con el aire a una temperatura inferior a la de su punto de inflamación (alrededor de los 400° C), si se halla en presencia de un metal noble, se produce una reacción que provoca que el gas se oxide rápidamente, generando mucho calor sin que el catalizador sufra ningún cambio.

Para conseguir que todo el gas entre en contacto con el aire en presencia del metal, se utilizan unas rejillas de amianto impregnada con sales del metal que se utilice. Si bien la cantidad que se utiliza de sales es muy pequeña (pues generalmente el metal que se utiliza es el platino), es suficiente para que se produzca la reacción catalítica. La temperatura de la rejilla está controlada por un termostato que regula según convenga el paso del gas. En el caso de que la combustión se apagase, estos aparatos suelen disponer de una válvula de seguridad que corta el suministro de gas.

En estas estufas suele existir un piloto que hay que encender previamente, ya sea directamente con una cerilla o mechero, o también mediante un dispositivo piezoeléctrico. Ambos elementos deben mantenerse siempre en condiciones para que funcionen correctamente.

5.

El agua

ALGUNAS NOCIONES ELEMENTALES DE LAS NORMAS VIGENTES SOBRE EL AGUA

Se ha dicho anteriormente que manipular una instalación de gas es mucho más peligroso que una de agua. Si bien refrendamos lo dicho, esto no quiere decir que el intervenir, mejor dicho, *intervenir mal*, en una instalación de agua no pueda originar un peligro, como puede ser una inundación... propia y de los vecinos, si se ocupa una casa de más de una vivienda.

Las peores consecuencias de una avería ocasionada por el agua, puede ser, precisamente, cuando estamos ausentes del apartamento y no se ha tenido la precaución de cerrar el grifo de paso general. Es comprensible que para ausencias breves no se quiera tomar la molestia de cerrar el grifo, pese a que incluso en ausencias no muy dilatadas puede ocurrir el desastre.

La mayoría de siniestros ocasionados por el agua débense a haber dejado libre el paso del agua, ya sea por negligencia durante unas vacaciones, o también cuando no se corta el suministro por dejar en marcha un aparato que precisa el agua para su funcionamiento, tal como puede ser una lavadora o un lavavajillas, en los que no es posible prejuzgar que funcionarán perfectamente mientras estamos ausentes. No es recomendable seguir la práctica de dejar en marcha estos aparatos cuando, siendo recientes y en buen estado, se presume su excelente funcionamiento. Pero aún lo es menos confiar en un aparato veterano, y especialmente cuando ya nos ha dado alguna advertencia de su agotamiento.

Toda instalación de agua debe estar aprobada por un instalador autorizado, tal como se dispone para la electricidad y el gas.

Ahora bien, son muchas las averías, que no son tales o bien son de tan escasa importancia, que cualquier aficionado puede conseguir resolverla sin necesidad de llamar al fontanero. Incluso éste nos lo agradecerá, aunque pueda parecer que estamos suprimiéndole unas ganancias.

Estas ganancias que, pese a facturarlas de acuerdo con los cánones correctos, no corresponden a lo que hubiese podido contar en una obra de mucha más importancia en que intervienen materiales, aparatos, accesorios y una dedicación de bastante más tiempo.

Análogamente a los otros dos fluidos, el agua viene suministrada por un proveedor o compañía, de acuerdo con un contrato en el que se establece el caudal necesario para el consumidor. La compañía se encarga de traer mediante una red urbana el agua a pie de la casa o edificio, estableciendo una acometida con sus correspondientes llaves de maniobra.

Estos dispositivos estarán de acuerdo con la presión del agua, caudal suscrito, consumo previsible y situación del local a suministrar, y estarán a cargo de la compañía. En principio se suele destinar a cada finca un ramal de la red, atravesando el muro de cerramiento del edificio por un orificio, practicado por el propietario o abonado. El tubo debe quedar suelto y no hallarse obligado por causa de eventuales dilataciones. Así como la llave de toma estará en la misma tubería de la red para dar paso a la tubería de acometida, la llave de paso estará situada en la unión de la acometida con la tubería de alimentación, junto al umbral de la puerta en el interior del edificio, o bien en el mismo arranque de la escalera si es un edificio de varias plantas. El tubo de alimentación es el que enlaza la llave de paso al edificio con la batería de contadores de los diversos inquilinos, o bien con el contador general, si se trata de uno solo. Tiene que quedar a la vista siempre que sea posible en todo su recorrido. Si no es posible, podrá enterrarse dentro de una canalización hecha con obra y rellena de arena, y con sendos registros en cada extremo.

Los contadores divisionarios miden el consumo de cada abonado y suelen colocarse en baterías. El contador general mide el consumo total de lo que todos los vecinos han utilizado.

El tubo ascendente es el que arranca del contador para el suministro a la instalación particular, y estará dotado con una llave de paso a la que pueda acceder fácilmente el abonado. Se suele colocar en un sitio al aire libre. Es esta llave la que tendrá que accionarse para dejar sin agua la instalación particular a la que corresponda. La tubería que se encarga del suministro de agua a dicha instalación, hace su entrada por la parte alta de la vivienda, lo más cerca del techo que sea posible. De esta manera se evitará que pueda producirse un retorno del agua en las tuberías que alimentan los aparatos. Estos deberán hallarse siempre por debajo del nivel de la tubería de entrada.

INSTALACIONES DE AGUA

La distribución interior del agua se realiza mediante ramales de tubería y accesorios diversos de grifería. Cualquiera de estos materiales debe ser capaz de soportar una presión de trabajo de 15 kg/cm^2, de esta manera podrán resistir los golpes y trepidaciones que puedan producirse al cerrar los grifos. También tienen que ser resistentes a la corrosión y a los cambios de tiempo, y no tienen que afectar a las características del agua (sabor, olor, potabilidad, etc.).

Las tuberías se clasifican en dos tipos: las de paredes lisas (que comprenden las de plomo, cobre, aluminio, acero o materias plásticas) y las de paredes rugosas (las de hierro galvanizado, así como las de fundición, empleadas para grandes caudales).

Por lo que hace referencia a las llaves se distinguen las de asiento inclinado y de compuerta, y las de asiento paralelo. Las primeras, cuando están totalmente abiertas, producen una pérdida de presión que debe ser inferior a la de la longitud de tubería de su mismo diámetro. Las segundas son todas aquellas que dan lugar a una pérdida de presión menor a la que se acaba de indicar para las primeras.

Las tuberías estarán acordes con el caudal que se requiere para el consumo y con la presión que el agua viene suministrada.

Por ello creemos importante, para una información general, tener en cuenta cuáles son los caudales mínimos que se precisan para los diferentes aparatos domésticos.

Clases de instalaciones

Las instalaciones se clasifican en varios tipos, según cual sea la suma de los caudales mínimos instantáneos, correspondientes a todos los aparatos existentes en la vivienda o local:

TIPO A. Tiene un caudal inferior a 0,6 l/s y corresponde a viviendas que tengan servicio de agua en cocina, lavadero y un sanitario.

TIPO B. Vivienda con caudal igual o superior a 0,6 l/s y corresponde a viviendas con servicio de agua en la cocina, lavadero y un cuarto de aseo.

TIPO C. Instalación igual o superior a 1 l/s, pero inferior a 1,5 l/s. Corresponde a una vivienda con servicio de agua en la cocina, lavadero y un cuarto de baño completo.

Caudales mínimos en los aparatos domésticos			
Lavabo	0,10 l/s	Ducha	0,20 l/s
Bidet	0,10 l/s	Fregadera (lavavajilla)	0,20 l/s
Sanitario	0,10 l/s	Lavadero (lavadora)	0,20 l/s
Pilas en oficio	0,15 l/s	Bañera	0,30 l/s
Nota: Estos caudales deben ser instantáneos			

TIPO D. El caudal instalado es igual o superior a 1,5 l/s, pero inferior a 2 l/s. Corresponde a viviendas dotadas con servicio de agua en la cocina, oficio, lavadero, cuarto de baño y otro de aseo.

TIPO E. Su caudal instalado es igual o superior a 2 l/s e inferior a 3 l/s. Corresponde a viviendas que tienen servicio de agua en la cocina, oficio, lavadero, en dos cuartos de baño y otro cuarto de aseo.

De acuerdo con esta clasificación, se pueden determinar las secciones de los tubos que son necesarias para alimentar a los diferentes aparatos, de acuerdo con el cuadro que se acompaña:

Las cifras relativas a los diámetros de los tubos se refieren siempre al interior de tubería que no sea de plomo. En cuanto a los espesores de las paredes para el tubo de cobre pueden utilizarse el grosor de 0,75 mm hasta diámetros interiores de 16,5; de 1 mm hasta diámetros interiores de 26 mm; de 1,2 y 1,5 para diámetros interiores comprendidos entre 19 mm hasta 32 mm.

Por lo que respecta al plomo los diámetros exteriores mínimos con respecto a los interiores son los si-

guientes: 18 mm para interior de 10 mm, de 20 mm para interior de 12 mm, de 25 mm para interior de 15 mm y de 32 mm para interior de 20 mm.

El diámetro de la tubería de derivación del suministro debe corresponder respectivamente a tubería lisa y tubería rugosa. Las cifras de: 15 y 19,05 mm para suministro tipo A; 20 y 25,4 mm para suministro tipo B, C y D; y 25 y 31,75 mm para el tipo E.

Normas a tener en cuenta en una instalación

En una distribución interior de agua está totalmente prohibido empalmar directamente un suministro a cualquier conducción de evacuación.

Otra norma muy importante, respecto a la entrada del agua en los aparatos que la consumen, es la que precisa que en todo tipo de aparatos en los que se puede verter y acumular agua, como son bañeras, lavabos, bidets, fregaderos, lavadoras, depósitos, etc. deben tener el nivel inferior de la llegada del agua de tal modo que vierta libremente desde 20

Diámetro de las tuberías que deben alimentar aparatos de consumo (en mm)						
	TUBERÍAS DE PAREDES LISAS			TUBERÍAS DE PAREDES RUGOSAS		
	Tipos de instalaciones			*Tipos de instalaciones*		
Derivación	A	B	B, C, D	A	B	B, C, D
Lavabo	—	10	10	—	12,7	12,7
Bidet	—	—	10	—	—	12,7
Sanitario	10	10	10	12,7	12,7	12,7
Pilas de oficio	—	—	12	—	—	12,7
Ducha	—	12	12	—	12,7	12,7
Fregadera (lavavajillas)	12	12	12	12,7	12,7	12,7
Lavadero (lavadora)	12	12	15	12,7	12,7	19,05
Bañera	1	—	15	—		10,05

mm por encima del borde superior del recipiente o, por lo menos, del nivel máximo del aliviadero. Queda totalmente prohibida la alimentación «por abajo», es decir, con entrada de agua por la parte inferior del recipiente, tal como se había hecho en algunos aparatos del cuarto de baño.

Asimismo los depósitos con nivel de aire libre, y alimentados directamente por un dispositivo que abre y cierra de modo automático el paso del agua, y que tengan una capacidad inferior a 10 l, el agua tiene que caer libremente a 20 mm por encima de la parte más alta del aliviadero o del borde del depósito. En los depósitos en que el agua llega por un tubo exterior, tendrá que verter libremente a 40 mm con respecto a los mismos niveles mencionados anteriormente.

En estos depósitos están completamente prohibidas las válvulas que puedan colocarse sumergidas.

Tanto los aparatos de refrigeración o acondicionamiento de aire, como los destinados a la acumulación de agua caliente con una capacidad superior a los 10 l, no podrán conectarse directamente a la red de distribución. Tendrán que intercalar forzosamente:

a) Un grifo de cierre.
b) Un purgador de control de la estanqueidad del dispositivo de retención.
c) Un dispositivo de retención.
d) Una válvula de seguridad, cuya tubería de evacuación vierta libremente por encima del borde superior del elemento que recoja el agua.

Finalmente para completar este extracto de las normas haremos referencia a un dispositivo que es ahora muy utilizado: el fluxor.

El fluxor es una válvula o grifo de cierre automático que se instala en la derivación de una instalación interior de agua para ser utilizada en la limpieza del inodoro. Está dotado con un pulsador que, mediante una presión sobre él, provoca una descarga muy abundante de agua y cuya duración es variable a voluntad. Este agua puede proceder de la red de dis-

tribución o también de un depósito acumulador intermedio.

Tiene la ventaja de que suele ocupar mucho menos espacio que los depósitos de descarga habituales en un aseo. Por otra parte el ruido que ocasionan es menor que el de aquéllos, eliminándose también el ruidito típico que se produce mientras se llena el receptáculo.

Pero su instalación no es posible sin disponer de un caudal instantáneo bastante elevado (de 1,25 a 2 l/s), que es notoriamente superior al de todos los demás aparatos domésticos. Por otra parte, exige una presión residual de agua a la entrada del aparato no inferior a la de siete metros de columna de agua. Ello requiere, pues, un diámetro bastante mayor que los normales para las tuberías; se tienen que instalar consecuentemente contadores de mayor paso y una presión mucho más alta, para edificios de una misma altura.

Si la manera como ha sido hecha la instalación es deficiente, es decir, no ha sido suficientemente calculada en dimensión, puede ocurrir que, al hacer funcionar el fluxor, se produz-

ca una pérdida de presión en la acometida y la instalación, dando lugar a que el agua no suba a las partes altas de un edificio, e incluso que, al quedar sometida la instalación a una depresión, se origine una succión de retornos de agua.

LUGARES DE AVERÍAS

Lógicamente, las averías se originan en las instalaciones de agua por el uso y desgaste de los elementos que intervienen en la conducción (tuberías y cañerías), en los dispositivos iniciales, intermedios o finales que las rematan o que en ellas se intercalan (grifos, tapones de registro, sifo-

Es toda instalación de agua hay que distinguir la parte correspondiente a la entrada y alimentación (depósitos, pilas, cañerías de transporte grifos, etc.), de la que se destina a la evacuación del agua acumulada, (sifones, conductos de desagüe y bajantes hacia las cloacas, etc.) Los dos sistemas están separados en la figura por la línea de trazos. Son dos sistemas perfectamente aislados y que tienen características muy distintas. Las cañerías de desagüe son siempre de mayor diámetro, porque no conducen el agua a presión como las tuberías de la alimentación.

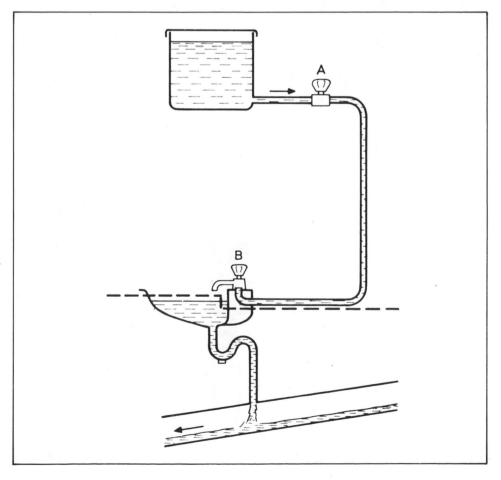

nes, etc.), en los empalmes o solduras de los conductos, en los depósitos que recogen el agua (pilas, bañeras, platos de ducha, tazas de retrete o bidés, descargas, cisternas auxiliares, etc.) ya sea por deterioro de los mismos o de los accesorios de que están provistos (elementos de desagüe, juntas, tapas, boyas, válvulas de descarga, etc.).

Ante todo, debemos distinguir el *sistema de alimentación* (A) del *sistema de evacuación* (B) que son dos sistemas completamente independientes, y cuyas averías son fundamentalmente distintas.

Dentro del sistema de alimentación, pueden producirse averías:

a) En los grifos.
b) En depósitos y cisternas auxiliares.
c) En las cañerías, y en los empalmes y uniones entre ellas.

Dentro del sistema de evacuación se producen corrientemente averías:

a) En las pilas o recipientes de recogida de agua.

b) En los sifones y registros.
c) En los conductos de evacuación.

Esta clasificación sólo tiene por objeto agrupar aquellas manipulaciones generales que se tendrán que efectuar en cada sector de un sistema de circulación de agua en la vivienda, y así evitar la repetición de explicaciones de carácter general en cada elemento concreto. Ello no obsta para que, en ciertos casos particulares, se insista en algún detalle, propio solamente del elemento en cuestión.

AVERÍAS EN GRIFO

Empezaremos por hablar de las averías en el primero de los grupos indicados en el sistema de alimentación: los *grifos*, que son los elementos de uso más inmediato.

Grifos de espita y llaves de paso

Aunque todo elemento colocado en una tubería, y que permita o impida el paso del agua, es un *grifo*, suelen llamarse grifos especialmente aquellos en que el agua sale al exterior, dejando el nombre de *llaves de paso* para los que el agua sigue circulando por la tubería. De todos modos, tenga en cuenta que técnicamente todos son *grifos*, y que salga el agua al exterior, o siga circulando, su función es siempre la misma: dar mayor o menor paso al agua que circula. En la ilustración adjunta, puede ver comparados estos dos elementos: el *B* es un grifo con espita (concretamente, un grifo de lavabo, pues no va sujeto a la pared) y el *A* una llave de paso.

Cerrar el paso del agua

Toda reparación o simple manipulación que se quiera realizar en el sistema de alimentación del agua, debe estar precedida, como norma elemental, por el corte del suministro (igual como en las reparaciones eléctricas debe comenzarse por cerrar el interruptor general).

Para ello recurriremos a *cerrar el*

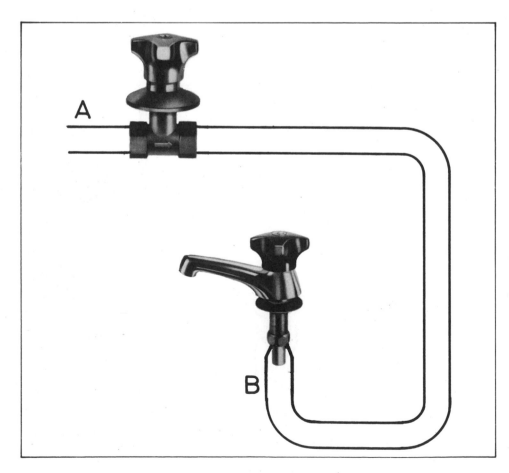

A

B

Hay grifos o llaves de paso (A), y grifos con espita (B). Los primeros se utilizan para intercalar y cortar un suministro en medio de un tramo de cañería. El segundo es el que da paso al agua directamente hacia afuera, para caer libremente o ser recogida en un depósito o pila.

Grifo de paso general para dar entrada al agua en una vivienda. Puede estar situado en un patio o en cualquier otro lugar exterior de la vivienda.

grifo de paso general o bien el grifo de paso intermedio que preceda a aquella parte de instalación que tiene la avería.

En este último caso, es aconsejable comprobar si efectivamente el grifo de paso intermedio, cierra parcialmente la alimentación de agua, pues pudiera ocurrir que, debido al tiempo que no se ha usado, o a otras causas, no funcionase como es debido y tuviéramos que recurrir forzosamente al grifo general de paso.

En cambio, en las reparaciones del sistema de evacuación, no será necesario cerrar el grifo de paso. Al contrario, será conveniente abrir y cerrar el agua del grifo o grifos que se evacúan a través de este sistema, para comprobar si la reparación que se está haciendo es eficaz.

Llave de paso atascada

Es norma importante *mantener en perfectas condiciones el grifo de paso de alimentación general de la casa.*

Como sea que este grifo está colocado muchas veces al aire libre es posible que se oxide exteriormente, o que se hayan producido incrustaciones, tanto exteriores como interiores, que lo atasquen.

Para evitar estos atascos, es una buena medida de precaución, accionar la llave, abriéndola y cerrándola varias veces, con cierta periodicidad (una vez al mes, o cada dos meses). Al mismo tiempo no estará de más lubricar con aceite de máquinas el eje de la llave, facilitando con ello un buen resbalamiento, y protegiendo de la oxidación el metal de que está construido el grifo.

En caso de que la llave esté realmente atascada, porque no se ha abierto y cerrado en mucho tiempo, tendremos que desatascarla de la forma general que luego explicaremos, referida a todos los grifos en general.

EL GRIFO: SU INTERIOR

Como en cualquier otro elemento o aparato, es mucho más fácil localizar las averías y repararlas si se conoce su interior y se comprende para

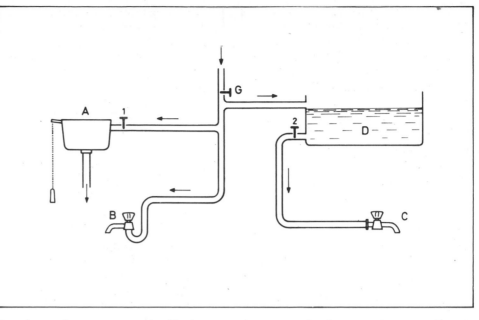

Esquema en el que se muestra simplificadamente una instalación de alimentación de agua. Después de haber dado paso mediante la llave general (G), el agua se dirige a llenar el depósito auxiliar (D) que a su vez alimenta a un grifo terminal de cocina (C). Entre el depósito y el grifo C existe una llave (2). Asimismo el agua se bifurca a un depósito de descarga de W/C. (A), y a un grifo para lavabo (B). Antes de entrar en el depósito de descarga se puede cerrar el agua mediante la llave de paso (1).

Con la llave general de paso (G) se cierra la entrada a toda la instalación. Pero si se quiere realizar una reparación en el depósito A, bastará con cerrar la llave 1. Análogamente si se quisiera arreglar el grifo C, solamente se tendría que cortar la entrada de agua en la llave de paso 2.

qué sirven las diferentes piezas que tiene.

Si abrimos un grifo de la forma tradicional, su interior se ve como en la ilustración que se acompaña. En esencia está compuesto por un cuerpo (parte inferior) y una parte móvil que puede accionarse por una maneta (parte superior). Entre ambas, tal como se ve en esa fotografía, hay una pequeña pieza con unos cueros (a su lado se ven dos de recambio) que son los que están en contacto con el agua, obturando su salida o dejando paso libre.

Cuando están montadas todas las piezas, el interior del grifo se vería como en el dibujo adjunto: observe cómo toda el agua del grifo ha de pasar por un orificio pequeño, y éste puede cerrarlo completamente el cuero. El apretar o aflojar ese cuero se consigue girando la maneta del grifo, que está en el exterior de una larga espiga roscada.

De hecho, un grifo no es más que un mecanismo a manera de compuerta para cerrar el paso por una tubería, aunque como generalmente

Grifo tradicional y que pese a muchos adornos y embellecedores continúa siendo uno de los sistemas más comunes de obturación de agua. Se muestra desmontado y la válvula de obturación está acompañada con dos arandelas de recambio (zapatillas o cueros) que logran la estanqueidad.

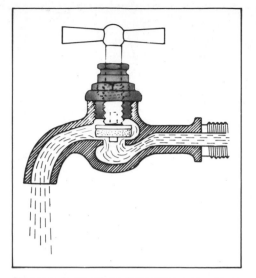

Esquema de un grifo tradicional (correspondiente al representado en la figura anterior). Observe el detalle de sus piezas y compare con las correspondientes de la anterior ilustración.

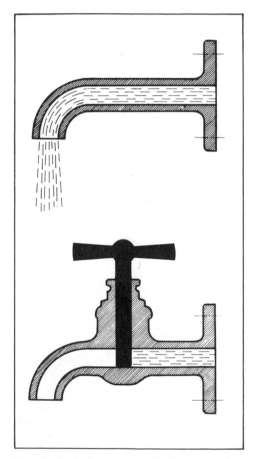

Una simple espita no es un grifo. Para que exista éste es preciso que haya un mecanismo que permita o impida el paso del agua.

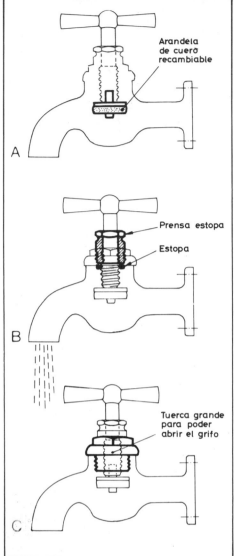

La solución más sencilla y corriente, de lograr que un grifo abra y cierre el paso del agua, es recurrir a un vástago roscado, que al descender obture y al subir dé paso libre al agua que entra de la cañería.

Ahora bien, debido a la presión con que llega el agua, sería casi imposible que por la rosca no se produjera un escape, y es por ello que hay que añadir una junta de estopa. Además, conviene que la manija pueda girar libremente, y para ello se divide en dos partes: la superior va roscada al cuerpo del grifo.

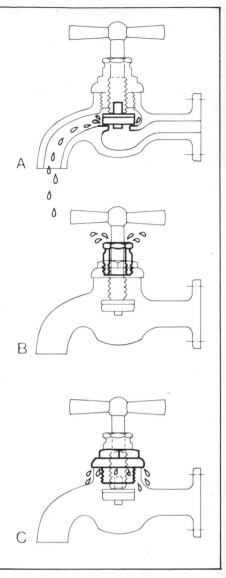

Indicación de los puntos donde normalmente se producen escapes de agua, como consecuencia del mal estado de la válvula de obturación, falta de estanqueidad de la parte superior roscada de la válvula, y carecer de junta la rosca del cuerpo de la válvula.

está a la salida del agua, puede decirse que se sitúa en una espita. Así, en la ilustración adjunta, el primer dibujo sería el de una espita simple: el agua saldría sin parar. Esto es lo que se pone en las fuentes naturales, donde el agua mana sin cesar. Si, como es natural, en los usos domésticos se quiere abrir o cerrar el paso a voluntad, es cuando se sitúa una compuerta, como puede verse en el dibujo inferior.

Para subir o bajar la compuerta, el sistema más cómodo y el más utilizado es situarla en el extremo de una espiga roscada: al roscar la espiga en un sentido, baja y cierra y, al roscar la espiga en sentido contrario, sube y abre el paso.

Pero sería muy fácil que el agua saliese por la rosca, porque va a presión y la rosca deja entre las dos piezas un pequeño juego para que puedan roscarse y desenroscarse con facilidad: ese pequeño juego da lugar a una especie de tubo hueco, en forma de hélice, por lo que saldría agua cuando se abriera el grifo.

Para evitarlo, en el espacio vacío alrededor de la rosca, se introduce *estopa* (o material similar), el cual se aprieta por medio de una rosca, llamada *prensaestopas*. Ese material evita que el agua salga por la rosca hacia el exterior.

Si el grifo solamente tuviera esos elementos, no podría abrirse y cambiarse el cuero interior. Por ello, el último elemento que hay que señalar es una tuerca roscada al cuerpo del grifo y en la que se roscan todos los elementos móviles anteriores.

Abierta esta última tuerca (y por lo tanto, separada la parte superior del cuerpo del grifo) y abierta y levantada también la tuerca del prensaestopas, el conjunto queda como se ha visto en la fotografía.

De la explicación sobre el interior del grifo, se deducen inmediatamente cuáles serán los lugares en que fácilmente podrá haber escapes de agua:

a) En el cuero que está gastado, la consecuencia será que por muy apretado que esté, el agua pasará por el orificio y el grifo goteará continuamente.
b) En la estopada y prensaestopas: la estopa está ya rota y desgastada y el agua se escapa a través de ella. Ocurre que cuando se abre el grifo, el agua (además de salir por la espita) también sale, claro está que en pequeña cantidad, por la rosca del prensaestopas.
c) En la tuerca grande: cuando está abierto el grifo, también se escapa agua por la junta que habrá que cambiar.

Puesto que la función del grifo es hacer que salga el agua justa en el momento justo, las averías en el grifo pueden dividirse en dos grandes grupos:

— Cuando sale más agua de la necesaria (o sale agua en lugares o momentos no convenientes).
— Cuando sale menos agua de la necesaria (o no sale ninguna, porque el grifo no puede abrirse).

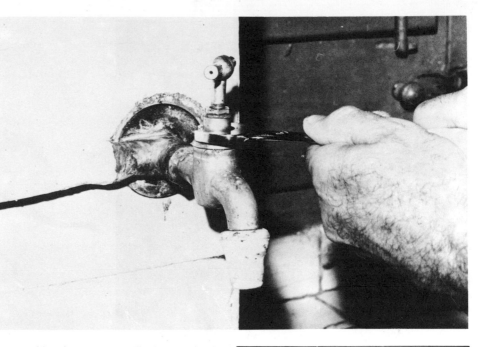

Para cambiar el cuero a zapatilla de una válvula de grifo, es preciso desmontar los elementos que lo integran, después de haber cortado la entrada general de agua o bien la de una llave que obture el tramo afectado. Usar preferiblemente llaves fijas, o en su defecto una buena llave graduable.

BIEN

La llave es preciso que se asiente sobre los lados de la tuerca y no sobre sus aristas. Esto último podría dar lugar a daños muy importantes de la tuerca, hasta el punto que no se podría aflojar con una llave normal.

Cuando sale más agua de la necesaria

Un grifo gotea

Los grifos deben cerrar y obturar completamente el flujo de agua sin apretarse a fondo. Si, por el contrario, hay que apretar a fondo, y aún así, no se cierra por completo el agua, tendrá que repararse lo antes posible, en evitación de que la avería cobre proporciones mayores. Es importante no apretar jamás a fondo las llaves de los grifos (y en particular cuando manifiestan un cierto goteo o un hilillo constante).

Si esto se produce, se debe generalmente a un defectuoso estado de los cueros, y si se insiste apretando puede ocurrir que se fuerce el paso de rosca del mecanismo de obturación, resultando una avería de mucha mayor importancia que el sencillo cambio de los cueros, ya que exigiría cambiar aquel mecanismo.

El *cuero* de un grifo (conocido por diferentes nombres, según el lugar:

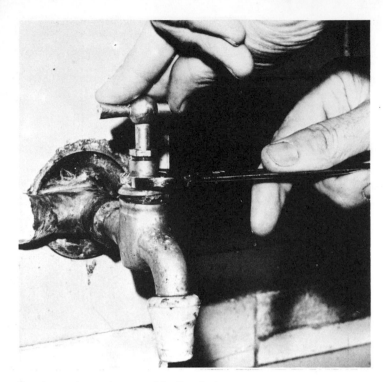

Conviene retener el cuerpo del grifo mientras se da giro a la llave.

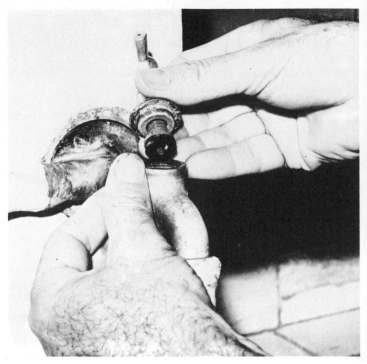

Una vez aflojado el conjunto de la válvula, ésta puede sacarse, quedando el cuero o zapatilla a la vista.

«zapatilla», por ejemplo) es simplemente una arandela que garantiza que no pase agua, y esto lo consigue porque es de material elástico, que se ensancha y adapta al agujero, al recibir presión.

Los «cueros» se llaman así porque solían estar hechos de este material. Sin embargo, actualmente se emplean con mucha más eficacia que el cuero, materiales plásticos o goma. La condición más importante es que sea un material elástico y compacto (no poroso). Estas condiciones las posee más que ningún otro material la goma, aunque tiene el inconveniente de que se deteriora rápidamente; sobre todo cuando tiene que estar en contacto con agua caliente. Por este motivo, *no se emplearán jamás arandelas de goma, en grifos de agua caliente.*

Más resistentes a la acción del calor son los cuerpos de materiales plásticos, que constituyen por ahora los mejores elementos de obturación. Sin embargo, los tradicionales cueros continúan aún siendo utilizados satisfactoriamente.

Cambio del cuero de un grifo

Cambiar el cuero de un grifo es sencillo. Basta disponer de llaves inglesas de tamaño medio. Gracias a ellas se podrán enroscar y desenroscar las tuercas del grifo.

Cerrada la llave de paso, se abre totalmente el grifo que se va a reparar para que evacúe toda el agua que le quede. Dejando el grifo abierto, se procede a desenroscar la tuerca que ajusta todo el cuerpo en el que se aloja el sistema de obturación.

El desenroscado se hará con una llave inglesa, cuidando de situar la boca de la llave entre caras de la tuerca, porque si se sitúa entre aristas fácilmente se desgastarán éstas, y tarde o temprano la tuerca dejará de ser hexagonal, para ser redonda o casi redonda, y resultará más difícil apretar y desapretar, porque la llave no sujetará la tuerca, sino que se deslizará girando sobre ella.

Al final se sujetará la maneta del grifo para que no gire ésta, sino la tuerca.

Lo normal es que, con el cuerpo, salga la válvula pero pudiera ser que, debido al desgaste, la válvula se quedara dentro del grifo. En este caso, se recurre a unas pinzas corrientes para extraerla, si no se alcanza con los dedos.

Hay que tener en cuenta que el cuero va roscado en la pieza suelta, de modo que de las dos espigas que tiene ésta, la roscada debe ir hacia abajo, y en ella se habrá de roscar (para que entre a presión) la arandela de cuero.

Se sustituye el cuero perjudicado por uno nuevo; luego, se vuelve a atornillar todo el cuerpo de obturación al grifo. El cuerpo debe poder llegar hasta el final de su rosca sin tener que ser forzado. Caso de que a media rosca, o al final de la misma, se tuviera que ejercer una presión extraordinaria con la llave inglesa, ello indicaría que el cuero es demasiado grueso, en cuyo caso tendríamos que cambiarlo por otro de menor espesor.

Instalado correctamente el cuerpo de obturación en el grifo, se cierra la llave del mismo, comprobando que tiene un recorrido de giro adecuado.

Entonces se vuelve a abrir el paso general del agua, y se verifica, abriendo y cerrando varias veces la llave, si el nuevo cuero cumple su cometido.

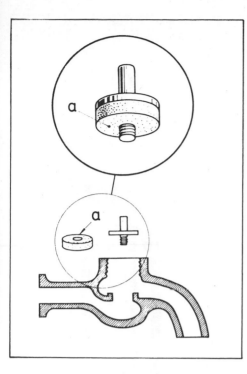

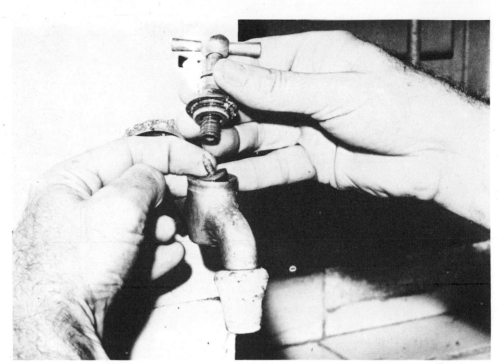

Podría suceder que la válvula hubiese quedado dentro del cuerpo del grifo. En este caso, podrá sacarse fácilmente con los dedos o con ayuda de unas pinzas. En el dibujo se ve como la arandela de cuero o de material plástico o de una goma especialmente vulcanizada, se enrosca en la espiga roscada de la válvula.

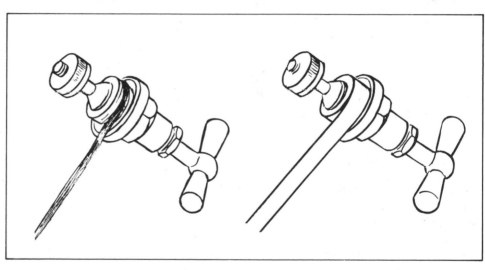

Para conseguir la estanqueidad de los pasos de rosca (que naturalmente no quedan totalmente comprimidos al macho contra la hembra), se recurre a unas hilachas de cáñamo o estopa o también al uso de una cinta de teflón.

Salida de agua por las tuercas del grifo

Como vimos anteriormente, los lugares donde fácilmente hay escapes de agua por el exterior del grifo son por las piezas roscadas: el agua se desliza a lo largo de los hilos de rosca, como si fuesen unos tubos en hélice.

Para reparar la avería (no grave, pero sí molesta, y que perjudica y ensucia el grifo), que supone el que cuando se abra salga agua por todas partes y no sólo por la espita que es por donde debe salir solamente, se coloca estopa u otro material más moderno (cinta de Teflón, por ejemplo).

Reparaciones en grifos modernos

Nos hemos estado refiriendo a un modelo tradicional de grifo.

Actualmente, el grifo que más se fabrica, sin embargo, tiene un diseño algo diferente. Las diferencias no son fundamentales: especialmente en lo que respecta a la forma de obturación, mediante cuero, es lo mismo que en el grifo tradicional.

La diferencia principal está en que la maneta o cruceta para abrir y cerrar el grifo tiene forma de caja y cubre en parte los elementos mecánicos del grifo, por lo cual (como es corriente en todo diseño moderno de máquinas y mecanismos) no están a la vista las piezas. Observe la ilustra-

ción donde se muestran varios grifos de diseño moderno.

En estos ejemplos, como en cualquier otro similar, hay que empezar por quitar la maneta o cruceta que se levanta simplemente después de haber quitado un tornillo que la sujeta, por la parte superior. Esto es importante, porque a veces ese tornillo sólo muestra a la vista su cabeza pintada de color azul o rojo (según que el grifo sea de agua fría o caliente, respectivamente) y puede parecer que no sea una cabeza de un tornillo, sino sólo un punto de color.

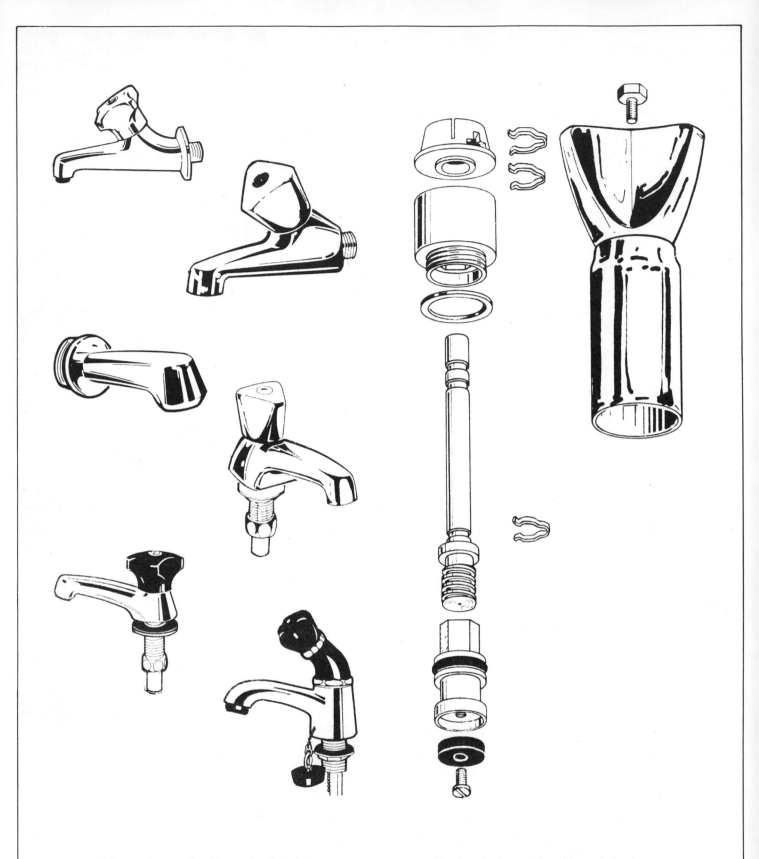

Grifos modernos. En algunos de ellos el agua entra por detrás (tal como es habitual en los grifos tradicionales), en tanto que en otros entra por debajo como ocurre en el grifo corriente de lavabo).

Despiezado de un grifo moderno de lavabo con entrada de agua por debajo. Obsérvese que en el fondo responde a un sistema de obturación igual que los grifos tradicionales.

En la figura se ve cómo es uno de estos grifos de diseño moderno, en su interior.

En las ilustraciones siguientes se ven tres operaciones sucesivas para el desmontaje de uno de estos grifos modernos (concretamente de uno de los dos grifos de un bidé), para proceder a un recambio de cueros, que es operación esencialmente similar a la explicada en los grifos tradicionales.

Cambio de un grifo averiado, por otro nuevo

Puede ocurrir que la obturación defectuosa no se deba al mal estado de un cuero, sino al mecanismo del cuerpo de obturación, o a otra causa, una de éstas, puede ser haber forzado la llave más de la cuenta, habiendo originado un deterioro en el paso de las roscas, o aplastado y arrancado material de la boca de alimentación en el seno del grifo. En estos casos, se tendrá forzosamente que cambiar todo el grifo.

Los grifos se ajustan sobre una base roscada, fija en la pared o en la pila. Será preciso, pues, desenroscar todo el grifo sobre su base, recurriendo esta vez también a una llave inglesa, sobre la tuerca que forma parte del mismo grifo en su asiento con la base.

Antes de efectuar esta operación, se habrá cerrado siempre la llave general de paso.

Una vez extraído el grifo de su base, tendrá que sustituirse por otro nuevo que se adquirirá siempre con igual paso de rosca que el que tenía el viejo. De esta manera, la colocación de un nuevo grifo no ofrece mayores dificultades que la de volver a roscarlo sobre su base, previa colocación de la estopada correspondiente, o de una junta hermética.

En el caso de sustituir un grifo muy antiguo, pudiera ocurrir que no encontrásemos otro grifo de igual paso de rosca. Si la hembra de la base fuera de gran calibre, podría caber el recurso de hacer un casquillo que exteriormente fuera del paso de rosca de la base, e interiormente tuviera el paso de rosca del grifo recién adquirido. Ello nos obligaría a

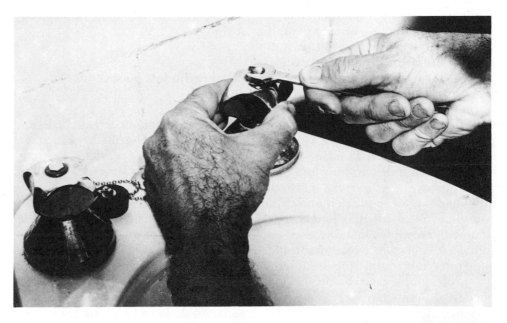

Para desmontar un grifo moderno (como los de las figuras anteriores) se tendrá que empezar aflojando el tornillo que retiene la manija al vástago de la válvula.

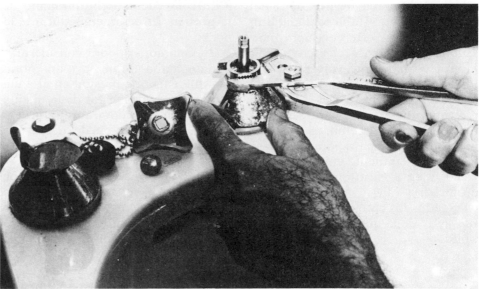

Una vez suelta la cruceta o manija se podrá actuar en la rosca que aprieta la válvula contra el cuerpo del grifo. En este caso se utiliza una llave de pico de loro, dado que la rosca es grafilada.

Con ayuda de una llave fija o con la llave de pico de loro se acaba de desenroscar y sacar la última tuerca de retención y queda al descubierto el vástago y válvula que tiene el cuero.

tener que acudir a un tornero, para realizar la pieza complementaria.

Pero esta solución, aparte de obligar a recurrir a un tercero (que tendrá que tomar medidas muy precisas para llevar a cabo un trabajo delicado y costoso) no suele presentarse, por no existir una gran diferencia de calibres, sino meramente de tipo de paso de rosca. Entonces nos veremos obligados a cambiar la base.

La operación de cambiar una base es minuciosa y engorrosa para un aficionado, pues se pueden presentar complicaciones insospechadas, particularmente en las instalaciones antiguas, y representa una manipulación muy laboriosa, que solamente un profesional o casi profesional pueden desempeñar perfectamente. Hay que desempotrar la vieja base, sacarla de la pared, desprenderla del conducto en que estaba soldada, limpiar y preparar este conducto para recibir la nueva base, efectuar su soldadura y finalmente volverla a empotrar en la pared. Esto sin tener en cuenta que, muchas veces, se tendrá que sustituir parcialmente el conducto de alimentación, o efectuar prolongaciones para que la base quede perfectamente enrasada en la pared, y en el sitio que ocupaba la antigua.

En todos los casos anteriores salía más agua de la que debe salir por la espita.

En los casos siguientes, por el contrario, sale menos agua de la necesaria.

Por un grifo sale poco caudal de agua

Toda instalación correcta de agua, una vez abierto el grifo de paso, debe proporcionar un servicio regular, con un constante fluir del líquido; con mayor o menor flujo, según el paso que se dé al grifo utilizado.

No puede considerarse defecto de la instalación el que, a ciertas horas del día, el flujo salga con mayor o menor presión. Estas variaciones se deben a la existencia durante el día de un consumo mayor de todos los usuarios de la red suministradora, y a un consecuente debilitamiento de la presión. Inversamente, durante la noche.

En cambio, sí podrá considerarse una anomalía el que haya una notable diferencia de presión en el agua que mana de dos grifos de la misma instalación, cuando se abren a la vez. Esta diferencia puede deberse a varias causas:

Primera. A que los conductos que alimentan dichos grifos tengan un calibre (o diámetro) distinto; ya sea:

— por estar así dispuestos en la instalación, o bien,
— por haberse acumulado en el interior de una tubería, sedimenta-

ciones que han reducido el paso interior de ésta.

En el primer caso, procedería, si tan importante fuera, hacer un replanteo y modificación de la instalación mal proyectada.

En el segundo caso, que suele darse en instalaciones antiguas y en poblaciones cuya agua contiene precipitaciones calcáreas que acaban depositándose en forma de *sarro* dentro de las tuberías, el mejor remedio es la sustitución de la cañería afectada por otra limpia.

La obstrucción puede suceder en la misma salida del agua. Esto no es corriente en las espitas, pero sí en los rociadores de ducha, por lo pequeños que son los orificios.

Para reparar estas obturaciones será preciso desenroscar el rociador, y con una aguja de acero destapar los agujeros que hubieran quedado taponados, así como repasar aquellos otros que aunque parezcan libres, empiezan ya a tener «sarro», que en poco tiempo aumentará rápidamente.

Segunda. A que dos o más grifos estén alimentados por una misma ramificación, repartiéndose entre ellos, y por igual, la presión del agua que sale, al abrirlos simultáneamente, y difiriendo, por lo tanto, de otro grifo que se alimenta de otro ramal independiente del de aquellos. Así, suponiendo que el conducto empleado fuese de idéntico calibre, se podría establecer que en la ramifica-

Sacando el grifo entero por desenroscado en su base terminal de la cañería de alimentación. El uso de un trapo sirve para no perjudicar el cromado o niquelado al hacer fuerza con la llave.

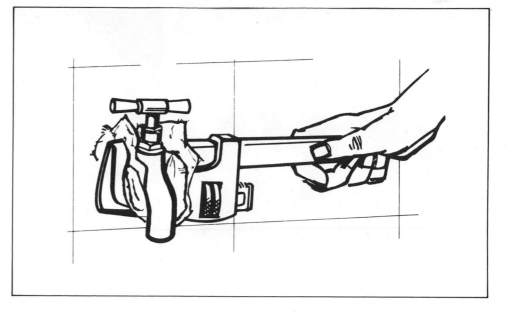

Las regaderas o rociadores de ducha es fácil que queden total o parcialmente obstruidos por el sarro o por la cal de las aguas duras. Después de dejar el accesorio en vinagre o lejía durante veinticuatro horas se acaban de desatascar los agujeros que hubieran quedado taponados con la punta de una aguja de acero.

Ejemplo gráfico de lo que ocurre con el caudal cuando se ramifican tuberías. Cada nueva ramificación va perdiendo con respecto a la anterior, de manera no precisa, pero aproximadamente correspondiente a la mitad del anterior.

Cuando una tuerca de un grifo cuesta de aflojar y se nota que está agarrotada, antes de forzarla es conveniente rociar con un líquido lubricante especial para desatascar. Gracias a la presión del aerosol el líquido se infiltra mejor en las juntas.

ción de tuberías el caudal es diferente.

Este defecto, causado por una imprevisión en la instalación, es de importancia relativamente pequeña, pues prácticamente sólo se traducirá en un retraso en el llenado de un recipiente. Tendrá más importancia si alimenta una bañera o ducha, para las que es menester una presión de agua importante.

El grifo no se puede abrir

En caso de que el grifo se haya atascado, no es procedente forzar el giro de la llave con ninguna herramienta. Actualmente existen lubricantes especiales para desatascar con gran poder de penetración en las juntas de fricción y deslizamiento. Su forma de aplicación más eficaz es por proyección atomizada del líqui-

do, gracias a un aerosol o spray, que puede adquirirse en ferreterías, tiendas de artículos de limpieza, droguerías o también en estaciones de servicio y de recambios para coche.

Rociado el grifo con el líquido desobstructor, se procurará hacer girar la llave con impulsos breves y con un movimiento de vaivén, de modo que progresivamente se pueda lograr el giro total que deba tener la llave.

6.

Depósitos auxiliares y de descarga

Los depósitos auxiliares se instalan eventualmente y como medida preventiva frente a un corte en el suministro de agua. En función de su capacidad, podrán cubrir un período más o menos dilatado de las necesidades que se puedan tener de agua. Así, por ejemplo, un depósito de 250 litros podrá subvenir las necesidades de una familia de cinco personas durante un día.

Tanto en las grandes ciudades como en villas y aldeas o fincas rústicas, no es la primera vez que se ha tenido que acudir al racionamiento de agua por causas diversas y, que incluso, se ha tenido que traer de lejos, habiendo fallado los recursos normales y naturales.

Estos depósitos se pueden instalar en la parte superior de un cuarto de aseo, de un lavadero, o incluso en un altillo, una buhardilla o en la cámara existente entre una azotea y el techo.

Lo importante es situarlos lo más cerca que sea posible de la entrada general de agua en la casa y, asimismo, que se hallen cerca de un desagüe, o bien que se puedan conectar fácilmente con un canalón o bajante de evacuación de aguas de toda la casa.

Ahora bien, la instalación de un depósito no puede hacerse así como así, pues la carga que supone un depósito lleno puede afectar de manera importante la estructura y la resistencia del lugar en donde se coloque el depósito. Es aconsejable dejarse aconsejar por un técnico que podrá calcular la carga que hay que aguantar y asesorar sobre el modo de realizar la construcción.

Hay que tener presente que el agua acumulada es un depósito de cierto volumen importante, supone en seguida un peso también muy importante.

Así un depósito de 500 l de agua representará algo más de media tonelada, pues a los 500 kg (1 litro de agua equivale a 1 kg) hay que añadir el peso del mismo depósito y el de los materiales, viguetas y anclajes que intervengan en la obra.

Estos depósitos auxiliares suelen disponer de una válvula de entrada cuya obturación corre a cargo de una boya, para detener el paso cuando el agua ha llegado al nivel que se ha previsto. En el fondo del depósito hay una salida con el conducto necesario para llevar el agua al punto de consumo, convenientemente regulado por un grifo o llave.

Además, el depósito dispondrá de un rebosadero, y si el nivel de agua que se ha previsto es superado, irá a parar al depósito o pila del punto de consumo. De esta manera en el caso de una avería en la válvula de entrada del agua, el sobrante de la misma no desbordaría el depósito causando una inundación. Naturalmente, para que el aliviadero sea efectivo debe tener un diámetro de conducto que sea mucho mayor que el de la tubería que alimenta al depósito.

De hecho el sistema es prácticamente el mismo que se emplea para las descargas de W.C., salvo que en éstas generalmente no está prevista una salida de rebosadero. Como a continuación se hablará de los diversos elementos constitutivos de las descargas de W.C., no se pormenorizan sus detalles, en este caso de los depósitos auxiliares, los cuales al no ser empleados tan a menudo no suelen tener los desgastes de uso y las averías que presentan las descargas de W.C.

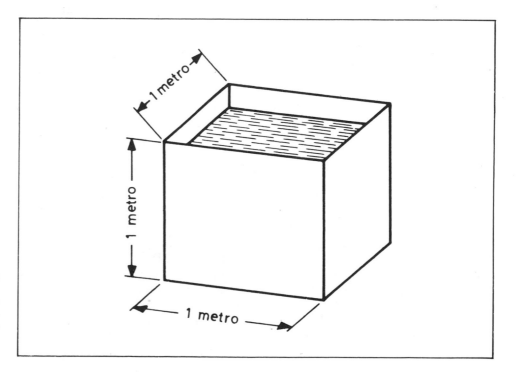

El agua pesa más de lo que puede parecer. Un pequeño depósito como éste pesa una tonelada, además del lastre constituido por el peso del propio depósito. Este peso puede tener una importancia decisiva, si se trata de llenar una bañera o un depósito auxiliar, para determinar un suelo resistente al peso que le corresponde aguantar.

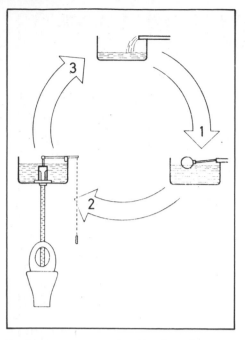

En el esquema se muestra el funcionamiento que sigue un sistema de descarga de agua para un inodoro. El agua va entrando (1) hasta que la boya o flotador al subir el nivel consigue obturar la entrada. Así permanece lleno al depósito (2) hasta que se tira de la cadenilla, o por algún otro sistema se levanta la válvula de descarga, con lo cual se vacía de golpe toda el agua existente en aquél. Soltando la cadenilla la válvula de cierre se instala en posición de obturación y se llena de nuevo el depósito (3) hasta llegar al límite establecido.

DEPÓSITOS DE DESCARGA DE W.C.

Las descargas de W.C. son unos depósitos de tamaño reducido en el que se acumula el agua, para poderla soltar súbitamente para que se precipite en el interior de las tazas, y arrastre las suciedades. Esta fuerza de arrastre se logra situando las descargas a un nivel más alto que el de la taza (en la parte superior del propio cuarto de aseo, o disimulado en un altillo o habitación colindante), o mediante una sobrepresión del agua gracias a dispositivos diversos.

Tanto los depósitos auxiliares como las descargas de retrete, deberán tener una entrada de agua que se pueda abrir y cerrar automáticamente, una vez aquélla haya alcanzado cierto nivel en el recipiente.

Esto se consigue por medio de un flotador o boya en el extremo de una varilla, que en su otro extremo tiene una válvula obturadora que cierra el paso de entrada del agua. Vea en la figura que se acompaña el esquema de las tres fases principales en el funcionamiento de una descarga de W.C.:

1. Entra agua.
2. Una boya, unida a una válvula, cierra la entrada de agua, cuando ésta ha llegado a un cierto nivel.
3. Sale el agua de golpe, cuando se tira de la cadena; y se continúa de nuevo con la fase 1.

En estos tres esquemas se ha prescindido de los elementos que no intervienen en cada momento. En la realidad, claro está, están todos juntos a la vez, aunque no actúen a la vez.

En las ilustraciones adjuntas se ven los elementos que componen un depósito de descarga de W.C., los cuales corresponden a diferentes puntos del aparato, cuyo funcionamiento se ha sintetizado en la figura de la página anterior.

A) es la válvula de entrada del agua.
B) es la boya que encierra esa válvula cuando el agua ha llegado a un determinado nivel.
C) es la varilla de la boya, que cierra la válvula.
D) es el tubo de la válvula de descarga. Es un tubo hueco porque así sirve a la vez como rebosadero.
E) es la palanca que permite levantar la válvula interior, al estirar la cadena.

En la figura inferior pueden verse los siguientes elementos:

F) es la cadena.
G) es la llave de paso que cierra la entrada de agua al depósito (y sólo a él).
H) es el racor que une la tubería del agua con el depósito.
I) es el racor que une el depósito con la salida de la descarga.

En las dos figuras posteriores, a la anteriormente citada, se muestran los dos racores H e I, una vez sacados.

Obsérvese que el de entrada es de menor diámetro que el de salida, puesto que ambas tuberías también, de acuerdo con las normas, son de diferente diámetro.

VÁLVULA DE DESCARGA

En los depósitos de descarga de retrete, la súbita evacuación del agua acumulada en el recipiente se logra por la acción de una válvula que obtura la salida situada al pie del depósito, la cual está comunicada a la taza por un conducto de grueso diámetro. Aparte de los sistemas de campana, existen muchos modelos y muy variados de dispositivos que actúan a manera de válvula de descarga.

Algunos de ellos se reproducen en la fotografía que se acompaña.

Hay que tener en cuenta que, cuanto más complejo sea el sistema, más dificultad se presentará en el arreglo de las frecuentes averías con que se ven afectados estos mecanismos.

AVERÍAS

Las descargas de W.C. son uno de los principales lugares donde se realizan las reparaciones domésticas. El reiterado uso de estos elementos, y el hecho de que todos los mecanismos estén sumergidos o en contacto con agua, hace que sean constantes las intervenciones por alguna deficiencia.

La principal avería es una afluencia continua de agua, debida a mala obturación de la entrada, por desgaste de la válvula o poca eficacia de la boya. Aparte de la pérdida económica que ello represente, la mayor parte de las veces tendremos que añadir la molestia por el ruidillo que hace el agua a presión filtrándose por las rendijas, que no llega a obturar la válvula. En caso de no poner remedio a esta avería, la afluencia de agua irá aumentando, hasta llegar a

Interior de un depósito de descarga: A, válvula de entrada del agua; B, boya o flotador; C, varilla que une la boya en un extremo con la válvula A, de cierre del agua de entrada; D, tubo o varilla de la válvula de salida del agua; E, palanca que levanta el tubo o varilla D, cuando se tira de la cadenilla. En lugar de la acción manual puede conseguirse la acción de descarga pulsando un botón de mando eléctrico.

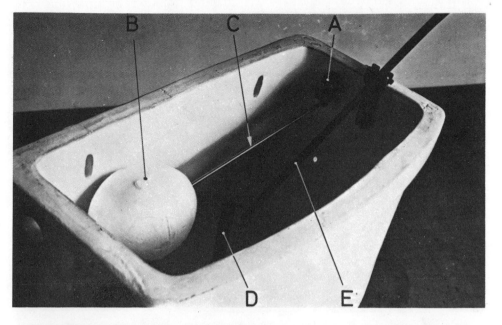

Exterior de un depósito de descarga: F, cadenilla sujeta en el extremo de la palanca que acciona la abertura de la válvula de descarga; G, llave de paso que permite cerrar o abrir la entrada de agua en el depósito (gracias a ella se puede cortar el agua y manipular en el interior del depósito, en sus diferentes elementos); H, racor de retención de la tubería de entrada de agua (en realidad forma parte del cuerpo formado por la válvula de entrada); I, racor y junta de estanqueidad del tubo de bajada del agua. Obsérvese la diferencia de grosor entre la cañería de entrada y la tubería de descenso.

Colocando el racor de entrada de agua en el depósito de descarga. Es el elemento H de la figura anterior, vista de cerca y desmontado.

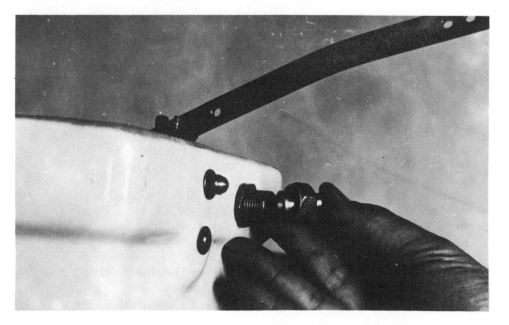

Racor o tuerca de la tubería de bajada del agua.

Varios modelos corrientes de válvulas de descarga de un depósito de inodoro. Los dos de la derecha son accionados por palanca como los mostrados anteriormente. Los dos de la izquierda son válvulas que pueden actuar con mando eléctrico (la primera) y por aire y vacío (la segunda).

convertirse en un chorro constante, que se deslizará por las paredes de la taza del W.C.

Identificaremos este defecto cuando notemos que:

— Las paredes interiores de la taza no solamente se ven notablemente húmedas, sino que esta humedad adquiere brillos movidos, señal de que el agua fluye continuamente.
— Se oye un constante fru-fru del agua a presión que entra en el depósito de descarga. Ello es claramente perceptible por la noche, cuando los otros ruidos quedan reducidos.

Uno de los entorpecimientos que contribuyen a no mantener una vigilancia de las descargas de W.C. es su misma ubicación: están situadas en lugares altos, con poco espacio libre para manipular; se colocan en lugares de difícil acceso (altillos angostos, y muchas veces llenos de cachivaches); o bien, están en el exterior de los patios.

La principal norma de conservación de las descargas es mantener siempre engrasadas las articulaciones, para que sean suaves los movimientos que tengan que efectuar las piezas. Ello se consigue por una lubricación con aceite mineral de las articulaciones: punto de apoyo de la palanca que abre la válvula de descarga, del de aplicación de la varilla de la boya, etc. Esta lubricación deberá efectuarse periódicamente (por lo menos, cada seis meses).

Si se observan las fotografías y el esquema que se adjunta, nos daremos cuenta de que todos los mecanismos de un depósito de descarga de W.C. se pueden agrupar en dos elementos básicos: los correspondientes a la válvula de admisión (es decir, el elemento encargado de controlar la entrada de agua) y los de la

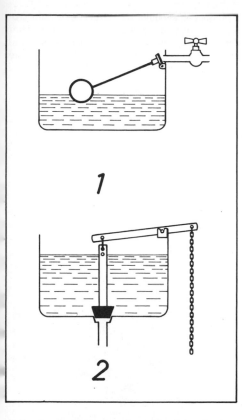

1

2

Todos los mecanismos de un depósito de descarga pueden dividirse en dos grupos: el de entrada de agua (1) y el de salida de agua (2).

Sistema de entrada de agua en un depósito, con dispositivo de boya o flotador.

válvula de salida (que controla la salida) Por lo tanto la localización de las averías debe hacerse partiendo de esta división de funciones. El primer caso corresponde al dibujo n.º 1 de la figura situada en esta página y el segundo caso al n.º 2 de la misma figura.

DEFECTUOSO FUNCIONAMIENTO DE LA VÁLVULA DE ENTRADA DE AGUA

Este mal funcionamiento puede deberse principalmente a dos causas:

Mal ajuste de la válvula

Las oxidaciones e impurezas que arrastra el agua se depositan en las paredes de los elementos que constituyen el dispositivo de estanqueidad,

impidiendo que se logre un contacto perfecto y dejando pasar más o menos cantidad de agua, según cuales sean las irregularidades que se han producido en la superficie.

Es muy posible que se logre subsanar este defecto, puliendo con tela esmeril las paredes exteriores de la válvula y las interiores correspondientes a su alojamiento. Para ello, se cerrará primeramente el grifo de paso (generalmente cada depósito está provisto de esta llave de paso, pero en el caso de que no lo hubiera se cortará la entrada general del agua). A continuación, se provocará la descarga del agua que hubiera acumulada. Con ello se conseguirá que el flotador o boya caiga hasta el fondo del depósito, pudiendo actuar con más libertad sobre la válvula y su alojamiento, pero lo más eficaz es sacar la varilla, en cuyo extremo está la boya, del punto de giro, quedando entonces, tanto la superficie de la

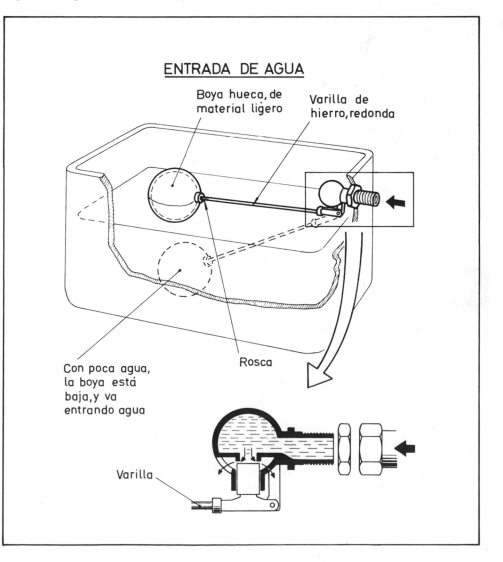

ENTRADA DE AGUA

Boya hueca, de material ligero

Varilla de hierro, redonda

Rosca

Con poca agua, la boya está baja, y va entrando agua

Varilla

Flotador con el equipo de válvula de entrada. Obsérvese que la entrada de agua en lugar de caer libremente desde aquélla es conducida mediante un tubito hasta el fondo del depósito. De este modo se evita el molesto ruido del llenado.

Defecto frecuente que puede ocurrir con boyas de metal vacías. El continuo contacto con el agua da lugar a que la corrosión actúe sobre las débiles paredes de la boya y se rompa. La boya al llenarse de agua ya no flota y no pudiendo cerrar la válvula de entrada, el agua desborda por el depósito cayendo en el suelo.

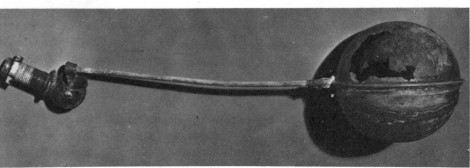

válvula como la de su alojamiento, sueltas y con mejores condiciones de acceso.

Cuando se hayan pulido las paredes respectivas, se engrasarán con aceite mineral o con un desoxidante, se volverá a colocar la varilla en su punto de aplicación, engrasándolo a su vez, y, después de comprobar su buen funcionamiento, se volverá a abrir el agua, verificando igualmente el que la válvula obture correctamente cuando la boya ha llegado a su parte más alta.

Un complemento de la válvula, que evita el que se oiga el ruido del agua al caer sobre la superficie que se va acumulando en el fondo del depósito, es el tubo de plástico que se puede ver en la fotografía, correspondiente al flotador de espuma de plástico, de la página siguiente.

En cambio, lo que es difícil de evitar, es el ruido que hace el agua al fluir por la válvula.

El flotador no cierra la entrada del agua totalmente

La boya está inmergida en el agua, solamente en su parte inferior y nunca más arriba de su mitad. Si no es así, la varilla que lo retiene quedará sumergida a su vez, y no logrará que la válvula de obturación del agua de entrada situada en el otro extremo, cumpla eficazmente su cometido. Este mal trabajo de la boya o del flotador pudiera deberse a que, por deterioro del elemento que lo constituye, ha entrado agua en el interior (si se trata de una boya real), o bien se ha empapado el cuerpo, que hace las funciones de flotador. Esto puede deberse, en algunos modelos antiguos, a la descomposición de los materiales constitutivos del flotador. Ahora se puede decir que las boyas reales han desaparecido del mercado, y que sólo subsisten las instaladas desde hace años y que no han resultado deterioradas. En caso de mal estado de la boya o flotador se tendrá que cambiar el dispositivo. Cuando se trata de una boya que, por haberle entrado agua, ha caído hasta el fondo, la avería puede convertirse en una inundación, ya que careciendo de limitación de altura, la válvula de paso libre al agua, y salvo que en el depósito (cosa muy rara) haya un rebosadero, desbordará por encima del depósito y caerá sobre el suelo.

Para evitar que esto pueda ocurrir, es conveniente pasar una revisión periódica, en aquellas descargas que están instaladas ya hace muchos años y que llevan incorporadas boyas de metal o de un material que no sea un expandido de poliestireno, o bien de espuma de poliuretano.

Otro caso, en el que el flotador trabaja deficientemente, es cuando la varilla se ha deformado con una ligera inflexión hacia arriba, y se necesita consiguientemente una mayor cantidad de agua para que la válvula pueda cumplir su misión obturadora. Si se observa el dibujo de la página siguiente, se verá que al estar curvada hacia abajo la varilla, la válvula, en cambio, se cierra prematuramente, y no da lugar a llenar el depósito con suficiente cantidad de agua para que se precipite con fuerza dentro de la taza. Este defecto se arreglará simplemente corrigiendo la curvatura defectuosa que tuviera la varilla. Hay que proceder con cautela para no pasar al defecto contrario del que ocurre en el depósito. Comprobar varias veces con descargas sucesivas de agua, después de haber verificado el nivel que se consigue de agua, para que la válvula de entrada quede cerrada.

Durante la realización de estas

manipulaciones descritas no es absolutamente indispensable haber cerrado el grifo de paso. Es más, (pero siempre que se proceda con cuidado y se evite el que el agua pueda desbordar el depósito, si se ve que se llena demasiado), será práctico disponer de agua corriente para comprobar el buen funcionamiento de todo lo correspondiente al mecanismo de obturación de la entrada de agua.

Otra solución, proporcionada más que nada por el suministro comercial, es cambiar completamente todo el dispositivo de válvula y flotador, ya que suelen venderse conjuntamente. En realidad, el cambio de todo el grupo antiguo por el nuevo, consiste en aflojar los racores que mantienen la válvula en la cubeta (de porcelana o de plástico) y a la tubería de entrada, y proceder después inversamente atornillando los correspondientes al nuevo.

DEFECTUOSO FUNCIONAMIENTO DE LA VÁLVULA DE DESCARGA

Es difícil poder dar soluciones generales, pues existen sistemas muy diversos de válvulas de descarga, considerando como tal, un recurso hidroneumático que fue muy utilizado y que después de cierto abandono ahora vuelve a ser utilizado: la campana.

Las descargas de campana

Estas campanas eran de fundición y, debido a su propio peso, caen hacia el fondo del depósito, creando una zona vacía de aire que impide que el agua penetre por los bordes inferiores de la campana, aun cuando el ajuste de ellos con el fondo no sea perfecto. Al tirar de la cadena y mediante un brazo de palanca, cuyo

fulcro se instala en el borde superior del depósito, se levanta la campana, y el agua se precipita libremente por el agujero de salida que ha quedado libre de obstáculos. Al soltar la cadena, y por lo tanto la palanca, la campana cae por su propio peso, volviendo a crear en su seno aquella zona de aire que impide que el agua cuele hacia el interior.

Siendo las campanas generalmente de hierro fundido, debido a su constante immersión, el metal sufre corrosiones y oxidaciones que pueden llegar a producir poros o grietas por las que pueden haber filtraciones de agua o de aire, las cuales estropean el buen funcionamiento de cierre, disminuyendo su eficacia o también anulándola del todo.

Es muy posible que la avería, debido a una campana de fundición, no tenga posibilidades de solución, ya que será muy difícil hallar un recambio que pueda convenir al modelo anticuado. Lo mejor será reemplazar el sistema, ya sea cambiando todo el dispositivo de descarga o, quizás con mayores ventajas, reemplazando todo el depósito por otro completamente nuevo.

VÁLVULAS QUE CIERRAN POR LA MISMA PRESIÓN DEL AGUA

Esta clase de válvulas actúan por la propia presión que ejerce el agua

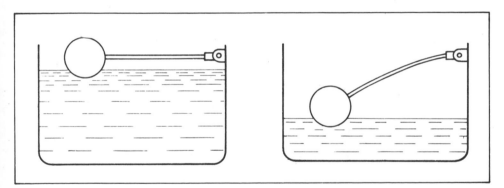

Si se dobla la varilla hacia abajo, se logrará un nivel inferior de agua dentro del depósito.

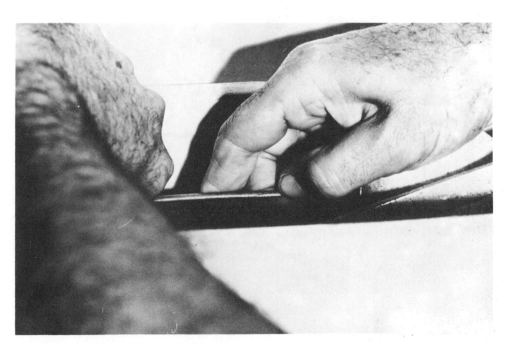

Manera de proceder al doblado de la varilla del flotador. Hay que vigilar al realizar esta operación que no se resienta la fijación y estabilidad de la válvula de entrada.

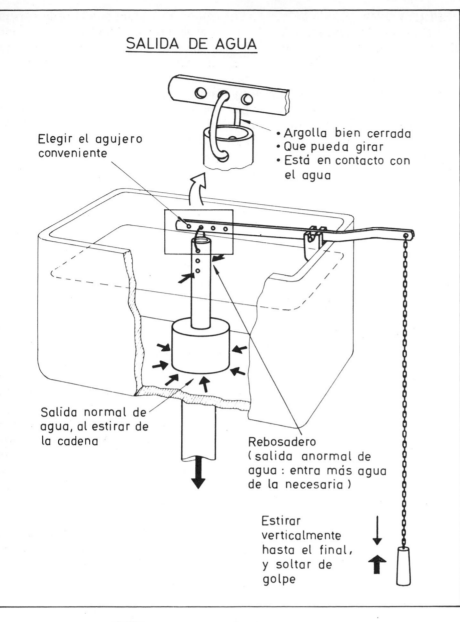

SALIDA DE AGUA

Elegir el agujero conveniente

• Argolla bien cerrada
• Que pueda girar
• Está en contacto con el agua

Salida normal de agua, al estirar de la cadena

Rebosadero (salida anormal de agua : entra más agua de la necesaria)

Estirar verticalmente hasta el final, y soltar de golpe

Esquema del mecanismo de descarga en un depósito corriente.

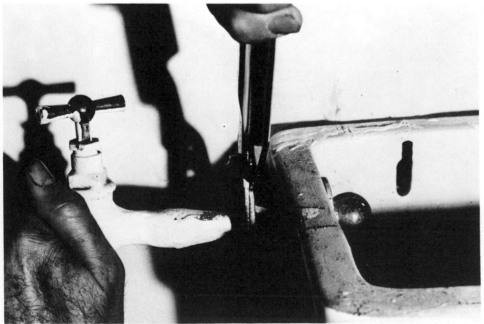

Desempalmando la entrada de agua en un depósito de descarga. Es conveniente retener la tubería de entrada (sobre todo si es de plomo y antigua) para que, al realizar el giro con la llave, la tubería no se retuerza sobre sí misma y llegue a romperse.

acumulada en el depósito. Son las válvulas, en sus diversas versiones, que más se utilizan hoy día, aunque no son precisamente las que mejor funcionan. Este deficiente funcionamiento débese a que se realiza la obturación por descanso de una superficie plana sobre los bordes del desagüe: es preciso que haya una coincidencia perfecta, para que no fluya el agua por la rendija que puede producirse si se depositan partículas o impurezas. Estas mismas causas, pueden también poner en entredicho el correcto ajuste de sistemas cónicos y otras variantes.

Pese a los perfeccionamientos y patentes que se han desarrollado para conseguir una válvula de descarga que garantice una completa y segura estanqueidad, lo cierto es que todas ellas al cabo de cierto tiempo acusan deficiencias, debido a la depositación de partículas, que muy lógicamente en mayor o menor cantidad se diseminan en el fondo del depósito. Por otra parte, los roces y los deslizamientos por los que tienen que guiarse estas válvulas en su recorrido de arriba a abajo, cuando se utilizan por acción de la palanca, también se llenan de oxidaciones que dificultan su funcionamiento.

Cuando nos hayamos asegurado de que la fluencia continua de agua en un retrete no se debe a un defecto que incumbe a la válvula de entrada, se tendrá que achacar la culpa a la válvula de descarga o a la campana. Para corregir esta defectuosa función, se tendrá que proceder a una limpieza, equivalente a la ya explicada para la válvula de entrada: se cierra la llave de paso del agua al depósito; después, se descarga el agua y entonces se procede a una limpieza a fondo de todos los elementos que constituyen el grupo de descarga (paredes, superficies planas destinadas a la obturación, discos elásticos, guías y elementos de deslizamiento). En el caso de que se empleen juntas elásticas y estén en mal estado se tendrán que cambiar por otras nuevas. Después de su limpieza y lijado con esmeril de granulación fina, se lubrican los elementos que encajan entre sí y se vuelven a montar, realizando varias pruebas hasta tener la seguridad de que el funcionamiento es correcto, y se hará lo mismo después de haber vuelto a dar el agua.

CAMBIO DE UN DEPÓSITO DE DESCARGA POR OTRO NUEVO

Cuando tengamos que llevar a cabo esta operación, se deberá seguramente a que, siendo muy anticuado el depósito, no hemos encontrado piezas de recambio. Y lo más probable será que tengamos que adaptar también los conductos de alimentación y de descarga al nuevo utensilio.

Después de haber interrumpido la *entrada general de agua* (porque pudiera ocurrir que en las manipulaciones de arrancado dañásemos el conducto de alimentación o el propio grifo intermedio de paso), procederemos a desempalmar las entradas y salidas existentes en el depósito viejo.

De acuerdo con los dispositivos que haya en el nuevo depósito, haremos la preparación que convenga a los conductos de alimentación y de descarga (colocación de terminales, rácores, etc.), haciendo recurso a los procedimientos de soldadura por fusión, soldadura en frío o masillas.

Luego procederemos a la fijación del nuevo depósito en la pared (o suelo de un altillo), según la manera más apropiada y que convenga al modelo nuevo que vamos a instalar (colgándolo directamente de la pared, depositándolo sobre unos cartabones, etc.). Una vez fijo el depósito, procederemos a las conexiones o empalmes con los conductos de alimentación y descarga, asegurándonos mediante estopadas o masillas de una buena estanqueidad; y finalmente, podremos volver a abrir el agua y comprobar el correcto funcionamiento del nuevo depósito.

7.

Reparación y empleo de cañerías

Las intervenciones que se han descrito anteriormente son fáciles y, cualquier aficionado podrá resolverlas, poniendo simplemente un poco de atención y tomando las precauciones que son del caso, principalmente la de cortar el suministro de agua.

A todo lo que vamos a referirnos ahora, es decir a la intervención en los conductos, es preciso, no solamente tomar unas precauciones y realizar unas manipulaciones sencillas (que la mayoría de ellas se concretan en desatornillados y atornillados de elementos estándar), sino que se precisan indudablemente unas técnicas de oficio, o haber desempeñado una práctica preparatoria, antes de emprender el trabajo con demasiada confianza: nos referimos especialmente a la técnica de la soldadura, que es la más comúnmente utilizada y recomendada para el empalmado de conductos de fluidos, ya que con ella se logra una unión perfecta y estanca.

Habrá ocasiones, y según el material que se utilice, que cabrá acudir a soluciones roscadas y de racores —como ocurre con las tuberías de acero y eventualmente también en las de cobre, pero, en cambio, forzosamente se tendrán que realizar soldaduras para la unión de cañerías de plomo con otras del mismo metal o de tuberías con los accesorios que son generalmente de cobre.

Para ello se tiene que acudir a la soldadura blanda con estaño, que es la que pondrá más a prueba a cualquier bricolador, ya que para resolverla bien es preciso, como hemos dicho, haber hecho una serie de prácticas hasta estar plenamente convencido de que se ha conseguido superar la técnica inherente.

Las soldaduras de tuberías de plomo en estaño resultan siempre un trabajo difícil frente a las soldaduras por capilaridad de las tuberías de cobre, tanto si la llevan incorporada como si se han de aportar.

Por ello, aparte de la ventaja de acogerse a las normas vigentes que,

aunque tolera las viejas instalaciones de plomo, preconiza las de cobre y de acero, será mucho más práctico «pasarse al cobre» reemplazando las viejas cañerías de plomo por otras nuevas, en el caso de que se tenga que proceder a una reparación. El único problema estribará entonces en conseguir la unión del tramo en buen estado de cañería de plomo con el nuevo tramo de cobre, el cual se podrá preparar todo él fuera del lugar y limitarse a aplicarlo sobre las paredes en el último, evitándose así el tener que trabajar en condiciones forzadas o en lugares de difícil acceso.

A partir de este nuevo tramo con cobre se podrán realizar más cómodamente todos los trabajos tanto si son de empalmado de tuberías como si se tienen que incorporar accesorios también de cobre. Se conseguirán con elementos de este mismo metal uniones perfectas, tanto si se trata de empalmarlas por roscado y racores, como por soldadura. Y la realización de las soldaduras, incluso en el caso de tenerlas que llevar a cabo en lugares de difícil acceso y manejabilidad, se conseguirán sin dificultades.

Hay que tener presente, también, que las instalaciones viejas de plomo, destinadas al paso de agua, suelen estar cargadas de sarro y, por lo tanto, el paso interior de las tuberías estará muy reducido y no proporcionará el caudal que debiera ofrecer en buen estado. Este estrangulamiento del paso puede dar lugar a deficiencias en el suministro de agua a los puntos de consumo, e incluso llegar a provocar un fallo de funcionamiento de los aparatos que la emplean.

En resumen: tanto por las ventajas de manipulación que ofrece la tubería de cobre, como para tener una mayor seguridad en el circuito de alimentación de agua y, por otra parte, estar incluido dentro de las normas vigentes, es aconsejable, siempre que se pueda, «pasarse al cobre».

INTERVENCIONES EN LAS TUBERÍAS

Emplazamiento

Tanto en las instalaciones antiguas como en las modernas, las tuberías pueden hallarse empotradas o a la vista. Las normas vigentes, tal como se ha explicado al empezar este capítulo del agua, autorizan ambos sistemas, estableciendo, sin embargo, unas reglamentaciones respecto a su recorrido, cuando están cerca del techo y acompañadas en paralelo de otras conducciones (gas y electricidad). Puede que algunas instalaciones antiguas no se ajusten a estas nuevas normas, y es aconsejable que, siempre que se produzca ocasión para ello, o se tenga que rehacer una nueva red de servicio de agua, se procure ajustarse a ellas.

En principio una tubería empotrada no es corriente que se tenga que reemplazar puesto que por el hecho de estar recubierta se halla a salvo de deterioros ocasionados por golpes o roces. Sin embargo, pudiera ser que, debido a un defecto del mismo material de la tubería o de las deficientes uniones o empalmes que tiene en su recorrido, tuviera una pérdida, la cual se manifestaría claramente por una mancha de humedad en la pared. Tanto en este caso como si se apreciara que el tramo en cuestión no ofrece el caudal que se necesita, se tendrá que poner al descubierto para realizar cualquier trabajo en dicha tubería.

Lo primero que hay que hacer es identificar exactamente el recorrido que tienen en la pared y marcar todo este trayecto que habrá de levantarse. Esta operación de identificación habrá veces que será fácil, por verse claramente uno y otro extremo de la tubería en las paredes que recorre.

Pero otras veces esta localización no es tan fácil y se tendrá que dedu-

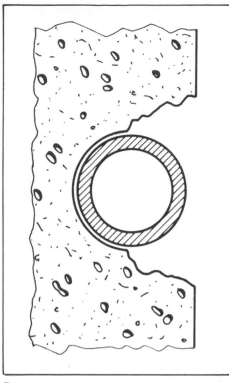

Para arrancar una cañería empotrada se tendrá que socavar hasta rebasar ligeramente la mitad de aquélla. El resto alojado se desprenderá fácilmente ejerciendo una acción de apalancado con un destornillador o un cincel.

cir por aproximación. Para facilitar dicha localización, se puede recurrir a un aparato detector de metales de fácil empleo, y cuyo coste queda compensado sobradamente por la facilidad con que se consigue establecer el recorrido de un conducto metálico. En su defecto, cabe también

localizar el conducto realizando con cuidado algunas *catas*.

¡Atención! Esta operación previa de llevar a cabo unas catas, debe ser precedida del corte en el suministro del agua. De no ser así, un error en los golpes hechos con el cincel podrían dar lugar a que se perforase con éste el conducto y se produjera una inundación.

Para ir poniendo al descubierto la tubería empotrada, se podrá acudir a las herramientas tradicionales de albañilería: un cincel y una maceta, o un martillo de bastante peso y un cortafríos, en el caso de no disponer de los primeros. Es una operación que requiere cuidado, para no hacer más estropicio del que es estrictamente necesario. Por regla general no se tiene que hacer muy profundo el surco, pues las tuberías suelen colocarse a muy poca profundidad. Normalmente, la parte más próxima de su exterior a la superficie de la pared se halla a nivel de la obra, y solamente recubierta por el grosor del escayolado.

Si se ha determinado con toda exactitud el tramo en la pared y al mismo tiempo la profundidad, cabrá hacer uso de una máquina para hacer rozas, o de un accesorio acoplado a la máquina universal que utiliza discos de corindón.

Una vez se ha logrado poner al descubierto la mitad de la tubería no es preciso ahondar más, ya que la otra

mitad se arrancará fácilmente, una vez se haya puesto al descubierto todo el tramo.

Las tuberías vistas, acostumbran a estar fijadas o ancladas mediante alcayatas, escarpias o bridas especiales. Las instalaciones viejas solían estar fijadas con las denominadas escarpias de fontanero, las cuales consistían en un especie de clavo triangular aguzado que era el que se hincaba en la pared, con taco o sin él, y, en la parte correspondiente a la cabeza, tenían una prolongación en forma de gancho, que se adaptaba a la curvatura de la tubería. Actualmente se emplean bridas retenidas por clavos o tornillos. En el primer caso, se tendrá que desdoblar aquella parte inflexionada con ayuda de un destornillador o de un trozo de pletina que haga las veces de palanca. También podrán utilizarse unas tenazas o alicates universales. En el caso de haberse empleado bridas, se tendrán que aflojar los tirafondos o arrancar los clavos que las retienen.

No sólo cuando están empotradas, sino cuando están a la vista, las tuberías tienen que atravesar muros y tabiques. Para ponerlas al descubierto, se tendrá que ir arrancando el material que rodea la cañería hasta conseguir un boquete, que si bien no tiene que ser muy ancho sí lo suficiente, para que permita sacar fácilmente el trozo de tubería que se tenga que cambiar.

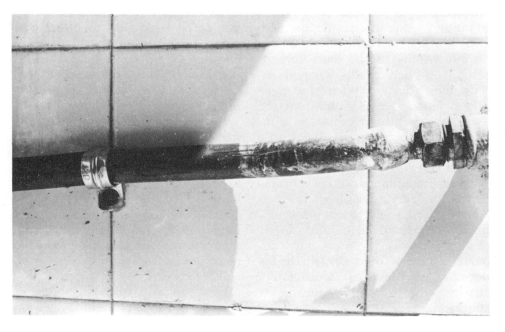

Las tuberías de plomo forman parte de las antiguas instalaciones. Ahora es más raro hallarlas en modernas instalaciones. Obsérvese la manera como, la cañería no empotrada, se retenía a los azulejos mediante bridas o ganchos.

Gancho especial que después de hincado podía curvarse, adaptándolo a la curvatura de la cañería. Actualmente se suele utilizar ganchos y abrazaderas de plástico o de metal ligero.

Manipulación con tuberías

Las manipulaciones relativas con las tuberías, dependerán de la clase de material de que están hechas, pues cada tipo requerirá diferentes clases de operaciones y de herramientas. Aunque haya algunas de éstas que puedan ser utilizadas indistintamente para tuberías de distinto material, en cambio habrá otras que para el cortado, ensanchado y pulido exigirán unos instrumentos específicos.

TUBERÍAS DE PLOMO

Debido a tratarse de un metal blando y de fácil conformación fue el metal que más se utilizó en las instalaciones, hasta que se ha puesto a punto toda la técnica de empleo del cobre.

El plomo, si bien era muy indicado para ser empleado en conducciones de agua fría, empezó a mostrar su fracaso cuando se trató de utilizarlo para conducciones de agua caliente, especialmente a temperaturas altas. Es por ello que las instalaciones de agua caliente se realizaban mayormente con tubo de hierro y racores de empalmado.

Cortado

El plomo puede ser cortado empleando para ello una sierra de metales o simplemente un serrucho de dientes finos. Llegado el caso, una buena navaja de hoja recia puede servir para cortar el tubo de plomo. Viejos fontaneros empleaban la navaja con gran maestría para toda clase de manipulaciones con el plomo, pues con ella lograban el raspado y pulido para poner al descubierto el metal puro, y eliminar las capas de oxidación y de grasa en las partes destinadas a ser empalmadas, ya que, si no se hace, no se logra una buena soldadura. En vez de la navaja, un aficionado conseguirá un mejor modo de actuar con ayuda de una escofina o lima, o también de papel de lija. El plomo debe recuperar el tono brillante que le es propio.

Abocardado

Para facilitar las uniones e introducir un tubo dentro de otro, uno de los extremos del tubo de plomo se ensancha mediante la operación de abocardado. Este trabajo, típico de la fontanería con tuberías de plomo, se realiza con ayuda del instrumento denominado abocardador, cuyas puntas tienen forma cónica.

Gracias a la maleabilidad del plomo, este proceso es factible, siempre y cuando no se quiera hacer precipitadamente porque se ha de calentar la parte a ensanchar de manera suave. Este calentamiento se realiza con la llama de la lámpara de soldar, sin aplicarla insistentemente y fijamente sobre la tubería, sino con pasadas de vaivén sobre toda la superficie exterior del tubo.

Cuando el tubo está caliente es cuando se abocarda. Mientras se realiza el abocardado, se recalentará tantas veces como el tubo lo precise para poder efectuar un buen trabajo; es decir, para no agrietar el plomo por una presión excesiva y súbita del abocardador.

Tal como muestra la fotografía que se acompaña, la punta del abocardador se introduce dentro del tubo, y se aprieta por el otro extremo, con lo cual las puntas del abocardador se abren.

Obsérvese que esta herramienta —y otras similares— se abren al apretar la mano, contrariamente a las herramientas habituales (tijeras, tenazas, alicates...) que, cuando se aprieta la mano, sus puntas se cierran.

Esto es debido a que los dos hierros de la herramienta, en un caso se cruzan y en el otro no, con lo cual el efecto es distinto, tal como se ve en el esquema adjunto.

Una vez abocardado, el extremo de uno de los dos tubos de la cañería, su empalmado se hace a mano, simplemente introduciendo el extremo que no se ha tocado, dentro del extremo abocardado, al objeto de comprobar que se consigue una penetración adecuada de un tubo dentro del otro. De no ser así, se continúa abocardando hasta lograr un buen asentamiento. A continuación con unas tenazas o pinzas se conforma la parte atrompetada del tubo abocardado sobre las paredes del tubo que se ha introducido, de manera que se logre una buena y regular superposición.

Hay que tener presente un detalle muy importante en el empalmado de tuberías: el trozo de tubo por el que debe pasar primero el agua (sometida naturalmente a presión) será el que no se abocarda. En cambio, el abocardado, será el tubo que establece la continuidad de la conducción.

Para facilitar el ajuste de un tubo con el otro, se puede proporcionar una ligera conicidad a los bordes del primero, y asimismo retocar con la escofina la parte interior abocardada y obtener así un mejor asentamiento.

Conseguido este ajuste correcto se logrará su consolidación mediante la soldadura. Pero para ello es preciso proceder a una limpieza muy meticulosa de las partes que deben entrar en contacto y recibir el estaño, ya que no deben quedar restos de grasa ni de oxidaciones que pudieran anular los efectos de la soldadura.

Soldadura

Para soldar, se calentará ligeramente todo el contorno de las zonas a empalmar con la lamparilla de soldar, o con un soporte a una temperatura suave que facilite el engrasado con *estearina*, que actúa a manera de fundente y facilitador del extendido de la soldadura. La soldadura es una mezcla de estaño (33 %) y de plomo (66 %), que tiene un punto de fusión más bajo que el del mismo plomo. A continuación, se siguen calentando las partes recubiertas con parafina con una temperatura moderada, que logre elevar la del plomo, sin llegar a su punto de fusión, pero que sea capaz de fundir la mezcla, es decir, la soldadura que se le aplique encima.

En el caso de carecer de estearina (que es una materia semejante a la cera virgen, pero de color blancuzco y resultado de la mezcla de grasas animales y vegetales), se puede utilizar una vela que está hecha a base de este producto.

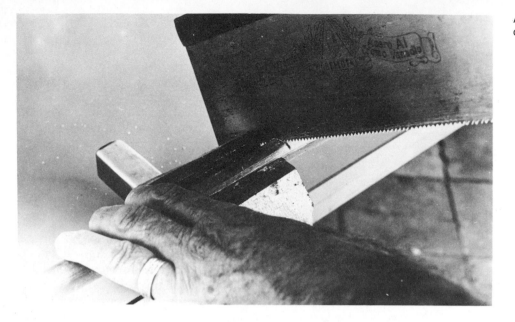

Aserrado de una tubería de plomo con un serrucho de costilla, o bien con un serrucho corriente trapezoidal.

El corte de una tubería de plomo con una navaja, si bien es factible y lo hacen muchos profesionales, requiere mucha práctica para realizar un corte con limpieza.

Con una lima de grano basto se logra recuperar la brillantez del plomo, al eliminar toda la capa exterior oxidada y sucia.

Raspado con papel de esmeril de un extremo de tubo de plomo que se va a soldar.

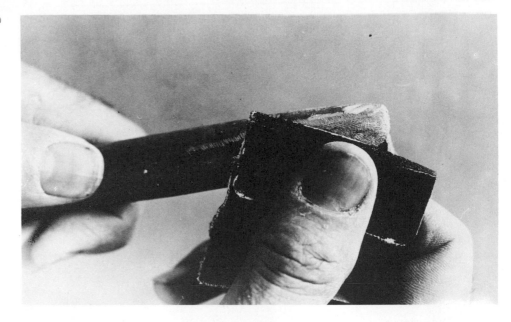

Utilización del abocardador para agrandar el extremo de una tubería de plomo. A diferencia de otras herramientas que se fundan en la palanca como son las tijeras o alicates, cuyo esquema de funcionamiento es el que se ve a la izquierda del dibujo, el abocardador al ser apretado por el punto de aplicación de la fuerza se abre, siguiendo el esquema que se ve a la izquierda.

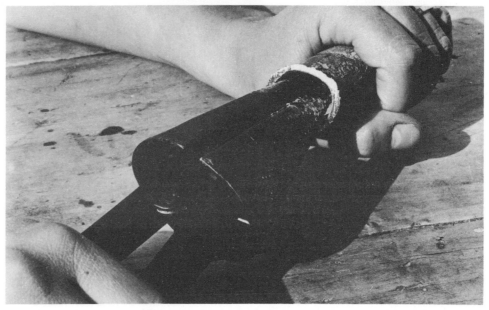

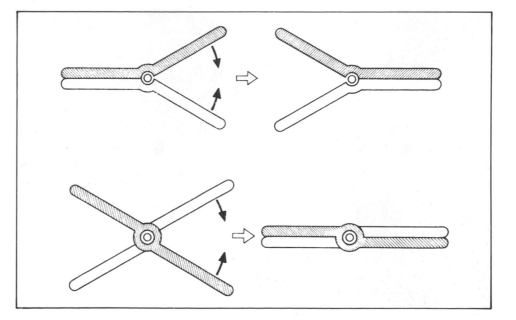

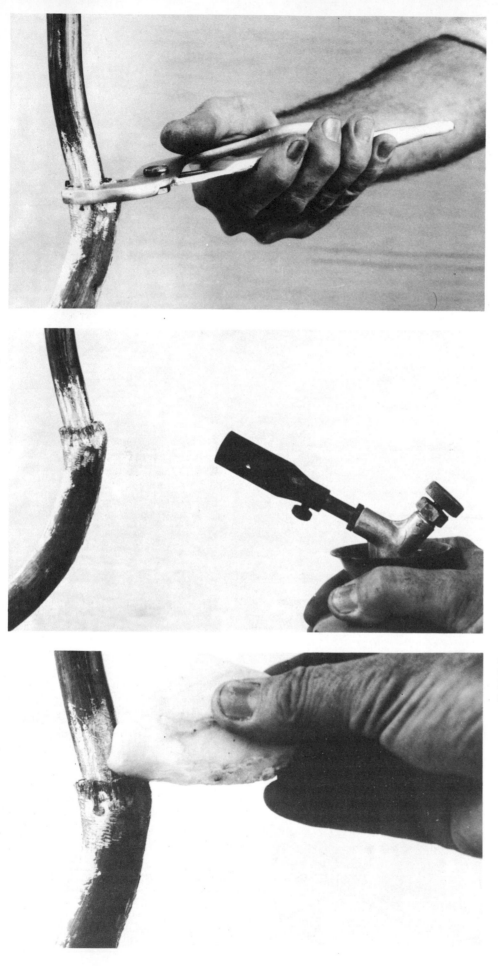

Después de haber abocardado un extremo de tubo, es posible introducir en él el extremo del otro tubo y luego procurar conectar la parte abocardada, de modo que se obtenga un contacto periférico y no en forma de embudo.

El calentamiento mediante la llama de la lamparilla o del soplete se ha de procurar concentrar en el sitio donde hay mayor grosor de material. El calentamiento del tubo de plomo debe ser hecho con prudencia para evitar que, debido al bajo punto de fusión del plomo, éste se reblandezca y funda. El calor debe ser el necesario y suficiente para que la aleación de soldadura que se aporte funda por sí misma al entrar en contacto con el plomo.

Antes de aportar la soldadura propiamente dicha, conviene pasar estearina sobre las caras que han de recibir aquélla. La estearina interviene como fundente para poder repartir la soldadura por todo el contorno.

Al aplicar la tira de aleación de estaño ésta funde, pues su punto de fusión es inferior al de la temperatura que se ha proporcionado a la tubería de plomo.

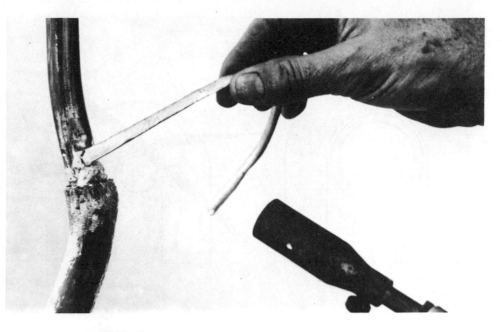

Con un taco de papel empapado de estearina o con un rollo de papel de lija, se extiende la soldadura depositada en el punto de unión, procurando realizarlo rápidamente para que se consiga antes de que se enfríe y mientras conserva la maleabilidad.

Como se ha dicho, al aplicar la barra de soldadura sobre el plomo calentado funde; esta fusión viene ayudada por el extremo de la llama que se dirige contra ella. Operando así se realiza una especie de collar alrededor de los bordes del tubo abocardado, procurando que se reparta lo más homogéneamente que sea posible. Esta operación es la más difícil de una soldadura, y la que todo aficionado debe practicar hasta conseguir perfecto dominio: primero, actuando de modo que pueda hacer el collar, aunque sea dando la vuelta alrededor del tubo convenientemente estacado en un tornillo de banco, y después realizando esta misma operación, pero limitándose a actuar frontalmente, tal como si se tuviera limitado en una semicircunferencia el campo de acción, para acostumbrarse a operar en un tubo que no se ha podido separar de la pared.

Sin dar tiempo a que la soldadura se enfríe, hay que igualar el collar que se ha depositado sobre la tubería abocardada. Esto se logra con un trozo de tela de esmeril con varias dobleces, o con un trapo o papel también doblado y que se haya untado con estearina. Se ha de vigilar que los dedos no entren en contacto con la soldadura ni con el tubo, para evitarnos dolorosas quemaduras. Hay que poner mucha atención con este igualado en todo el contorno, hasta lograr una unión homogénea, y al propio tiempo que ofrezca un buen acabado a la vista y que admita un buen recubrimiento continuo por si se quiere pintar la tubería.

Cuando haya que operar cerca de la pared procurar, todo lo que sea posible, apartar la tubería de ella, y proteger la pared con una placa de amianto o de fibrocemento, para no dar lugar a que la llama pueda ocasionar daños en ella.

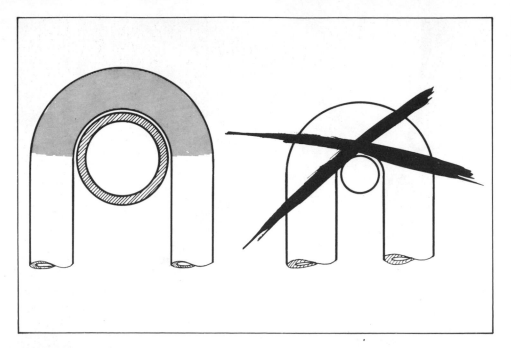

Curvado de una tubería alrededor de otra de mayor diámetro (como mínimo el doble). La superficie oscura es la que se calienta para facilitar el doblegado. En cambio, lo que no se debe hacer es intentar el curvado empleando un elemento redondo que sea de diámetro inferior a doble de la tubería que se curva.

Tuberías de acero de calefacción retenidas a la pared mediante ganchos. Obsérvese los manguitos de empalme entre los diferentes tramos de cañería.

Varios trozos de tubería de plomo procedentes de una instalación antigua que muestran claramente la acumulación de sarro depositada en las paredes.

Curvado

Las tuberías de plomo son de curvado relativamente fácil, si se toma la precaución de recalentar ligeramente la parte que haya que curvar, y, mientras aún está caliente el tubo, apoyarlo contra una esquina arromada o, preferiblemente, contra un tubo que tenga aproximadamente un diámetro doble del que se va a curvar. La operación debe hacerse poco a poco y, recalentar el tubo si es preciso, cuando se nota que pierde maleabilidad.

TUBERÍAS DE HIERRO

Consideramos que sale de los propósitos de este libro entrar en las complejas operaciones de sustitución de tuberías de hierro, como la que puede verse en la figura que se adjunta. Ello exige un herramental especial y unas operaciones difíciles. Estas operaciones, simplemente enumeradas, son las siguientes: planteo, determinación de las medidas de los tramos de tubo, cortado del mismo, roscado de los extremos que hay que empalmar mediante accesorios especiales (generalmente provistos de roscas en sentidos inversos), atornillado del conjunto (previa estopada), etc. Sin contar operaciones que se presentan en ciertos casos, como son: dobles empalmes, codos, etc.

Ahora bien, aun cuando estos trabajos rebasen el marco que nos hemos señalado, en las instalaciones con cañerías de hierro se pueden presentar pequeñas averías que sí está a nuestro alcance reparar.

Una de ellas es la pérdida de agua por alguno de los elementos de unión. Obsérvense en la misma figura estos elementos de unión; en este caso, manguitos. Esto puede deberse a un cambio brusco de temperatura (especialmente en conductos de agua caliente), a un desarreglo en la estopada o juntas, etc. En este caso, y sin tener que hacer uso de herramental complicado, ni de embarullarse en procesos difíciles (téngase presente que generalmente los empalmes de hierro suelen agarrotarse, debido a la herrumbre que se produce por la constante presencia del agua), el afi-

cionado puede hacer recurso a ciertos productos de los que se habla más adelante (las soldaduras en frío o masillas sintéticas) que le darán completa satisfacción; o cuando menos, podrán hacerle salir del paso por un tiempo, antes de que encuentre una solución definitiva.

TUBERÍAS DE COBRE

Contrariamente a las de hierro, las tuberías de cobre son las que mejor se prestan a los trabajos de bricolaje, ya que resultan fáciles de manipular y soldar. Tienen el inconveniente de que según como se mire resultan más caras que las de plomo y de hierro, pues si se tienen en cuenta el ahorro de trabajos que con ellas se consigue, es muy probable que la balanza cayese a su favor.

Todas las operaciones que se pueden realizar con las tuberías de plomo y de hierro se consiguen con el

En la ilustración se ven dos tipos de cortatubos de cobre, y asimismo se ve la acción de escariar un extremo mediante otro accesorio que achaflana el extremo del tubo cortado, si se actúa por un lado, en tanto que si se emplea por el otro lado sirve para sacar las rebabas interiores que hayan podido quedar en el tubo.

tubo de cobre: cortado, pulido, soldado, etc.

El cortado se logra con una sierra para metales de dientes finos, pero aún mejor con un instrumento especialmente concebido para ello, que consiste en un par de ruedecillas cuya separación se puede ir regulando de acuerdo con el grosor de la tubería y la penetración de corte. Una de ellas es una ruedecilla cortante, la cual es la que se ajusta a medida del calibre del tubo, y también la que se va apretando según se va consiguiendo el corte. Existen varios modelos,

Mediante un portaminas provisto de una punta de acero, se consigue realizar una marca precisa en el lugar que interesa cortar el tubo de cobre. El tubo se retiene entre dos listones de madera apretados, ejerciendo la acción de mordaza, sirviendo las testas de guía para realizar el trazo.

Convenientemente retenido el tubo, se aplica el cortador, de modo que el rodel coincida con el trazo marcado anteriormente. Apretando el rodel de manera que penetre ligeramente, se da vuelta a la herramienta para lograr una incisión periférica.

A base de profundizar el rodel e ir girando, se logra con mucha rapidez cortar el tubo de cobre de manera limpia y fácilmente, y sin ocasionar virutillas o serrín.

El tubo de cobre recocido es fácilmente curvable con las dos manos. No obstante, se puede recurrir a elementos de retención (tornillos de banco, mordazas de un banco de trabajo de bricolador, etc.).

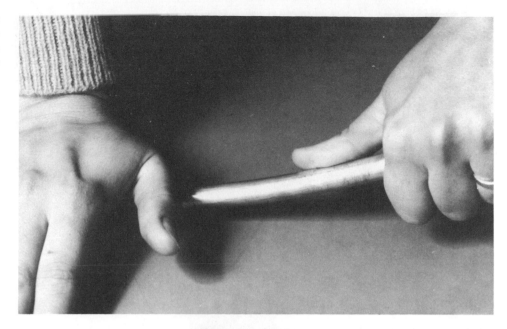

Para evitar que el doblegado resulte irregular, conviene rellenar el tubo a curvar con arena. Ello se logra cómodamente empleando un embudo cuya boca permita entrar en el extremo de la tubería. La arena debe estar seca.

Curvado de una tubería de cobre haciendo recurso a unas mordazas de banco de bricolaje para retener la tubería y sujetando con ayuda de una cárcel un tubo de mayor diámetro que el de la tubería.

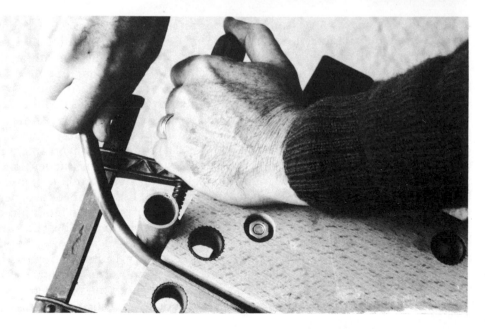

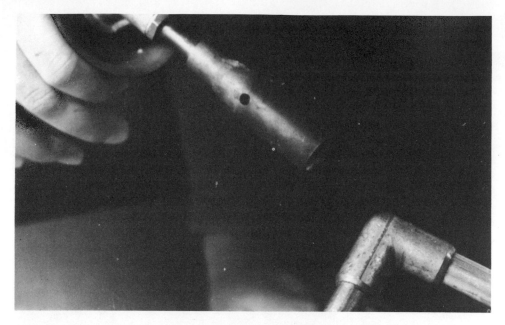

El empalme (recto, en ángulo, en T o en cruz, etc.) de dos tubos de cobre se logra fácilmente, haciendo recurso a los accesorios prefabricados existentes. En el caso de la presente ilustración el accesorio lleva ya en su interior la soldadura, bastando calentar la pieza para que se consiga rápidamente una eficaz soldadura estable por capilaridad. En el caso de emplear accesorios sin soldadura incorporada, igualmente se consigue una soldadura eficaz aplicando un hilo de aleación de estaño, después de calentar los elementos a unir.

Accesorios de empalme de tubos por medio de racores roscados y juntas de estanqueidad. Existen combinaciones de accesorios para ser soldados en un extremo y atornillados por el otro.

algunos de los cuales, precisamente los de pequeño tamaño, son los más idóneos para el aficionado. Con estos instrumentos se logra un corte perfecto del tubo.

El pulido de la superficie exterior del tubo, que es el que se ha de embutir dentro de uno de los accesorios que llevan la soldadura incorporada o no, se logra de manera sencilla, pasando un papel abrasivo de grano fino o más simplemente con un poco de lana de acero.

Existen, como ya se ha dicho al hablar del gas, una gran cantidad de accesorios en forma de L, T y +, que permiten realizar toda clase de empalmados entre varias tuberías y ramales. Si se trata de empalmar en línea recta, existen igualmente unos manguitos, dentro de los cuales se introducen los extremos de los tubos que se quieren empalmar. Asimismo existen dispositivos que reducen el paso del fluido (o inversamente). Todos estos accesorios pueden tener la soldadura incorporada o bien carecer de ella. En el primer caso, después de haber procedido a la limpieza y pulido del tubo o tubos, bastará introducirlos en el accesorio y aplicar la llama, procurando repartirla por todo el contorno. Al apartar la llama se dejan un momento en reposo los tubos y accesorios mientras se enfrían. Se habrá conseguido una soldadura estable y perfectamente estanca.

En el caso de utilizar accesorios que carecen de soldadura incorporada, se procederá igualmente a las operaciones de limpieza, pulido y encajado y, luego, se aplica la llama de la lamparilla o del soplete. Cuando se ha logrado un calentamiento de todo el conjunto, se aplica la varilla o hilo de soldar a la ranura existente entre tubo y accesorio. Al fundir la mezcla, se reparte ella sola por todo el perímetro, introduciéndose en la fisura y rellenándola por completo. Existen soldaduras que llevan incorporado el fundente, pero en la mayoría de los casos, y aunque lo posean, es preferible impregnar con un líquido fundente o flux las partes que han de entrar en contacto para realizar la unión.

Además de los accesorios para ser soldados, existen también otros sistemas de unión de tubos, como son los ermeto y los que utilizan sistemas mixtos, que se reciben por una parte soldados y, en cambio, en la otra parte poseen un roscado con junta de estanqueidad.

Hay que tener en cuenta cuando se utilizan estos accesorios de empalme y al mismo tiempo de racor que, cuando se realiza la soldadura, el accesorio debe despojarse de las posibles juntas elásticas que pudieran formar parte del mismo, para que no se tuesten o quemen estas juntas al calentar el terminal.

Cabe también doblar las tuberías de cobre. Para ello se requiere utilizar tubería recocida, o bien proceder a este recocido en aquella zona donde se tenga que proceder al curvado. Si se quiere lograr una curva con mucho radio, es muy posible que se pueda conseguir simplemente a mano, cuando se trata de tuberías de poco diámetro. Para lograr curvas más cerradas y con poco radio, lo mejor es valerse de un aparato especial, o bien recurrir al calentado y al doblado tomando como guía una varilla o tubo, cuya diámetro corres-

ponda al doble del que se va a doblar. Para evitar que se deforme el tubo lo mejor es rellenarlo con arena antes de calentarlo y doblarlo.

TUBERÍAS DE METAL PLÁSTICO

Aun cuando se pueden emplear otras clases de material plástico, se puede decir que el PVC es el que más divulgación ha logrado por su precio, por el equipo completo de accesorios y por la facilidad que ofrece para obtener sus uniones. El PVC de características rígidas puede presentarse en dos versiones, según cuales sean los sistemas de unión: por una parte se hallan las tuberías que, a semejanza de las tuberías de hierro, logran su ensamblado mediante racores roscados; y, por otra parte, las que consiguen el mismo objetivo, incorporando a las paredes de los elementos y terminales de tubo que se unen un adhesivo del tipo de contacto. Las gamas de manguitos para todos los calibres de tubo, y asimismo los diferentes accesorios de empalmado, consiguen dar una gran versatilidad de aplicaciones a las tuberías de PVC.

Estas tuberías solamente tienen un inconveniente: son sensibles al calor y al frío. Siendo sensibles al calor no son aptas, pues, para el paso

de agua caliente, aunque hay tipos de PVC que resisten temperaturas moderadas. Hay que informarse al respecto en los establecimientos que expenden estas tuberías. Por otra parte, si se hallan sometidas a temperaturas muy frías, los tubos de PVC se vuelven muy rígidos y duros y son frágiles ante cualquier golpe o compresión. La principal aplicación de las tuberías de plástico son para evacuación de aguas usadas, y también para conducciones al aire libre en lugares rústicos, ampliaciones de instalaciones ya existentes, etc.

Cabe también la posibilidad de doblarlos en curvas de diferente radio, pero resulta mucho más práctico echar mano de los diferentes accesorios existentes. Para lograr su unión bastará realizar las mediciones, cortar los tramos necesarios, y acorde con ellas cortar los trozos que se tengan que empalmar en la disposición que interese. El cortado se realiza por medio de aserrado. Las rebabas que se produzcan se eliminan con una lima o papel de lija, y después de haber limpiado los extremos que se han de introducir en los manguitos, éstos se untan en su interior con el adhesivo de contacto idóneo para ello. Sin dar tiempo a que la cola seque, se introduce el extremo del tubo, teniéndolo durante un rato inmovilizado.

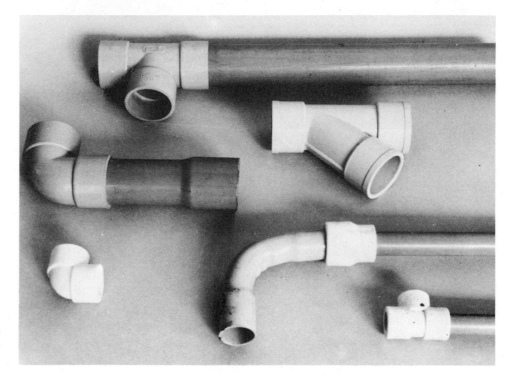

Diferentes tipos de accesorios prefabricados de plástico para lograr empalmes de tuberías de esta misma clase de material.

Con un serrucho de costilla de dientes finos se logra aserrar fácilmente un tubo de plástico. No obstante, el aserrado no es perfecto, debido a las rebabas y virutillas reblandecidas que se han producido por el calor desprendido durante la acción de la sierra. Conviene eliminar estas imperfecciones hasta dejar un corte limpio.

Reblandecido de un extremo de tubo de plástico que se quiere abocardar, con una llama suave de lamparilla.

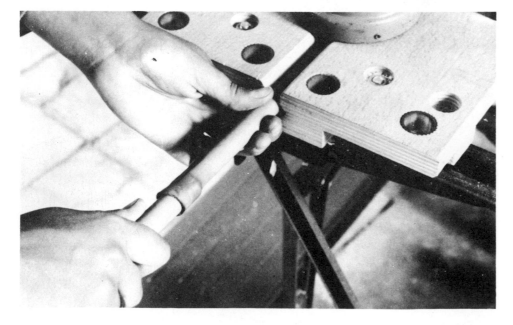

Para lograr el abocardado se emplea otro trozo de tubo del mismo diámetro, y aprovechando que el tubo está reblandecido se introduce en el extremo que se quiere agrandar el otro tubo.

El interior abocardado se unta con adhesivo de contacto especial para PVC duro. Se hace recurso a una pequeña espátula o bien a una varilla o listoncillo.

Mientras la cola se halla aún en estado gelatinoso, es más fácil el deslizamiento del tubo que se introduce en la parte abocardada del otro.

Aplicando calor suave a la parte que se quiere curvar del tubo de plástico. El tubo se retiene entre las mordazas de un banco de trabajo para disponer de una mano libre que aguante la lamparilla de soldar mientras con la otra se realiza la acción de doblado (con ayuda de una varilla).

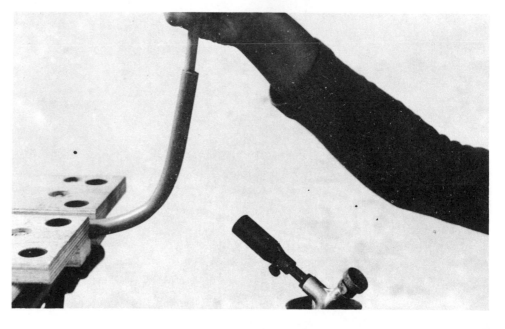

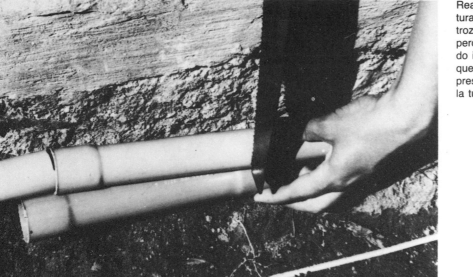

Realización de un empalme para subsanar la rotura o desencolado de un tendido. Se prepara un trozo de tubo abocardado por ambos extremos, pero a modo que uno de ellos ofrezca un recorrido interior abocardado que sea el doble que el que tenga el otro extremo. En este momento se presenta el trozo que servirá de empalme sobre la tubería que hay que arreglar, para realizar el corte adecuado.

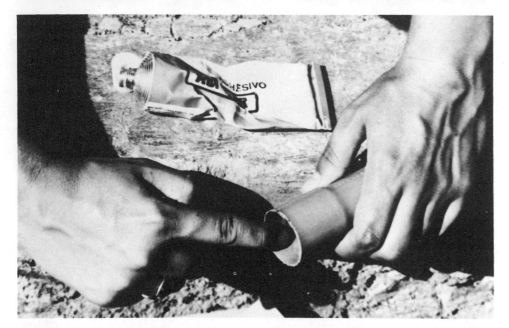

El trozo de tubo que servirá de empalme entre los dos tramos ya instalados, se unta por ambos extremos abocardados con un adhesivo.

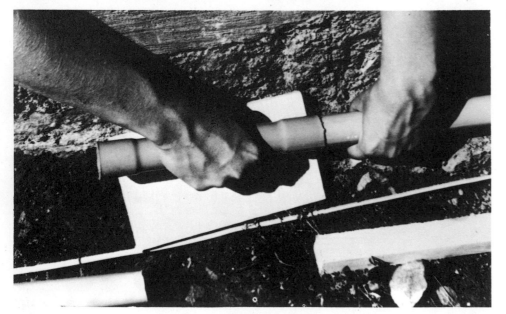

Introducción del extremo abocardado de mayor longitud en el extremo de la tubería cortada.

A continuación se introduce, por el otro extremo abocardado, el tramo de tubería cortada y se hace deslizar hasta que encajen cabalmente. El extremo abocardado de mayor longitud da lugar a que se pueda realizar este deslizamiento y haya una buena zona de contacto entre las paredes que se empalman.

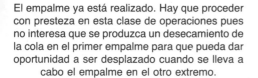

El empalme ya está realizado. Hay que proceder con presteza en esta clase de operaciones pues no interesa que se produzca un desecamiento de la cola en el primer empalme para que pueda dar oportunidad a ser desplazado cuando se lleva a cabo el empalme en el otro extremo.

En el caso de emplear accesorios roscados, se pueden dar dos soluciones, para lograr una perfecta estanqueidad: emplear accesorios que dispongan de juntas herméticas, o, en su defecto, recurrir al tradicional sistema de estopa de fibras vegetales untadas con masilla de estanqueidad, o bien hacer un vendaje de tiras de teflón.

MASILLAS SINTÉTICAS PARA ESTANQUEIDAD Y UNIÓN

Existen en el mercado una serie de productos capaces de lograr una estanqueidad y al mismo tiempo buena adherencia entre los materiales que se empalman. Su empleo en tuberías y en uniones con los accesorios de empalmado o de servicio (grifos, espitas, etc.), son muy eficaces, si bien no llegan a conseguir una adhesión tan perfecta como la soldadura.

Ha habido quien las denominó «soldaduras en frío», vocablo que tuvo una cierta aceptación durante bastante tiempo. Ahora bien, la contradicción inherente a calificar de fría una soldadura que requiere precisamente calor ha hecho que esta designación no haya prosperado del todo.

La ventaja de estas masillas sintéticas es la de que pueden ser capaces de proporcionar uniones muy aceptables para materiales diversos: hierro, acero, cobre, plomo, aluminio y materiales plásticos. En realidad se trata de resinas sintéticas acompañadas o no de una carga. Esta naturaleza sintética hace que muchas de estas masillas tengan que ser utilizadas específicamente para un determinado tipo de material o de naturaleza similar (por ejemplo, para consolidar uniones entre metales diferentes). Pero asimismo hay otras masillas que son capaces de garantizar la unión entre materiales de diferente naturaleza (por ejemplo, metales con resinas termoestables, e incluso con un termoplástico).

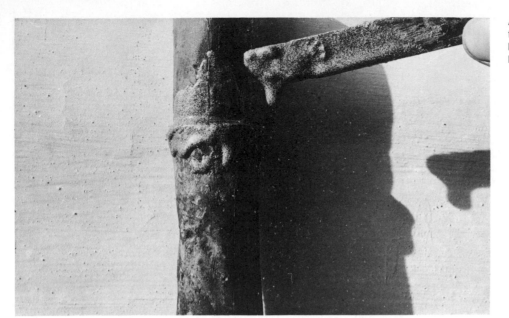

Aplicación de una masilla sintética (soldadura en frío), para lograr una junta estanca entre dos tuberías de plomo. Debe considerarse, pese a su buena resistencia, como una reparación de emergencia.

Para evitar que la masilla gotee por la tubería mientras se endurece, puede realizarse una especie de venda que envuelva la masilla. Un trozo de papel de periódico, pero mejor aún un trozo de bolsa de polietileno (rechaza la adhesión con la resina poliéster que integra la masilla) será más eficaz, ya que no quedarán restos al arrancarla.

Una vez sacada la venda, las irregularidades superficiales que se hayan producido, podrán arreglarse y corregirse con ayuda de una lima para metales, al objeto de dejar un acabado que facilite la continuidad de una pintura de recubrimiento.

Por regla general, la mayoría de estas masillas o adhesivos proceden del grupo de los termoestables, razón por la cual no son precisamente idóneas para obtener buenas adherencias con materiales termoplásticos. Sin embargo, algunas masillas a base de poliéster, pueden convenir perfectamente para ser aplicadas a tubos de PVC.

Estas masillas están constituidas en su mayoría por dos componentes los cuales se aplican después de haberlos mezclado de manera homogénea, de acuerdo con las dosificaciones que se indican en las normas para el uso.

Estas masillas requieren antes de su aplicación una previa limpieza de los elementos que se van a unir. Las grasas que puedan haberse acumulado en el material, son completamente negativas para lograr una buena adherencia. Esta limpieza se logrará fácilmente pasando un disolvente enérgico, como pueden ser el tricloroetileno y la acetona (preferiblemente a los disolventes más comunes, como el que se expende a granel en las droguerías). Estos mismos disolventes lograrán también eliminar las pinturas o barnices con los que se hayan protegido tuberías y accesorios.

Las masillas más comúnmente utilizadas son derivadas de resinas epóxidas y asimismo de poliéster. La masilla sintética para metales suele ser de poliéster, a base de un componente constituido por la resina, y otro componente, en el que un polvillo o purpurina metálicos están mezclados con el catalizador de aquélla.

Hay algunas de estas masillas que catalizan con mucha rapidez y hay que estar preparados para poder llevar a cabo la unión con diligencia: haber preparado los instrumentos de apriete, y saber cómo hay que lograr una efectiva sujeción, mientras dure el período de endurecimiento de la resina. Una masilla sintética de este tipo puede muy bien garantizar una estanqueidad que resista hasta 4-5 atmósferas de presión. En algunos tipos de resinas, se puede acelerar el proceso de endurecimiento, incorporando mayor cantidad del componente en que va el catalizador. Ahora bien, esto será siempre en detrimento de la buena resistencia de la masilla.

También las resinas epóxidas (Araldit, por ejemplo) pueden desempeñar funciones semejantes. Si bien hay masillas ya preparadas a base de esta clase de resinas, cualquiera podrá resolver una masilla, mezclando a la resina limaduras o purpurina metálica, y luego incorporando el endurecedor, todo ello bien mezclado.

Si bien pueden desempeñar una función de estanqueidad para recubrir los puntos de juntas de dos o más elementos, las resinas de siliconas no pueden llegar a ser consideradas como masillas adherentes dentro de la misma capacidad y resistencia que ofrecen las dos que se acaban de mencionar.

Las siliconas servirán, en cambio, como magníficas juntas de estanqueidad, o como recubrimiento de accesorios que sufren perdidas entre los elementos que lo forman y que no cierran o roscan herméticamente.

Las resinas de poliester y epóxidas tienen el inconveniente de que a pesar de disponer de un endurecimiento rápido, antes de que ello se produzca, resbala y descuelga por su propio peso. Esto puede evitarse mediante su retención con una envuelta de papel de diario, o de una hoja de bolsa de plástico, que tratándose de un termoplástico no se adherirá con la resina, por lo que, después de haber catalizado ésta, se podrá desprender fácilmente.

Una vez endurecidas las masillas sintéticas, pueden ser limadas y lijadas, para lograr una superficie exterior regular. También podrán ser recubiertas con pintura.

TAPONES DE REGISTRO Y SIFONES

Los tapones de registro pueden intercalarse en cualquier punto del recorrido de una tubería, para poder intervenir y operar en el caso de que se produzca alguna obstrucción. Para ello los tapones de registro suelen colocarse cerca de aquellos lugares donde se presume que pueden producirse dichas obstrucciones: cerca de un recodo o ángulo que no

hay manera de evitar, por ejemplo. Pero donde tienen un lugar muy apropiado es en los sifones.

Los tapones de registro consisten en un elemento roscado que se atornilla en otro hembra, soldado en la tubería. Exteriormente, estos tapones tienen una ranura o un resalte, para que se pueda aplicar en ellos una boca de destornillador o una llave, para efectuar su desenroscado. Las platinas de cada uno de los dos elementos roscados, suelen recibir una arandela o junta blanda, para garantizar la estanqueidad. Este detalle es importante para evitar que los tapones colocados en la parte inferior de los sifones goteen.

Gracias a los sifones, establecidos en los conductos de desagüe, se evita que entren en la casa los malos olores, que podrían comunicarse desde las cloacas por los canalones de desagüe.

El agua que rellena la parte baja de un sifón, suele recoger todos los cuerpos, que no son arrastrados por la fuerza del agua, llegándose a producir atascamientos que dificultan o impiden la evacuación rápida de una pila.

El uso de ventosas de goma puede resultar para ciertas obstrucciones, pero para proceder a una limpieza a fondo, se abrirá el tapón de registro que suelen tener todos los sifones en la parte inferior del codo, habiendo previsto antes la colocación, en el suelo y al pie del sifón, de un lebrillo o recipiente que pueda recoger el agua retenida por el sifón. Una vez desenroscado el tapón, se retiran los cuerpos retenidos, con ayuda de unas pinzas o de un alambre. Es conveniente que este alambre no sea muy duro, para que así se adapte y conforme a las sinuosidades del sifón. Mejor que un alambre recto, es el cordón de alambre denominado gusanillo, cuyo extremo se habrá doblado en forma de arpón, para que así arrastre consigo los cuerpos que estuvieran retenidos en el interior del conducto. Hay gusanillos que llevan unos pelos dispuestos en helicoide como un escobillón y que pueden dar muy buenos resultados, siempre

111

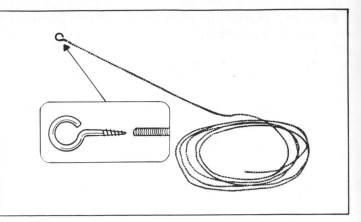

Para facilitar la introducción dentro de una tubería que se quiere desatascar, resultará muy satisfactorio el uso de un trozo de alambre de gusanillo helicoidal, en cuyo extremo se habrá atornillado una armella o gancho. Debido a su flexibilidad el gusanillo reseguirá el interior de una tubería que tenga varios curvados.

En todos los sifones suele haber un tapón de registro, gracias a cuyo desenroscado se logrará eliminar las impurezas y detritos acumulados en el fondo de la curva del sifón de tipo S, o en los depósitos de los sifones de tipo T.

y cuando se los utilice debidamente: introduciéndolos poco a poco y por avance rotativo de su hélice, para que así recojan entre sus volutas la mugre que hubiera en los conductos. En cambio, la salida se efectuará de un tirón, para arrastrar consigo todo lo que hayan recogido.

Además de los clásicos sifones, existen otros modelos de material plástico, incluso con su base transparente para que se pueda ver siempre el estado de limpieza existente. Son fácilmente desmontables, pues aquella base está sujeta al cuerpo por un resorte o muelle de cómoda manipulación.

En lugar de los tradicionales sifones metálicos que requieren ser unidos mediante racores y elementos atornillados, hay ahora unos sifones que, sin necesidad de unión mecánica, pueden empalmarse directamente a la boca de salida del desagüe del lavabo o fregadero, y que igualmente se unen con la tubería de desagüe, sin necesitar tampoco ninguna soldadura. Son una gran solución para el bricolador.

ACCESORIOS DE EMPALME RÁPIDO Y ESTANCO

Se trata de unos accesorios que permiten establecer de manera instantánea una conexión o derivación, a partir de un elemento roscado fijo, en una tubería o en un grifo. Dicho elemento tiene la particularidad de que actúa a manera de válvula per-

Uso de una ventosa aplicada sobre la boca del desagüe para intentar desatascar una cañería de evacuación de aguas sucias. Para conseguir que el trabajo sea eficaz, conviene actuar con la pila llena de agua, para que ayude a arrastrar la obstrucción, gracias a la brusca acción de compresión.

Limpiando con un alambre no muy rígido las paredes de un sifón al que se le ha quitado el tapón de registro.

Sifón provisto de dos tapones, actualmente en desuso. Los tapones se aflojan actuando con unas mordazas apretadas contra el saliente que llevan.

Modelos de sifones de material plástico. El de la izquierda continúa teniendo la forma tradicional en S, tal como eran los de plomo. El de la derecha, de concepción más simplificada y que permite el poder actuar más fácilmente si hay que introducir un desatascador de gusanillo, permite recoger en el tapón que hace de registro, los detritos que se puedan acumular.

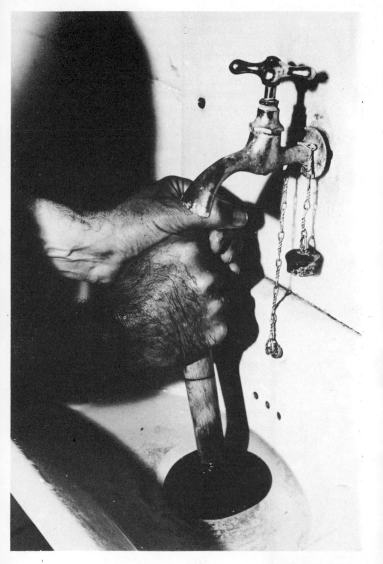

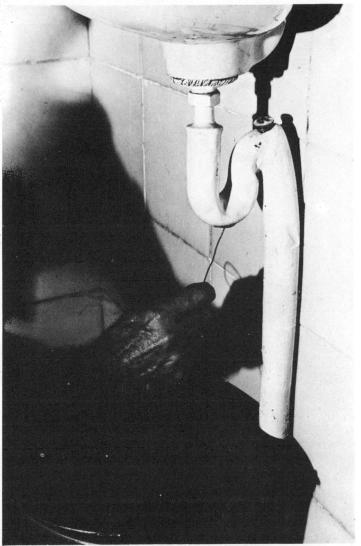

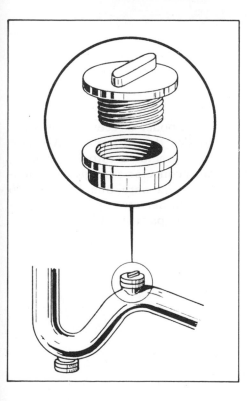

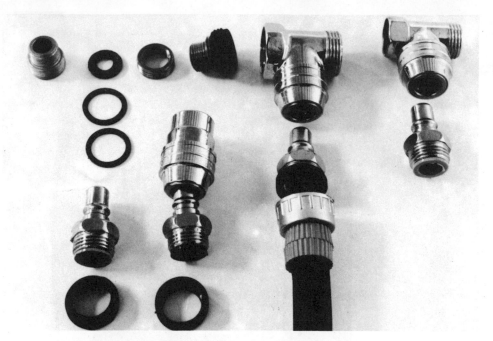

Diferentes tipos de elementos que forman parte de un sistema patentado para lograr conexiones instantáneas entre conductos. Los elementos abiertos actúan de válvulas de cerramiento, no permitiendo el paso de los líquidos. Pero este cerramiento queda automáticamente abierto al introducir el vástago de que está provisto el conducto, al que se quiere proporcionar líquido.

Uso de unos elementos del sistema anterior de una ducha de teléfono, para conseguir una derivación para alimentar una lavadora eventualmente.

manente de cierre, y que queda desbloqueada al serle enchufado el otro elemento por simple presión.

Además de poder establecer una conexión entre dos pasos de caudal iguales, existen elementos que desempeñan una función de racor entre dos conductos de diferente calibre, permitiendo a su vez el poder recibir eventualmente otro elemento que establezca una derivación hacia donde convenga.

Normalmente estas derivaciones suelen hacerse con conductos flexibles para poder ofrecer mayores posibilidades de utilización. Así, por ejemplo, gracias a estos accesorios, se podrá conectar a un grifo corriente una toma para una lavadora, o para cualquier otro aparato que necesite agua para su utilización.

8.

Reparaciones en pilas y rebosaderos

Es muy raro que haya un punto terminal de servicio de agua en el que un grifo no tenga debajo una pila o depósito donde recoger el agua que cae.

Las excepciones están únicamente constituidas por puntos de agua que se hallan en patios, jardines o garajes, y, en la mayoría de los casos, o bien tienen una pequeña pileta, o una reja que comunica directamente, por medio de un canalón de desagüe, a un albañal.

Las pilas son, pues, los recipientes en los que se puede recoger y soltar el agua que vierte en ellas un grifo o válvula, y que se puede retener o vaciar gracias a un desagüe o salida de agua, según que esté tapado o destapado.

En función de sus aplicaciones concretas, las pilas o depósitos son distintos, y asimismo pueden ser diferentes los sistemas de alimentación y de evacuación. Por regla general, se suelen designar las pilas con el nombre de aparatos sanitarios, ya que la mayor parte de ellos, y con unas características diferenciales, son los que se utilizan en cuartos de baño y de aseo.

Por lo tanto son pilas no solamente un lavabo o una fregadera de cocina, sino también una taza de W.C., un plato de ducha, una bañera, etc. Cada uno de los diversos tipos de pilas presentarán, pues, posibles problemas que se relacionarán con el mismo cuerpo del sanitario, con el de su sistema de alimentación de agua, o con el de su evacuación, según las características propias de cada uno de ellos, pese a tener las tres peculiaridades comunes que se han dicho.

No todas las pilas es necesario que tengan un orificio donde fijar el servicio de alimentación, el cual puede colocarse en una pared adyacente o en cualquier lugar próximo. Pero en cambio, todas las pilas tendrán en su mismo cuerpo el agujero de desagüe, y además en muchas de ellas existirá también otra abertura o unos agujeros que forman el rebosadero, el cual

evitará que, hallándose el desagüe tapado, se produzca un desbordamiento, por rebasar el agua la parte superior de la pila.

MATERIALES EMPLEADOS EN LA FABRICACIÓN DE PILAS

Las pilas pueden ser de muchos materiales, dependiendo de su utilización el empleo de un material más o menos noble. En las instalaciones de cuartos de baño es donde, ya desde la antigüedad, se emplearon piedras naturales y mármoles. En cambio, hasta hace muy poco tiempo no se dio importancia a los materiales que se emplean en la cocina. Salvo ejemplos raros y lujosos de materiales sofisticados, los materiales más comúnmente utilizados para la fabricación de pilas eran muy diversos y tenían pese a su diferencia una característica común: el que fuesen fáciles de limpiar. Así, se ha empleado cerámica barnizada, hierro aporcelanado, porcelana, hierro de fundición con recubrimientos de barnices, fibrocemento con acabados de diversas calidades, materiales plásticos, etc. En cierta manera podría considerarse también como una pila de gran tamaño una piscina, e incluso un estanque artificial, cuyas paredes son hechas a base de ladrillos o baldosas, construcción que también se ha utilizado para la realización de bañeras.

Actualmente el material más empleado es el porcelánico (porcelana

propiamente dicha, o bien hierro de fundición, recubierto con esmalte porcelánico, cocido en hornos a altas temperaturas). Esta clase de material tiene indudables ventajas que difícilmente quedan superadas o igualadas por otros materiales, que si bien son resistentes a unas acciones no lo son a otras. El material porcelánico es duro, ofrece gran resistencia al rayado, e incluso a los golpes y al roce; proporciona una gran facilidad de limpieza con medios corrientes (jabón y detergentes), y asimismo aguanta los álcalis y ácidos diluidos (sosa, lejía), en el caso de querer llegar más a fondo en la limpieza.

Evidentemente, los materiales plásticos no llegan a un nivel tan alto de resistencias, y es comprensible que, pese a su penetración inicial, hayan reculado frente al material porcelánico.

Además del ya citado material plástico, no hay que dejar de mencionar el acero inoxidable, que ha hallado su gran campo de aplicación en la cocina, desbancando incluso en este terreno al porcelánico.

ACOPLAMIENTO DE LOS ELEMENTOS METÁLICOS A LAS PILAS

Los elementos metálicos se acoplan a la pila por medio de las tuercas metálicas de que están provistos, e intercalando unas arandelas de material blando (goma o plástico), para no dañarlas al efectuar la pre-

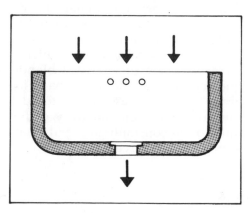

Esquema de una pila cualquiera. Siempre hay una entrada de agua por la parte superior que puede o no ir incorporada a la misma pila, y una salida de agua desagüe situada en la parte inferior.

Lavabo con grifo mezclador de agua caliente y fría incorporado al aparato. En la parte inferior se ve el desagüe con sifón integrado.

Bidé con dos grifos independientes de agua fría y caliente. Unas entallas en el cuerpo del aparato en la parte inferior facilitan la fijación del mismo sobre el suelo.

Otro ejemplo de pila es la bañera, los platos de ducha y los bañaseos.
La mayoría de estos aparatos sanitarios suelen recibirse con obra al objeto de no dar lugar a rincones de suciedad en un cuarto de baño.

sión necesaria para su buena fijación.

A veces ocurre que los agujeros donde se tienen que alojar son de diámetro ligeramente superior al vástago del elemento que hay que fijar. En estos casos es conveniente forrar éste con un material blando que regruese su diámetro, para lograr un buen asentamiento del mismo en su alojamiento, y evitar que, con la constante manipulación, se aflojen las tuercas.

GRIETAS Y DESCONCHADOS DE LA PORCELANA

Debido al duro trabajo a que se las somete, las pilas pueden recibir daños, que se traducen en resquebrajaduras, incluso con desprendimiento de uno o más trozos, rayados y desconchados del esmalte o capa protectora de recubrimiento.

Cuando el daño es de consideración, no habrá otro remedio que cambiar la pila. Pero puede ocurrir que el daño sea parcial y de poca importancia y que se pueda reparar bien.

Para ello, disponemos de adhesivos muy potentes que se expenden en el mercado; especialmente aquellos que contienen resina epóxida. Estos adhesivos son muy indicados para unir los trozos de una pila de porcelana o rejuntar las grietas que en ella se hubieran producido.

Lo más importante para lograr una adhesión perfecta es operar con una completa sequedad de las partes que hay que unir, y haber limpiado la suciedad o polvo (esto se logra con un disolvente enérgico: tricloroetileno, acetona, etc.). Una vez esparcido el adhesivo sobre las superficies a encolar, se asegurará durante unas 24 horas la unión de las piezas, mediante apretadores, o simplemente con cordeles. A guisa de ejemplo, ilustramos cómo hay que proceder a la unión de un fragmento de taza de retrete con el resto de la pieza.

La reparación de los desconchados del esmalte que recubren las piezas sanitarias es más delicada. En primer lugar, será difícil lograr una homogeneidad en calidad y color entre el material de la pieza y el que se aporte. De todos modos, puede intentarse reparar un desconchado mediante la aplicación de una pintura al esmalte, de tipo sintético; especialmente con aquella que contenga resina acrílica.

Para ello, procederemos primero a desengrasar y desempolvar el desconchado con alguno de los disolventes antes mencionados, y luego, a pintar con sucesivas capas finas, dejando que sequen completamente, antes de aportar la nueva capa.

Una vez se haya logrado cubrir con exceso el desconchado, se lija con papel esmeril al agua con un grano muy fino; y finalmente, se pule reiteradamente con un abrillantador. Recientemente han aparecido unos esmaltes a base de resinas sintéticas que llegan a tener tanta dureza como la porcelana una vez secos, concebi-

dos especialmente para la restauración de pilas porcelánicas.

OBSTRUCCIONES Y ATASCOS EN LAS PILAS Y DESAGÜES

Aunque en otro capítulo ya hemos hecho alusión a cómo luchar contra las obstrucciones, daremos ahora una pormenorización más exhaustiva, y trataremos de algunas obstrucciones especiales producidas por un tipo determinado de pila o accesorio.

El mejor sistema de luchar contra las obstrucciones es prevenirlas, pues cuando llegan a producirse, no sólo tendremos un defectuoso servicio de evacuación de las aguas sucias, que puede llegar a ser repulsivo al utilizar lavabos, bañeras, bidés, tazas de W.C., vertederos y lavaderos, sino que por culpa de ellas nos veremos obligados a proceder a enojosas reparaciones, muchas veces de difícil localización y apaño; cuando no, a cambiar todo un tramo de cañerías de evacuación.

La mejor prevención contra las obstrucciones es la colocación de rejillas en todos los desagües de pilas, tazas y depósitos. Rejillas que no deben ser muy tupidas, pero sí lo suficientemente densas, para que recojan todos los cuerpos que pueden origi-

nar una obstrucción. Téngase presente que los cabellos, a pesar de su poco grosor, son la principal causa de atascos en las cañerías, al acumularse una cierta cantidad de ellos, formando una tupida red que detiene otras partículas hasta formar un cuerpo denso que deja muy poco paso libre para la evacuación del agua. Hay que pensar que el agua no circula siempre, y que a veces (en vacaciones, por ejemplo) está interrumpido su uso durante días y semanas; entonces aquellos cuerpos (que estaban blandos) se convierten en cuerpos duros, que luego opondrán mucha resistencia al paso del agua y a ser destruidos.

Si la entrada es a un desagüe ancho (como es el caso del desagüe

Cuatro modelos de rebosaderos: el A, es el que suele utilizarse para lavabos y bañeras. A veces puede quedar oculto a la vista, tal como ocurre en la bañera B, donde el rebosadero queda escondido tras un resalto situado debajo del grifo. En C, el rebosadero es un tubo cuyo extremo inferior tapa el desagüe, sirviendo al propio tiempo de tapón y desagüe y de rebosadero; es muy empleado para lavaderos manuales de ropa. El representado en D, corresponde a un esquema tradicional de depósito acumulador de agua que alimenta a una o más viviendas. Del mismo modo en lugar de un solo depósito pueden emplearse varios, comunicados entre sí por la parte inferior.

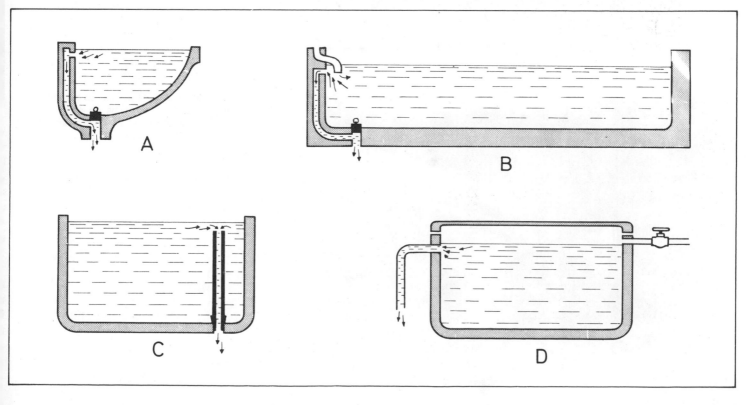

El rebosadero es una especie de válvula de seguridad para que no se produzca un desbordamiento de una pila si se deja por inadvertencia el grifo abierto. De este modo, el agua saldrá por el agujero del rebosadero sin que llegue al borde de la pila. Es importante que, si se quiere conseguir esta garantía, nunca se deje el grifo abierto con mucha presión de agua, ya que el rebosadero no podría absorber un caudal muy desmesurado.

Junta para desagüe que garantiza la estanqueidad del mismo en la parte interior de la pila.

En la parte exterior de la pila, se recurre igualmente a arandelas elásticas de estanqueidad, para asegurar doblemente la hermeticidad del accesorio de desagüe.

Los aparatos sanitarios pueden ser encolados recurriendo a una resina epóxida. En algunos casos, esta reparación salvará el tener que adquirir toda una pieza nueva.

Rejilla protectora en la entrada de un desagüe de una azotea o terraza, para evacuar las aguas de lluvia o de baldeo.

Rejilla de protección para utilizar en el desagüe de una pila lavabo o fregadero, cuando los accesorios carecen de este fácil recurso, para retener cuerpos que pueden dar lugar a atascos.

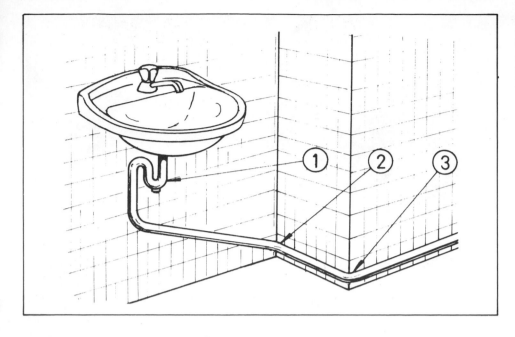

En el conducto de evacuación conviene que haya un mínimo de ángulos en el recorrido, ya que idealmente debiera ser recto y con la pendiente adecuada. En el grabado se muestran los lugares típicos de obstrucciones en un tramo de tubería de evacuación de aguas usadas: 1, sifón; 2, rincón; y 3, esquina.

de un terrado), igualmente se tendrá que colocar una protección, aunque la rejilla sea mucho más abierta.

Cuando notamos la presencia de una obstrucción en un conducto de desagüe, nos caben los siguientes recursos:

— Probar con un producto desatascador de los que hay en el comercio.
— Cerciorarnos si el atasco se ha producido en el sifón existente a la salida de la pila.
— Probar de echar agua casi hirviendo. Mejor si acidulamos esta agua con algo de lejía o de salfumán *muy diluido*. Esta operación debe efectuarse con cierta brusquedad; o sea, procurando que sea bastante la cantidad de agua vertida, de manera que en la cañería se produzca una fuerte presión del agua.
— Recurrir a un desatascador de ventosa. Se presionará poco a poco la ventosa, vigilando que ésta se adhiera a las paredes de la pila, y tomando como centro el desagüe de la misma. En cambio, el arranque de la ventosa procurará hacerlo de sopetón. También la reiteración rápida de estas dos operaciones puede ser eficaz.
— Abrir los tapones de registro que existan desde la pila al canalón

general de evacuación, en el tramo donde se ha producido el atasco.

Llamamos la atención sobre todos los codos y empalmes que puedan existir a partir de los sifones de la pila hasta el canalón general. Es precisamente en estos lugares donde se producen generalmente las retenciones de materias.

Una posible solución puede ser insuflar aire a presión en la cañería, en el caso de que se disponga de fuelle. Para ello, será preciso que el aire que se insufla no se pueda escapar por los costados. A este efecto se rodeará la lanza o pico del fuelle con una arandela de goma recia. Puede empezarse por el desagüe, y a continuación seguir —después de taponar el desagüe— por los tapones de registro sucesivos.

Fracasados todos estos recursos, no tendremos otro remedio que cambiar parte de la cañería, en el lugar en que se haya localizado la existencia del atasco.

Veremos a continuación algunas obstrucciones concretas:

Atasco de un retrete

Las evacuaciones de las tazas de retrete suelen ser de gran diámetro. A pesar de ello, es posible que si no se efectúan descargas de agua, y si se echan desperdicios (especialmente

algodones), pueda llegar a atascarse; en particular, cuando el conducto de evacuación está algo alejado del canalón general, o no tiene suficiente pendiente. En caso de atasco se aplicarán las soluciones enumeradas anteriormente, y sobre todo la de pinchar con un alambre dúctil. Si no se obtienen resultados eficaces, no quedará otro recurso que abrir el conducto de desagüe. Este conducto suele ser de material cerámico o de fibrocemento, recibido con escayola o cemento a la taza. Habrá, pues, que proceder con precaución al arrancar el material fraguado, para no dañar el conducto de evacuación. Una vez desprendido el material de agarre, podrá sacarse el primer tramo de tubo, mediante un movimiento vertical.

La gran abertura permitirá trabajar cómodamente para efectuar la desobstrucción, que es muy posible que se halle situada en el codo de empalme con el canalón o bajante de aguas sucias. Procediendo inversamente, se vuelve a colocar el tramo de tubo, y se fija con cemento.

En los desagües de los retretes, la pendiente ha de ser muy importante porque han de arrastrar cuerpos sólidos. En cambio, en el desagüe de una ducha, la pendiente puede ser mucho menor, porque sólo ha de salir agua. Hay que tenerlo muy en cuenta por si hay algún defecto de pendiente, o se hace algún desperfecto en los desagües.

Parte trasera de una taza de inodoro, cuyo empalme con la tubería del bajante no ha sido cuidado y ha dado lugar a que se produzcan humedades y enmohecidos.

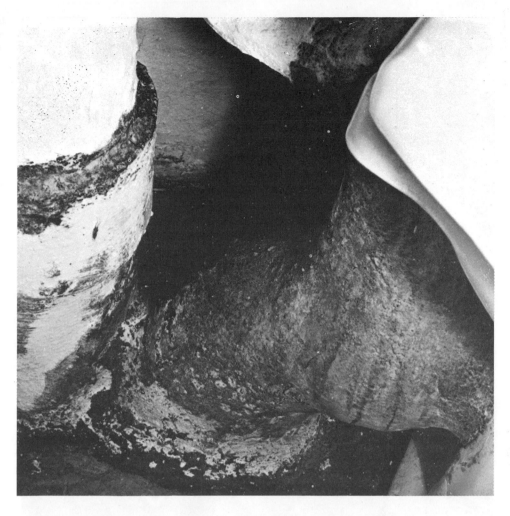

Atasco de un lavadero

A pesar de todas las precauciones, es aquí donde se producirán los atascos más frecuentes. Las fibras desprendidas de tejidos serán de difícil retención por las rejillas. Pero también su localización será más fácil, ya que la mayor parte de ellas quedarán en el fondo del sifón establecido a la salida. Se procederá, pues, tal como ya se ha explicado.

Atasco de un lavabo

Pudiera ser que la obstrucción se hubiera producido en el sifón instalado a la salida del desagüe. Si el atasco está más abajo, hay que sospechar del primer codo o ángulo que exista en la cañería. En cualquier instalación bien hecha, habrá un tapón de registro en las proximidades del codo, y será gracias a él y a un alambre dúctil o a un gusanillo como posiblemente podremos proceder a la desobstrucción. Si, a pesar

de nuestros intentos, no se puede solventar el atascado, se tendrá que proceder al cambio de cañería.

Atasco de una bañera

Todas las bañeras, aun las empotradas, tienen un sifón a la salida del desagüe. El acceso al mismo será fácil en las bañeras no empotradas; para las bañeras empotradas, tendremos que levantar el ladrillo, o ladrillos que, a manera de puerta, se habrá previsto como registro.

Como en el lavabo, se puede presumir que el atasco esté localizado en el sifón, o bien en el primer codo que a continuación del sifón haya en la cañería de desagüe. Téngase presente que son muchas las bañeras cuyo conducto de evacuación no corre con la inclinación que sería necesaria, debido a la baja posición del desagüe.

En esta clase de instalaciones es donde deberá procederse con mayor rigor.

TAPA DEL RETRETE

Las tapas del retrete suelen fijarse en dos agujeros ya previstos en la parte trasera superior de la taza, mediante unas espigas roscadas y sus correspondientes tuercas en forma de palomilla. Estas espigas, especialmente las usadas hasta hace poco, eran de metal, y es muy posible que al intentar aflojar las tuercas que las aseguran, estén tan oxidadas y herrumbrosas que hagan muy difícil la operación.

Hay que evitar forzar y golpear. Es preferible utilizar un desincrustante y probar reiteradamente con la llave inglesa antes de darse por vencido.

Pero si, a pesar del desincrustante, no se pudieran aflojar las tuercas, será preferible cortar los espárragos con una sierra, antes de golpearlos y forzarlos.

No debe recurrirse jamás a un cortafríos para cercenar el espárrago.

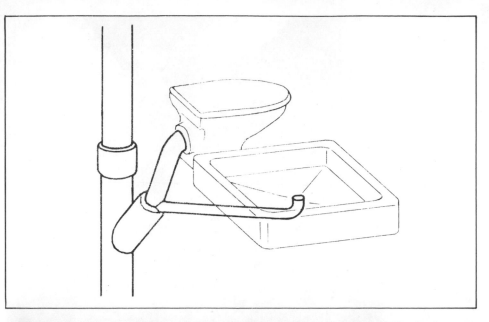

Las pendientes y los diámetros de las tuberías de evacuación de aguas usadas serán diferentes, según los aparatos que sirven. Un retrete requiere mayor pendiente y diámetro que una pila de ducha.

Cambio de una tapa de W.C. Basta aflojar las tuercas que retienen los vástagos que tienen los elementos constitutivos de la tapa. En caso de tratarse de vástagos metálicos, posiblemente herrumbrados, se tendrá que utilizar un desoxidante.

Los golpes y movimientos bruscos podrían resentir y romper fácilmente las aletas de porcelana de la taza, ya que éste es precisamente su punto menos resistente.

Actualmente existen tapas cuyos espárragos son de metal plástico que no se herrumbran, y que facilitan cualquier cambio de tapa.

En el caso de que desgraciadamente se hubiera roto un ala de la taza, se podrá recomponer haciendo recurso a un adhesivo de tipo epóxido, tal como ya se ha descrito.

¿REPARACIÓN O RECAMBIO?

Una gran ventaja actual es la construcción estandarizada de casi todo el material sanitario, que hace que se atengan los fabricantes a ciertas normas que uniformizan tamaños, etc.

Pero, desgraciadamente, las reparaciones más comunes son precisamente las que tienen que realizarse en instalaciones antiguas, cuyos materiales están al límite de su desgaste, y para solventarlas tendremos que buscar accesorios y recambios que seguramente no será fácil encontrar. En estos casos siempre será preferible acometer a fondo la repara-

ción: proceder a la sustitución del material viejo por uno nuevo. El mayor esfuerzo aplicado, y el mayor coste de los materiales nuevos, compensará sobradamente las pérdidas de tiempo en busca de recambios, y el tener una y otra vez que preocuparse de la misma avería. Por otra parte, sustituir una pieza por otra de artesanía, supone un dibujo o descripción minuciosa, y el recurrir a oficios especializados (tornero, soldador, etc.) que no siempre estarán a punto, y cuyo trabajo no habrá de ser barato.

9.

Calefacción de una vivienda

La calefacción de una vivienda no es algo que pueda solucionarse con una fórmula estándar y generalizada. Puede muy bien ocurrir que un sistema que resulta eficaz y económico en un apartamento urbano, no sea adaptable a una casa rústica o a un chalet unifamiliar, aunque tengan la misma superficie y la misma altura de techo. Y lo mismo podría decirse en el caso inverso, y añadir aquí una cantidad muy grande de ejemplos muy diversos. Habrá ocasiones en que la calefacción será satisfactoriamente resuelta con unas cuantas estufas de apoyo, para emplearlas durante muy pocos días del año, en viviendas que se hallen en una región geográfica templada, en tanto que otras, enclavadas en lugares sometidos a crudos y largos inviernos, no solamente necesitarán una calefacción central permanente, que ambiente toda la casa, sino que incluso precisarán algún refuerzo en algunas habitaciones durante un tiempo determinado.

Anteriormente al hablar del gas, se han hecho algunas explicaciones relativas a las calderas destinadas a calefacción y al suministro de agua caliente, también ya nos hemos referido a la distribución de los circuitos de fluidos conductores de calor (agua y aire), por lo tanto, ahora hablaremos de la calefacción en general, y sobre todo y más concretamente de contribuir a desvanecer un prejuicio que se pueda tener respecto a realizar, por uno mismo, una instalación de calefacción central.

Una calefacción central, y en oposición a lo que generalmente se cree y es motivo de descorazonamiento por parte del bricolador, no es algo imposible de ser llevado a cabo por un aficionado. Simplemente, la materialización de la instalación requiere minuciosidad y algo de habilidad manual, para llevar a cabo los empalmados y soldaduras de cañerías, según el tipo de instalación, y de acuerdo con lo que se ha explicado anteriormente al respecto.

Lo que sí está fuera de las posibilidades del bricolador —salvo que el mismo sea un técnico— será establecer y realizar los cálculos para llevar a cabo tal como conviene una instalación.

Pero, antes de insistir sobre este tema, hablemos del calor y sus medios de emisión, y asimismo de los principios que se siguen en una calefacción central.

MODOS DE EMISIÓN DEL CALOR

Existen dos modos fundamentales de propagarse el calor:

a) por radiación;
b) por convección.

El primero puede quedar claramente definido como el que sentimos cuando nos acercamos a las llamas que arden en un fuego de la chimenea u hogar, así como también el que nos penetra al aproximarnos a un sol eléctrico o al estar debajo de un radiador de infrarrojos. En todos estos casos el calor lo recibimos por ondas de manera análoga al que nos proporcionan los rayos de sol. Este calor radiante es intenso, inmediato, pero limitado: basta que nos alejemos del manantial de calor o que nos pongamos a la sombra para que no sintamos su impacto. Igualmente si nos giramos de espaldas serán éstas y no la cara la que recibirá el calor intenso.

En cambio si interponemos entre la llama y nosotros una espesa pared metálica, será ésta la que recibirá el calor y se calentará y al disiparse el calor nosotros sentiremos una tibieza comunicada por la plancha y las capas de aire calentadas del entorno.

Este modo de comunicarse el calor es el de convección, según el cual un cuerpo caliente situado dentro de un fluido crea unas corrientes de aire según las cuales el aire que se ha calentado tiende a subir para ser reemplazado por otro aire más frío de las partes bajas, estableciéndose así un circuito en que el aire se va paulatinamente calentando ininterrumpidamente. Por este motivo hemos hablado de una tibieza general.

Los aparatos de calor están concebidos para proporcionar calor radiante o por convección o por ambos sistemas a la vez. Los aparatos de calor radiante son los más indicados para provocar un rápido calentamiento de un local que está frío, en tanto que los aparatos que emplean el sistema de convección serán más apropiados para lugares constantemente habitados y que se desean tener calientes de manera continua.

Habiendo hablado de estas generalidades relativas a la calefacción que hemos considerado interesantes para cualquier aficionado, por lo que puede sacar, de cara a un mejor empleo racional de los medios de calefacción que puedan estar a su alcance, siendo nuestro principal objetivo el tratar de las reparaciones y emergencias que pueden surgir en nuestra vida doméstica. A continuación nos referiremos ligeramente a los sistemas de calefacción central o de base.

LA CALEFACCION CENTRAL

La calefacción central obliga a una instalación compleja que si bien no podemos relegar completamente como objetivo de cualquier aficionado, sí sale de los márgenes y límites fijados para este libro. No obstante y tal cual hemos hecho en otros casos, sin adentrarnos en pormenores de instalación, daremos los principios generales en los que se fundan dichas instalaciones, para que el lector tenga un conocimiento de causa de las relativamente pocas reparaciones que justifiquen su intervención.

Fundamentos de la calefacción central

La calefacción central estriba en el transporte de las calorías producidas por un aparato generador de calor a los distintos puntos de utilización.

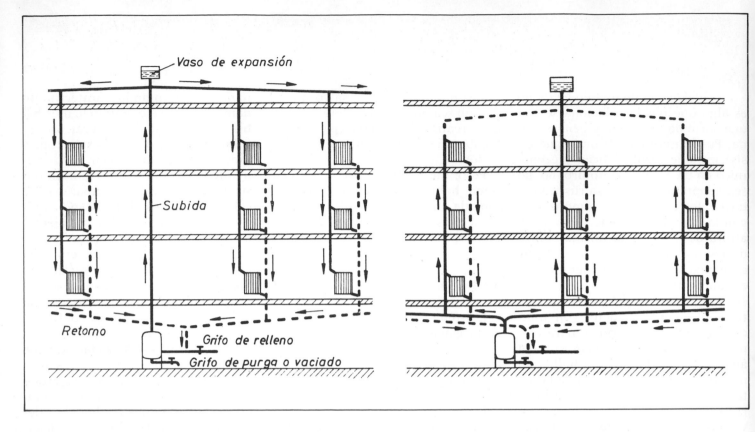

A la izquierda esquema de instalación de calefacción central por agua caliente con distribución de la misma por la parte superior. En cambio, en el croquis de la derecha se muestra un esquema de calefacción por agua caliente con distribución inferior (por abajo).

Este transporte se realiza por medio de tuberías o canalizaciones diversas.

El calor es transportado por un fluido (agua o aire) calentado por el aparato generador. Estableciendo un símil podríamos decir, que el aparato es el corazón, y que el fluido transportado es la sangre circulando por las venas y arterias que son las tuberías o canalizaciones.

Según que sea el aire o el agua el fluido transportado exigirán un concepto y unas condiciones distintas en la instalación.

CALEFACCIÓN CENTRAL POR AGUA CALIENTE

Los modos de distribución de agua caliente pueden hacerse por lo alto o por lo bajo.

En la *distribución por arriba*, la canalización que parte de la caldera sube hasta la parte más alta de la instalación, donde hay un vaso de expansión y a partir del cual parten los tubos que descienden paralelamente para alimentar cada uno de los radiadores situados en el punto conveniente de la casa, tanto si tiene uno como varios pisos. Las tuberías que alimentan con agua caliente los radiadores son otros tantos disipadores de calor durante su recorrido, hasta el punto que puede existir habitación que carezca de radiador, pero que se calefaccione simplemente por poseer un tramo de cañería de agua alimentadora de otro radiador situado en otra pieza. Cuando el agua caliente llega al radiador circula a través de los meandros que constituyen aquél, enfriándose poco a poco, y sale del mismo por una tubería situada en la parte baja que va a reunirse a la canalización general, que retorna dicha agua enfriada a la caldera. En ésta se vuelve a calentar, repitiéndose el ciclo.

En la *distribución por abajo* el ciclo está en cierta manera invertido pues las alimentaciones de los radiadores parten de la columna ascendente.

Los croquis que se acompañan aclaran mucho más que cualquier explicación la diferencia entre los dos modos de distribución del agua. El sistema de distribución por abajo es el que se suele emplear más en casas de varios pisos, en tanto que el primero es usado para calefacciones de casas de un solo piso o planta baja y piso.

El vaso de expansión

Como se ha dicho, este vaso se halla situado siempre en la parte más alta de la instalación y en la tubería principal. Su papel es el de controlar el aumento de volumen de agua a medida que se eleva la temperatura en la instalación: como sea que el vaso está abierto en su parte superior comunica libremente con el aire exterior, dando lugar así a que se escape el vapor en el caso que el agua llegara a alcanzar la temperatura de ebullición y que pueda rebosar el agua en el caso de que ésta llegara a llenarlo. De este modo se garantiza que no puedan producirse reventones de la instalación, tanto por vapor acumulado como por dilatación del agua, como podría ocurrir en un circuito cerrado.

Radiadores de dos y de tres columnas, normalmente utilizados en instalaciones domésticas.

Radiadores de aluminio, que actualmente se utilizan con preferencia por su rápida difusión del calor. Tiene, en cambio, el inconveniente de que si se apaga la caldera, también se enfría más rapidamente.

Radiadores de tipo panel.

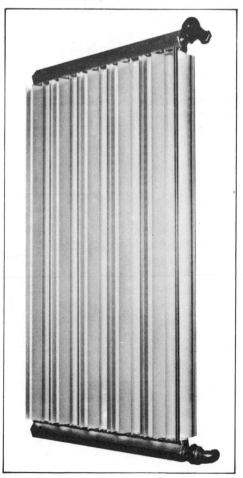

La circulación del agua

Dicha circulación se realiza por el movimiento constante de las moléculas que se elevan bajo el efecto del calor, como se puede observar en una cacerola con agua hirviente. Y asimismo, al enfriarse, va descendiendo hasta volver a ser calentada por la caldera.

En las instalaciones por arriba esta circulación queda acelerada por la inclinación que se suele dar a las tuberías y que se puede observar en casi todas las instalaciones. Esta circulación es la natural, que puede, en algunos casos determinados, ser acelerada mecánicamente, cuando la red de distribución de agua caliente es muy extensa y se quiere disminuir la masa de agua en circulación, ya que se logra el mismo grado de calor cuando el agua circula más aprisa, y cuando la caldera se halla emplazada en una altura superior a la de los radiadores (por ejemplo, para alimentar los radiadores de un subsuelo, cuya caldera tiene que ser colocada en la planta baja).

El aparato mecánico que impulsa el agua puede ser un acelerador de turbina o una bomba, accionados eléctricamente.

Las ventajas de una circulación acelerada son: que la circulación de agua se produce inmediatamente que se pone en marcha la caldera, y en consecuencia el calentamiento general es más rápido; por otra parte, la rotación del agua caliente es mucho más rápida, lográndose así una menor elevación de temperatura en la caldera, menor cantidad de agua y un diámetro más pequeño de las tuberías alimentadoras.

Pero la ventaja quizá más importante es la de poder efectuar trazados más complicados de las tuberías, a las que uno se puede ver obligado, dada la estructura de la casa.

El material empleado para las tuberías es el acero y, actualmente el cobre y el acero inoxidable. En las primeras, los diversos tramos se empalman por medio de racores (con las convenientes estopadas) y en las tuberías de cobre y de acero inoxidable, además de emplear el clásico sistema de racores, se usan también empalmes a presión y por soldadura

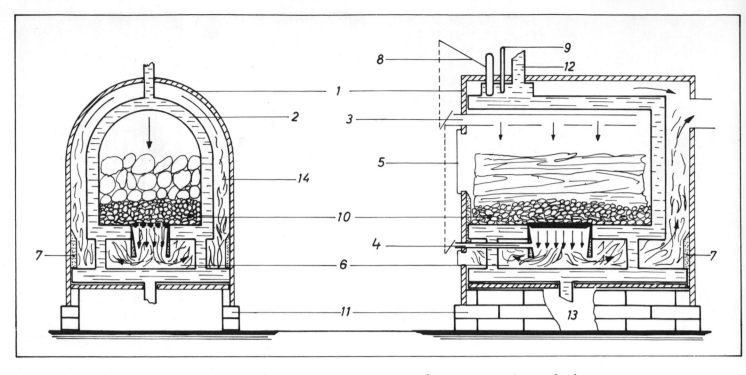

Secciones de unas calderas para calefacción central, empleando combustible sólido (leña, carbón, etc.): 1, carcasa o envoltura externa de la caldera; 2, circuito de calentamiento del agua; 3, entrada del aire que provoca y activa la combustión; 4, entrada de aire que completa la combustión; 5, puerta de carga; 6, cenicero; 7, capa de material refractario; 8, regulador de temperatura; 9, termómetro; 10, horno; 11 base de la caldera; 12, salida del agua caliente para los radiadores; 13, retorno del agua desde los radiadores; y 14, cámara de circulación de los gases.

Esquema de una caldera provista de serpentín. Este sistema es actualmente el más utilizado y se adapta perfectamente a calderas que utilizan combustibles no sólidos.

(que ya llevan incorporada los propios tubos y que basta solamente con calentarla para que sea eficaz). Las instalaciones antiguas, casi todas ellas eran hechas con tubería de hierro, generalmente vista. Algunas instalaciones actuales con cobre o acero inoxidable actuales se hacen empotradas por el suelo.

Los elementos emisores de calor

Pueden ser de tres tipos: radiadores, convectores y zócalos.

Los radiadores

Son hechos de material de fundición (normalmente de hierro, pero ahora también de aluminio) o de acero estampado, tratados convenientemente para resistir el herrumbrado. La mezcla de uno y otro material es también usada: cuerpo de hierro y aletas de aluminio, por ejemplo.

Los radiadores de fundición de hierro han demostrado su gran resistencia y robustez y su gran capacidad de disipación de calor. Su principal inconveniente es el peso y el volumen que ocupan. Los radiadores de acero estampado, son mucho más ligeros, presentan menor volumen y emiten más rápidamente el calor que los primeros, pero también cesan más rápidamente de emitir calor cuando se apaga la caldera. El aluminio disipa muy rápidamente el calor pero también se enfrían muy pronto, como los de acero.

Por su forma existen tres tipos de radiadores: los de segmentos, subdivididos cada uno de ellos en varias columnas; los de aletas, que pueden extenderse en sentido horizontal, a diferencia de los anteriores que suelen ser más bien altos; y el radiador de plafón, chato, cuya superficie continua no tiene hendeduras ni huecos sino sólo unos resaltos en el sitio por donde pasa el agua.

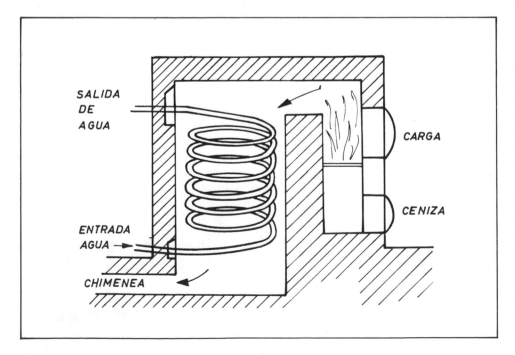

Los convectores

Son una variante de radiadores cuya forma está especialmente dispuesta para que el calor disipado actúe inmediatamente en convección, lo cual se logra gracias a una envoltura de las aletas o segmentos.

Los *zócalos* de calefacción son unos disipadores de calor muy planos y más bien anchos que altos, gracias a lo cual se pueden instalar fácilmente a lo largo de las paredes, siendo especialmente adecuados para pasillos estrechos.

Los emisores de calor deben situarse normalmente lo más cerca que sea posible de las eventuales entradas de aire frío: ventanas, puertas ventanas que dan al exterior. Muchas instalaciones adolecen de no respetar esta norma elemental para un buen rendimiento de la calefacción debido más que a nada a haber querido ahorrar costos y material en el trazado de la instalación.

Los elementos productores de calor: las calderas

Las calderas empleadas habitualmente para la calefacción son con hogar, situado en el centro del cuerpo que aloja el agua que hay que calentar, o también con fuente de calor que calienta un serpentín o un tubo de aletas por dentro de los cuales circula el agua. Este último tipo de calderas suele emplearse cuando se usa el gas como combustible, y el primero para combustibles de leña, carbón, etc.

Sin embargo, la transformación de antiguas calderas de carbón, con quemador de gas situado en el centro del cuerpo, es también un caso muy frecuente, a pesar de que lo ideal sería que cada caldera fuese concebida especialmente para el combustible que han de quemar.

Anteriormente, en el capítulo relativo al gas, ya se ha hablado de que existen calderas que no solamente proporcionan el agua caliente para la instalación de calefacción sino que también están concebidas para suministrar agua caliente a los aparatos sanitarios que hay en la vivienda.

CALEFACCIÓN CENTRAL POR AIRE CALIENTE

En este tipo de calefacción el fluido que se emplea es el propio aire del local constantemente regenerado y calefaccionado por su paso en el generador. El aire caliente es poco empleado en las instalaciones domésticas pese a sus excelentes ventajas. Sin duda los fracasos de las primeras instalaciones contribuyeron a frenar su difusión. Cierto es que la calefacción por aire caliente es delicada y requiere la intervención de un especialista, por cuyo motivo nos limitaremos aquí a una ligera descripción.

La circulación del aire calentado por un generador suele obtenerse por gravedad natural ya que el aire caliente asciende y el frío, más pesado, baja, creando un ciclo análogo al del agua caliente.

El aire se conduce mediante conducciones o vainas a cada habitación por medio de una boca de salida a partir de la cual se expansiona en la pieza. El retorno se realiza por medio de otros agujeros de recuperación situados generalmente en la parte baja de las puertas pues es expulsado por el aire caliente que viene de las bocas.

Según la distribución de la vivienda pueden instalarse calefacciones por aire que carezcan de conducciones, situando el generador en el recibidor o en una pieza que dé al pasillo central.

Unos ventiladores en forma de hélice se colocan en las partes superiores de los tabiques tomando así el calor de la reserva creada por el generador en aquellos lugares centrales de paso. Si estos ventiladores se pueden graduar por medio de termostatos ambientales se logra una regulación automática en cada una de las piezas que se calefaccionan.

En otro caso es indispensable acelerar la circulación por medio de un ventilador centrífugo situado en el generador. En este caso se habla de aire pulsado. La velocidad del aire en los conductos es débil para no dar lugar a corrientes de aire en las habitaciones y evitar los ruidos que pueden ocasionarse por el paso del aire a través de dichos conductos, a la salida por las bocas y a través de las rejas que las protegen. Ruido éste que ha sido también uno de los motivos que han dificultado la divulgación del aire caliente.

El aire interior o exterior como contiene polvo en suspensión, al entrar en el generador se calcina y da lugar a depositaciones negruzcas alrededor de las bocas de salida en cada punto, siendo preciso el empleo de filtros antes de recuperar el aire de retorno en el generador. Asimismo es conveniente asegurar una renovación con aire fresco del exterior para evitar enrarecimientos y para la buena higiene.

El aire caliente presenta ciertas ventajas siempre que se instale con todos los cuidados: menos espacio perdido en las partes bajas de las viviendas, pues toda la conducción se realiza por las partes altas y falsos techos y no hay radiadores ni tuberías a la vista; se eliminan los posibles riesgos de averías ocasionados por el agua (goteos, herrumbrados, roturas debidas a heladas en lugares poco tiempo habitados y en zonas frías); pronto calentamiento de la casa al cabo de poco tiempo de ser puesta en marcha la instalación; renovación de aire de los locales por introducción constante de aire exterior; fácil humidificación, situando un dispositivo con agua a la salida del generador, y posibilidad de utilizar el sistema sin calefacción para renovar el aire caliente del interior de la casa.

FACTORES QUE DETERMINAN UNA CALEFACCIÓN

Sin querer entrar a fondo en los conocimientos que sirven de base a un técnico para establecer un plan de calefacción, sí nos referiremos a los principales puntos que hay que tener en cuenta, aunque solamente sirva para el propio conocimiento y poder suministrar el máximo de datos al técnico que nos asesora.

Emplazamiento de la vivienda

Un primer punto importante es tomar conciencia del lugar en que se halla emplazada la vivienda (en una ciudad o en el campo), del tipo de casa (apartamento o casa aislada, individual o con otros vecinos), las dimensiones de la citada vivienda y de su distribución.

Todo ello nos dará una idea para poder establecer los combustibles que se podrán utilizar de manera cómoda y a un precio conveniente.

Es evidente que el suministro de gas ciudad tendrá que ser desechado en una finca rústica, y que no resulte cómodo emplear combustibles sólidos (leña o carbón) en un apartamento ciudadano, sobre todo si se carece de un lugar donde almacenarlos. Asimismo, esta razón de espacio obligará también a tener que tomar ciertas decisiones respecto al tamaño de la caldera y al de su ubicación, en función de que pueda recibir la aireación indispensable para su buen funcionamiento.

El precio de la instalación dependerá, pues, de varios factores: clase de combustible, aparatos que se requerirán en función de aquél y de las condiciones de la vivienda, así como de su situación geográfica. De este modo, una vivienda localizada en una región forestal, podrá muy bien servirse de leña o de serrín, preferiblemente a una instalación alimentada con gas embotellado, o de fuel doméstico, sobre todo en función de los precios de estos productos energéticos, derivados del petróleo.

Régimen de calor que será necesario

Otra cuestión importante a tener en cuenta es el régimen de calefacción que será necesario:

a) Dependerá de si se vive permanentemente y se desea gozar de una temperatura constante, ya que entonces se precisará una calefacción que funcione continuamente.
b) O bien, si sólo se ocupa la casa durante unas horas o durante unos días (fines de semana, vacaciones) permaneciendo la vivienda desocupada durante las horas de trabajo o los días en que se está ausente, por utilizarla solamente como residencia

secundaria. En función del volumen a calentar y de las propias exigencias en cuestiones de calor, se podrá hacer servir una calefacción intermitente que se podrá parar en el momento de marcharse, o bien de una calefacción mixta que sea permanente, pero de poca intensidad, la cual podrá ser aumentada cuando se regresa a la casa, o bien ser apoyada con otras fuentes de calor complementarias en algunas habitaciones.

Como se ha dicho al principio es completamente imposible fijar una solución tipo de calefacción. Y también resulta imposible fijar una temperatura ideal que sea universal e invariable. El optar por una u otra temperatura depende de las personas, de su edad, de su estado de salud, de sus hábitos y género de vida.

Por otra parte, una ambientación agradable debe tener en cuenta además del factor térmico el que se refiere a la humedad del aire. Si bien se conocen los peligros de un exceso de humedad en una casa deficientemente calentada, en cambio no se presta demasiada atención al exceso de sequedad de ciertos apartamentos o viviendas, con una calefacción muy alta y situada en una región muy seca, lejos de zonas húmedas, litorales o de ríos. Se puede tomar como una buena norma el que una vivienda calentada a unos 18° a 20° C debe presentar un índice de humedad relativa, que corresponda aproximadamente entre el 50 al 60 %. Al referirnos a humedad relativa se entiende la cantidad máxima de agua que puede absorber el aire a una temperatura dada.

Para lograr lo máximo que se pueda esta temperatura ideal, tendrá que calcularse muy bien la potencia de los aparatos de calefacción, que solamente un técnico podrá solventar, después de haberle precisado las necesidades que se pretenden satisfacer, en función de los deseos y gusto de cada cual.

El cálculo de una calefacción para una vivienda estriba en el principio de partir del volumen de la misma, para determinar las calorías que serán necesarias para calefactar un metro cúbico de aire. El producto de estos datos no son de ningún modo

definitivos, ya que hay que tener muchos otros datos en cuenta como son la capacidad y la potencia del aparato o sistema de calefacción que se empleará pero también y sobre todo, las posibles pérdidas de calor que se puedan producir debidas a la orientación de la habitación o casa, de que esté exenta o formando parte de un inmueble, de los aislamientos de que esté dotada ya arquitectónicamente o de los que se le puedan incorporar como un complemento de la misma instalación de calefacción, de las condiciones climáticas de la región donde está emplazada la casa y, finalmente, de la cantidad de superficies que ocupan los vanos y de su sistema de cerramiento más o menos hermético, poseyendo cámaras de aire en el acristalado, tanto de las aberturas que dan directamente al exterior como las que sirven para paso a otras piezas.

Evidentemente también, influirá favorablemente o desfavorablemente el que las habitaciones de la vivienda estén totalmente amuebladas; de los revestimientos y recubrimientos de techo, suelos y paredes; de que hayan cortinas más o menos espesas, alfombras o moquetas, etc.

Sin pretender entrar en cálculos que solamente un buen especialista podrá resolver, a continuación y a título de orientación, se dan unas normas que pueden servir de guía e incluso facilitarán el diálogo con el técnico.

Los especialistas en calefacción parten del principio que son necesarias unas 30 calorías/hora para obtener el calentamiento de un metro cúbico de aire.

Consecuentemente si se determina el volumen de la habitación o vivienda que hay que calefaccionar (o sea el producto de su altura por el de su dimensión superficial) y se multiplica por 30 se tendrá la cantidad total de calorías que se ha de exigir al aparato calefactor. *Esta cifra será solamente un dato teórico*, o punto de partida, que luego se tendrá que corregir en función de los diversos condicionantes que concurren en cada vivienda, a los que se ha aludido anteriormente.

Con objeto de simplificar y conseguir alcanzar una mayor aproximación a la cifra real de calorías que se precisarán, se adoptan una serie de coeficientes estipulados, a base de unas circunstancias generales que suelen ser comunes a varios tipos característicos de viviendas.

Independientemente de otros datos particulares que sean muy importantes tener en cuenta para la vivienda que se estudia, estos coeficientes lograrán una cifra mucho más aproximada que la anterior.

Estos coeficientes se pueden establecer como sigue:

1. *Estancia situada en un inmueble colectivo de pisos.*
Habitación situada en un piso intermedio que tenga:

a) una pared exterior
b) una superficie acristalada normal
c) una orientación al suroeste
Coef. 1

Habitación en planta baja o en el último piso que tenga:

a) dos paredes que den al exterior
b) una superficie acristalada importante
c) una orientación de cara al norte
Coef. 1,4

2. *Estancia situada en una casa exenta (torre, chalet, etc.)*
Habitación que tenga:

a) dos paredes al exterior
b) una superficie acristalada normal
c) una orientación al suroeste
d) techo y suelo aislados térmicamente
Coef. 1,15

Habitación que tenga:

a) dos paredes exteriores
b) una superficie acristalada importante
c) una orientación cara al norte
d) techo y suelo no aislados térmicamente
Coef. 1,5

Continuamos insistiendo que estos datos no son exactamente estableci-

dos y que dentro de las características de cada grupo de habitaciones deberá ser el buen sentido el que determine por cuál de ellos se elija. Así, por ejemplo, es evidente que una habitación situada en el penúltimo piso debajo de un ático y que tiene por lo tanto una azotea encima, en lugar de toda una estancia, no podrá estar considerada dentro del grupo 1.1.

Por otra parte, el producto obtenido de calorías-hora tendrá que ser redondeado para ajustarlo a los aparatos suministradores de calor, pues es muy difícil que se pueda disponer de aquéllos capaces de proporcionar exactamente el número de calorías resultantes. Los aparatos están calculados para que den 1 000, 1 200, 1 500, etc., calorías/hora aproximadamente, pues el rendimiento efectivo siempre hay que calcularlo por debajo de la potencia anunciada: con excepción de los sistemas de calefacción eléctricos en los que se puede estimar un 95 % de rendimiento efectivo, los otros sistemas hay que basarlos en un 70 a 80 %.

Otro factor importante para que aquellos datos puedan considerarse bastante aproximados es el de que la calefacción trabaje continuamente, ya que de no ser así habrá que añadir de 0,2 a 0,4 a 1 los respectivos coeficientes. Suponiendo una habitación del primer piso (1.1. = 1) en que el sistema de calefacción solamente se haga trabajar durante el día deberíamos añadir 0,2 a 1 = 1,2 y si solamente se usara por las tardes añadiríamos 0,4 a 1 = 1,4 para obtener el coeficiente adecuado.

Asimismo, para corregir el factor de altitud se puede tomar como base el añadir un coeficiente de 0,05 por cada 200 m sobre el nivel del mar. Así para un chalet de montaña situado a 1 000 m de altura, como 1 000:200 = 5, este número multiplicado por 0,05 nos da un aumento de 0,25 a añadir al coeficiente de 2 (2.1 ó 2.2) de la estancia en cuestión.

Finalmente tenemos que añadir que otros factores pueden entrar en el cálculo del calor necesario para una estancia como son el estado de salud y la edad de las personas, el tipo de trabajo o actividad que se desarrolla en el interior de la picza, el grado higrométrico y la manera

como circula el aire dentro de la estancia (posición de las puertas y ventanas entre sí y que éstas estén o no acondicionadas para evitar las infiltraciones por sus rendijas), etc.

REALIZACIÓN POR UNO MISMO DE UNA CALEFACCIÓN CENTRAL

De acuerdo con el plan elaborado por el técnico, la realización de una calefacción central podrá ser llevada a cabo perfectamente por cualquier aficionado.

Actualmente caben dos posibilidades: La primera es acudir a un técnico para que haga dichos cálculos y establezca un plan de ejecución de acuerdo con un plano de la vivienda, encargándonos nosotros mismos de realizar la compra de los materiales y aparatos y de llevar a cabo la instalación; y una segunda que es la de reclamar los servicios de aquellas empresas que, en función del estudio de nuestra vivienda, realizan los cálculos, los planos de la instalación y al mismo tiempo facilitan todos los materiales necesarios, para que cada cual pueda llevar a cabo la instalación.

Tanto una como otra solución serán válidas para cualquier tipo de vivienda: rústica o urbana. Es muy posible que simplemente con un plano de la casa y unos cuantos datos que son indispensables (como son régimen de temperaturas del lugar en donde está enclavada la casa o vivienda, sistema de construcción, aislamientos de que goza, etc.) se pueda establecer el plan de la instalación. Ahora bien, es muy probable que el técnico tenga que documentarse *in situ*, para tener mucha mayor y mejor información que la que el propio interesado le pueda proporcionar.

También es recomendable el volver a acudir al técnico para que al final de la obra la inspeccione y compruebe.

En el caso de que se haya tratado con una empresa que, al mismo tiempo que el estudio, plan y planos de trabajo, suministra los aparatos y materiales, solamente se tendrá que poner mano a la obra siguiendo las instrucciones que se han dado al hablar de empalmado de cañerías en el capítulo anterior.

Si solamente el técnico nos ha facilitado el cálculo y plano de trabajo, tendremos que adquirir nosotros el material necesario, como fase previa a la puesta en marcha de la instalación. Para ello lo importante es establecer un detallado y pormenorizado repertorio de todo lo que se tendrá que comprar: aparatos, radiadores (indicando el número de elementos especificados por el técnico), cantidad de largos de tubería para cada tramo horizontal y vertical (teniendo en cuenta los márgenes para ajustado y eventualmente la longitud de más que se precisará, si en lugar de un curso horizontal tiene que ser inclinado), y, finalmente, manguitos de empalme o soldado, así como todos los otros accesorios que sean menester de acuerdo con el plan y los planos del técnico.

Si bien la primera solución puede ser algo más cara que la segunda, ya que la empresa que nos suministra los materiales tiene que tener una compensación lógica por todo el trabajo que supone prepararlos, en cambio, todo este suministro ya listo será un gran ahorro de nuestro tiempo y, muy posiblemente, el ahorrarnos errores de estimación de medidas y de cantidades.

Otro detalle, que es muy importante tener en cuenta antes de ponerse a realizar la instalación, es determinar los trabajos complementarios que se tendrán que hacer y los materiales a ellos inherentes: atravesar paredes o muros (disponer de perforadoras y brocas adecuadas), fijaciones en paredes (tacos, tirafondos y bridas) etc.

En primer lugar se procederá al tendido de los tramos de tuberías realizando los correspondientes empalmados entre ellas. Lo más aconsejable es ir procediendo paulatinamente, desde el sitio donde estará emplazada la caldera hacia los puntos más alejados de ella. En el caso de tener que cambiar de nivel (llevar la instalación a otro piso), acabar primero el tendido correspondiente a la primera planta. Después del tendido de cañerías proceder al empalmado de radiadores y finalmente al

de la caldera, en cuyo punto se habrá llevado previamente la alimentación de agua necesaria derivada del circuito existente, y eventualmente la de gas ciudad o la procedente de una batería de bombonas de gas embotellado o del combustible líquido que se vaya a emplear.

Recordar que, tanto para la derivación de agua como para las de gas, es indispensable la colaboración de un instalador autorizado que las lleve a cabo, o bien confirme el haber sido realizado el trabajo correctamente.

También es conveniente que sea el técnico calefaccionista el que compruebe y ponga en marcha la instalación y se cerciore de su buen funcionamiento, a ser posible con dos o tres inspecciones, realizadas durante unos intervalos de días.

Pese a esta intervención necesaria por otras personas que supondrá, como es muy lógico, un desembolso, una instalación de calefacción central podrá ser no solamente realizado por uno mismo, sino que resultará mucho más económica que encargándola a una empresa que se ocupe de todo. Pero suponiendo que se adopte esta última solución para eludir responsabilidades o simplemente por comodidad, creemos que los datos que se han facilitado anteriormente contribuirán a un mejor entendimiento con los responsables, a los que se va a confiar el proyecto y la realización de una instalación de calefacción central.

SISTEMAS DE CALEFACCIÓN

Además de la calefacción central a la que acabamos de referirnos hay otros sistemas para conseguir el calentamiento de una vivienda. Sistemas que, como ya se ha apuntado anteriormente, no tienen que ser forzosamente excluyentes los unos de los otros, pues se pueden complementar perfectamente.

Los sistemas esenciales de calefacción se podrían resumir en tres:

Calefacción continua o de base

Con ella se logra una temperatura constante mediante aparatos o siste-

mas potentes que garanticen aquélla incluso con ocasión de fríos rigurosos. Se fundará en un sistema ya instalado permanentemente gracias al cual existirá un suministro constante de combustible y se evitan así el tener que transportar aparatos de un sitio a otro. No hay que encender y dejar apagar las fuentes de calor cuando se tenga que abandonar la casa durante un lapso más o menos largo, pues el encendido intermitente si bien puede economizar combustible, también ocasiona un mayor consumo cada vez que se vuelve a encender y no se aprovecha el calor disipado a partir del momento que se apaga el aparato.

En realidad estas intermitencias dependerán naturalmente de lo prolongadas que tengan que ser las interrupciones de calefacción, pues solamente en el caso de que dichos ratos sean importantes se justifica una interrupción.

Para asegurar una calefacción continua se dispone de dos sistemas:

a) Calefacción central.
b) Calefacción fragmentada.

Es evidente que no existe un punto de relación entre el precio de un sistema de calefacción central y el de varios aparatos independientes, así como el consumo de uno y de los otros. Si bien con éstos se pueden lograr economías reales, ello siempre es a costa de unas mayores molestias (tener que atender a dos o tres aparatos en vez de uno solo) y de unas relativas pérdidas en el rendimiento. La principal decisión entre un sistema y el otro radica en el confort general que proporciona una calefacción general al trasladarse de una habitación a otra y en la capacidad de desembolso para realizar los gastos de instalación.

Calefacción intermitente

Es el sistema típico de un taller u oficina en los que la calefacción se suprime cuando marcha el personal y se vuelve a poner en marcha al día siguiente. También puede ser el caso de una casa particular que no se ocupa durante ciertas horas. Este tipo de calefacción exige:

— que se pueda poner en marcha fácilmente;
— que tenga un poder calorífico de arranque importante para acondicionar rápidamente el local.

Esta potencia suplementaria viene a ser del orden de un 20 % más a la que se necesita para el cálculo normal y que se puede rebajar inmediatamente que se ha conseguido atemperar adecuadamente el espacio.

Calefacción de refuerzo

Consiste en apoyar la calefacción de base existente por medio de aparatos auxiliares en un punto determinado de la casa, en ocasión de grandes fríos, presencia de un niño o de un enfermo, etc. Puede servir también para calefaccionar cuando en circunstancias fuera de temporada se producen descensos súbitos de temperatura cuya anormalidad no justifican aún el poner en marcha el sistema general de base.

CUIDADO Y REPARACIONES AL ALCANCE DEL AFICIONADO EN LAS INSTALACIONES DE CALEFACCIÓN

El primer cuidado es velar por el cumplimiento de las normas de mantenimiento y conservación suministradas por los instaladores de la calefacción de que se dispone. Esto es particularmente recomendado en calefacciones con calderas especiales para el consumo de combustibles fluidos (petróleos, fuel, aceites pesados, gas ciudad, gas butano, propano y, particularmente, gas natural).

En las instalaciones de calefacción por agua caliente los principales cuidados y también las más importantes reparaciones débense al propio vehículo empleado: el agua. El agua ocasiona herrumbres que pueden dar origen a deterioro de las cañerías, a filtraciones en los empalmes y racores de las mismas y también, especialmente en los casos de tuberías que salgan al exterior, a roturas por heladas. Es pues muy importante que en aquellas instalaciones donde

se producen normal o excepcionalmente fríos muy extremados, se dote la instalación con líquido antihielo, el cual es de una eficacia total siempre que se incorpore la dosis necesaria, que ha de establecerse de acuerdo con la cantidad de agua contenida en toda la instalación. El porcentaje está ya establecido en los bidones para proteger contra temperaturas de menos de 10°, de 15°, etc.

Para ello habremos de conocer exactamente la cantidad de agua contenida en la instalación; este dato lo suministrará el instalador o un experto en calefacciones. Se tendrá que vaciar la cantidad de agua que quede sustituida por el líquido anticongelante: esta operación se llevará a cabo en el vaso de expansión.

Lo delicado de esta operación y las difíciles situaciones en que se suelen colocar los vasos de expansión hacen que se acabe recurriendo a un profesional, pese a que si se opera con cuidado puede llevarla a cabo el interesado.

En cuanto a las filtraciones y escapes de agua son también operaciones que debido al material necesario para realizarlas, así como el tener que proceder a un vaciado de toda la instalación, son obras de mayor cuantía para el aficionado. Ahora bien, puede ser que algunas filtraciones ligeras (goteos, pérdidas reducidas) se puedan atajar recurriendo a masillas y soldaduras en frío. La principal dificultad de estas manipulaciones es que se opera con las cañerías llenas y manando continuamente el agua, la cual no da lugar al buen agarre y fraguado de las masillas o soldaduras. Sin embargo, ello puede intentarse cuando la instalación está sin funcionar, no existe circulación acuosa y, por lo tanto, está prácticamente atajado el goteo. También puede intentarse contener interinamente la filtración por medio de un material que embeba el agua lentamente, aplicado sobre el punto concreto de la filtración y a continuación, operando con rapidez, crear un anillo envolvente con soldadura en frío preparada con mucho catalizador o endurecedor rápido.

Los empalmes, roscas y racores podrán quizá ser objeto de un reapretado, intercalando estopada pre-

Caldera alimentada con gas ciudad dispuesta para suministrar agua caliente, tanto para calefacción como para otros servicios domésticos.

Generador para instalación de aire caliente.

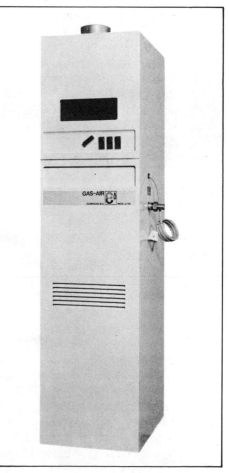

viamente en las partes roscadas aparentes que se intentan apretar.

Cuando unas conducciones manifiestan un grado avanzado de herrumbrado y de pérdidas de agua, no cabrá otra solución que el cambio total o parcial de la parte afectada. Es importante señalar que una instalación que ha sido realizada correctamente puede durar muchos años mientras se conserve en buen estado el tratamiento superficial de pintura, cuidando detalladamente en la eliminación de manchas de herrumbre (rascado con cepillo de cerdas metálicas, pintura antioxidante y capa final de pintura grasa o de resinas especiales para calefacción). Lo mismo cabe decir de los radiadores.

Especial interés merecen las calderas, y sobre todo en función de la clase de combustible que quemen. Las calderas de leña y quizá tanto o más las de carbón o de materiales análogos, requieren una vigilancia constante en lo que respecta a su

limpieza y deshollinado, tanto del cuerpo propiamente de la caldera como de los conductos de tiraje. Un deshollinado por lo menos anual es lo indicado.

También exigen atención de limpieza las calderas que consumen fuel y aceites pesados pero en menor consideración.

En cambio las calderas de gas poca preocupación proporcionan en este aspecto.

Muchas antiguas calderas de carbón se han convertido en calderas de gas mediante ligeras transformaciones y aparatos de fácil aplicación. Estas calderas de fundición requieren los mismos cuidados de pintura que se han apuntado anteriormente para las cañerías y asimismo los conductos de evacuación de humos que parten de las mismas. Una pintura muy indicada para estos elementos de la calefacción es la purpurina coloidal de aluminio que no sólo constituye un buen tratamiento antióxi-

Caldera tradicional para ser utilizada con combustible sólido, pero que ha sido adaptada para utilizar gas ciudad.

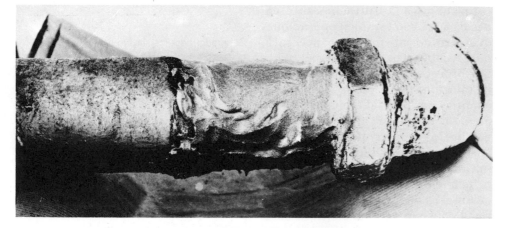

Soldadura en frío para taponar una pérdida en un racor de conducto de agua de calefacción.

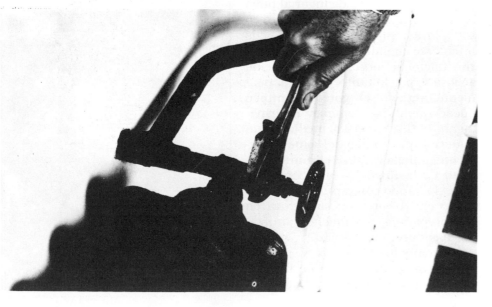

A veces los goteos que pueden producirse en racores de empalmado de tuberías con radiadores pueden solventarse simplemente reapretando las tuercas. Hay que ir con cuidado para no dañarlas, así como no querer forzar mucho el apretado. En todo caso recurrir a una junta elástica a base de siliconas.

do sino que posee magníficas condiciones radiantes. El olorcillo algo desagradable que se produce después de haber sido pintadas desaparece al cabo de unos días.

Pieza delicada de muchas calderas es el termostato regulador que garantiza el mantenimiento de una temperatura constante de la reserva de agua, la cual se renueva a medida que se va utilizando.

El termostato es un aparato equipado de una parte metálica, que bajo el efecto del calor se dilata y se contrae bajo el efecto del frío.

Gracias a esta propiedad se logra poner en marcha una fuente de calor o de frío, ya que, cuando la parte metálica ha conseguido su máxima dimensión debido a la temperatura, establece un contacto o cierra más o menos una canalización. En el primer caso sirven para aparatos eléctricos y en el segundo para aparatos que utilizan un combustible como puede ser leña, carbón, fuel o gas.

Un termostato es por lo tanto un aparato delicado que solamente con perfectos conocimientos puede ser instalado.

TERMOSTATO AMBIENTAL

El termostato regula la temperatura que ha de reinar en una o más habitaciones. En realidad su colocación no debiera ser definitiva pues, si se quiere lograr una eficacia del dispositivo, es conveniente cambiarlo varias veces de sitio hasta encontrar el que sea más conveniente. Se aconseja situarlo a 1,40 m aproximadamente del suelo, y en aquella estancia en donde se suele estar más frecuentemente.

Puede ocurrir que al cabo de cierto tiempo de haberlo instalado se descubra que una fuente de calor, a la que no se había prestado atención, perturbe el funcionamiento del aparato. Por ello se aconseja que se pro-

ceda por tanteo en la colocación de un termostato ambiental. Generalmente se suele utilizar otro termostato para dos ambientes claramente separados, como pueden ser dos pisos, dos alas de edificio.

La colocación de un termostato ambiental es muy análoga a la de un interruptor. Está constituido por dos hilos que se embornan en el mismo termostato por un extremo, en tanto que el otro extremo se fijan en derivación en el hilo de alimentación que pone en marcha la caldera.

En el caso de utilizarse simultáneamente más de un termostato sus conexiones se disponen en paralelo, y será, por lo tanto, el que actúe bajo la influencia de una temperatura más baja el que se encargue de establecer el contacto y poner en marcha la caldera. Este es un sistema que si bien, no deja de ser simple, carece de ser perfecto. Para obtener temperaturas diferentes, según la utilización de las piezas de la vivienda, es preci-

Regulador automático de temperatura para radiador. (*Cortesía de Industrias Copreci.*)

so hacer unos cálculos muy exactos, para determinar el tamaño de los radiadores que serán capaces de proporcionar la temperatura que se desea.

Preferiblemente a estos termostatos generales son los que se colocan en cada radiador. Así será posible graduar, según convenga y en función de las diversas situaciones, la temperatura que se quiere alcanzar en cada habitación. De esta forma, se podrá reducir al mínimo un lugar que no se ocupe durante el día y que se habite durante la noche, e inversamente.

DIFERENTES CLASES DE COMBUSTIBLES

Las calderas pueden alimentarse con diferentes clases de combustibles. En principio, tanto si son sólidos (leña, carbón o aglomerados), como líquidos (fuel) o gaseosos (gas ciudad, butano, propano), todos los combustibles pueden ser adaptados para ser empleados para la calefacción (tanto si es central como individualizada).

Hay dos factores importantes a tener en cuenta al establecer una comparación entre ellos: su capacidad calorífica y su precio. La primera puede medirse por la cantidad de calor liberada por combustión de su unidad de masa (1 kg), o de volumen (1 m^3). Este poder es del orden de: 3.000 Kcal/kg para la leña seca, de 7 a 8.000 Kcal/kg para el carbón de piedra, de 10.000 Kcal/kg para el fuel doméstico, de 4.000 Kcal/kg para el gas ciudad y de 11.000 Kcal/kg para el butano o propano. Naturalmente el precio de adquisición —a tenor del que pueda corresponder a cada uno de estos combustibles según sus fluctuaciones de mercado— tendrá que ponerse en relación con el rendimiento de cada uno de los combustibles. Hay que decir, sin embargo, que el valor que se ha citado para cada uno de ellos es teórico, establecido en laboratorio, y que generalmente suelen ser entre un 15 % a un

25 % superiores a los que se obtienen realmente.

Así se considera que para obtener un mismo rendimiento calorífico es preciso 1 kg de fuel, 1,25 o 1,4 kg de carbón, 2,5 m^3 de gas ciudad y 0,9 kg de gas embotellado. Si se multiplican estos coeficientes por el precio del kg o del m^3, se puede comparar el precio de coste de los diferentes combustibles para obtener la misma cantidad de calor. Ello no obsta para que también se tenga que tener en cuenta el rendimiento del aparato utilizado para la combustión, factor que puede modificar de manera importante los resultados reales.

La leña

Continua teniendo mucho empleo, particularmente en las regiones forestales en donde suele ser bastante económico como combustible al no estar muy incrementado por precios de transporte, salvo los de inmediaciones.

Lo mismo puede ser vendida por peso que por volumen (pero esta forma es cada vez menos utilizada salvo a pie de bosque). La leña debe estar seca y tener por lo menos dos años después de haber sido cortada.

Es un combustible bastante limpio y que proporciona una combustión sana. Frente a estas ventajas, tiene el inconveniente de que ocupa mucho espacio para almacenarla, por lo que hace difícil una utilización masiva en la ciudad. Además, los aparatos y conductos de evacuación de humos que emplean la leña como combustible, requieren muchas atenciones de mantenimiento y limpieza que resultan bastante pesadas.

El carbón

Hay gran diversidad de carbones: naturales (antracitas, carbones de piedra de diferente poder calorífico) y artificiales (aglomerados especiales, coques y similares). Estos carbones se clasifican en función de su rendimiento siendo, naturalmente, el precio proporcional al mismo.

Hay que tener en cuenta que muchos aparatos de combustión están

concebidos en función de un determinado tipo de carbón, que normalmente suele ser el que es más habitual en cada país.

Es un combustible que se mantiene a unos precios relativamente módicos, y necesita menos espacio para almacenamiento que la leña. Pero también, según la clase de carbón, se requiere más o menos volumen (2 m^3 para una tonelada de coque y 1,2 m^3 para antracita o carbón de piedra).

Con respecto a los combustibles líquidos o gaseosos tienen como la leña una cualidad muy estimable su seguridad: no hay riesgos de escapes, no se inflama con facilidad y no se corre el riesgo de explosiones.

Los aparatos actuales que consumen carbón han mejorado en el aspecto de poderse automatizar y de tener mayor rendimiento. Como inconvenientes el carbón presenta el ser un producto pesado y sucio, requiere evacuar cenizas y escorias, igual que ocurre con la leña, pero quizás en menor cantidad respecto a su rendimiento.

El fuel

El fuel empleado en las casas no es inflamable a temperatura ambiente puesto que solamente lo hace entre 70° a 140° C., cuando se ha vaporizado. Por lo tanto, su almacenamiento no ofrece peligro, salvo en caso de incendio. Pero este riesgo ya es bastante grave y es muy comprensible que se haya dictado toda una normativa encaminada a la seguridad. Estos reglamentos pueden variar mucho según los países e incluso las regiones.

Tiene en cambio la ventaja de ser un combustible de fácil manejo y dotado de un gran poder calorífico. Si se puede llegar a almacenar en cantidad, resulta más económico que adquirido en pequeñas proporciones, particularmente si se dispone de un depósito enterrado que ofrezca un cómodo acceso a los camiones-cuba de reparto. Los aparatos que consumen fuel funcionan casi todos completamente automatizados. Sus inconvenientes estriban en el mismo almacenamiento.

Los aparatos que no están equipados por un sistema de alimentación automática obligan a manipulaciones fatigosas, malolientes y ocasionadoras de manchas. Por otra parte el consumo de fuel exige una chimenea muy bien construida que tenga un excelente tiraje. Requieren los aparatos de fuel una constante vigilancia y limpieza periódica, además de una inspección anual por un especialista.

El gas ciudad

Tiene unas cualidades excelentes: gran poder calorífico, no necesita almacenamiento, extraordinaria facilidad de manipulación, en todas las operaciones (encendido, regulación, etc.) y total limpieza en el manejo. Los aparatos que se fabrican hoy día están dotados de muchos dispositivos que proporcionan una seguridad casi absoluta. Por otra parte se ha conseguido reducir mucho su volumen y su peso, lo que permite poderlos alojar en lugares reducidos y poderlos colgar de la pared. No se requiere pagar el combustible por adelantado, ya que se abona según lo que se haya consumido. Frente a estas ventajas tiene el inconveniente de que solamente puede utilizarse en lugares donde haya un suministro de distribución, cosa que no está muy asegurada en lugares rurales e incluso en algunas ciudades. Por otra parte el uso del gas exige estar pendiente de cumplir unas normas de seguridad y respetar, sobre todo, sus preceptos de ventilación de los puntos de consumo y del empalme a un conducto de evacuación de gases quemados. Se corre también el riesgo de que puedan producirse escapes e incluso explosiones.

El gas embotellado

El butano tiene que ser conservado en el interior para que no pueda helarse. Su modo de conservación es con el gollete hacia arriba, es decir la botella en pie, puesto que el butano está líquido en la parte inferior y gaseoso en la zona superior. En cambio el propano, también servido en botellas de acero, tiene que ser conservado en el exterior. Si se tiene que hacer una instalación importante, el propano puede ser servido en camiones-cuba y almacenado en cisternas que deben ceñirse a una reglamentación muy estricta.

Las ventajas del gas embotellado son paralelas a las del gas ciudad. En cambio, sus inconvenientes respecto al mismo, son la necesidad de aprovisionamiento reiterado y almacenamiento que cumpla un mínimo de seguridad. Se ha de pagar asimismo por adelantado antes de consumirlo y el engorro que supone en los aparatos que lo consumen el tener que alojar la botella, salvo, que se pueda disponer, como ocurre con el propano de una batería de botellas en el exterior, que alimenten una instalación interior.

Conservación y reparación de muebles y objetos domésticos

Una de las tareas más enojosas, pero más recompensadas, es la de velar por la buena conservación y realizar las reparaciones que se vean necesarias en todos los muebles, objetos y elementos que forman parte de la construcción o la decoración de una vivienda.

Realmente es pesado tener que proceder a una limpieza de algo que se ha manchado, restaurar un barnizado, recomponer un objeto que se ha roto o está mostrando señales de desencolado, y así podríamos ir enumerando una gran cantidad de situaciones que son el resultado lógico del uso e incluso del abuso que hacemos continuamente de todo lo que está para ser utilizado, durante el desempeño de la vida diaria.

Pero también será muy enojoso si algo que se ha ido deteriorando y no ha sido recompuesto a tiempo tengamos que renunciar a su utilización o recurrir a la sustitución de este elemento por otro nuevo, que nos resultará de más elevado precio.

En cambio, nada tan recompensado como tener a punto todo lo que se quiere hacer servir. No tan sólo redundará en beneficio de la eficacia sino de la misma economía.

Por otra parte, hay una gran cantidad de objetos que por el simple hecho de hallarse presentes en la casa, y aunque no se hagan servir, van perdiendo paulatinamente, ya que son objeto del ataque de la humedad, de la condensación del vapor de agua, de los cambios de temperatura, del polvo que se infiltra procedente del exterior y del que nosotros mismos aportamos con nuestras propias ropas y calzado, o con los nuevos objetos que se introducen en la casa. Estos objetos, a los que nos hemos acostumbrado, merecen ser mantenidos en perfecto estado de conservación, pues en ellos hay algo más que la gratitud de que puedan ser de utilidad: unos los tendremos por el gozo de poseerlos por méritos artísticos, así como otros serán por razones de tipo sentimental, que nos gusta tenerlos cerca. Si los negligimos acabarán menoscabándose o convirtiéndose en algo inservible, tanto para el uso como para el placer de disfrutarlos, verlos y tocarlos...

Lo peor de todo es dejar que se vayan acumulando los deterioros o desperfectos: rayados, desencolados, desportillados, desensamblados, astillados, manchas de diversos orígenes, etc. Habrá un momento en que el pequeño remedio ya no será posible y se habrá de proceder a la total restauración, si realmente nos interesa conservarlo o recuperarlo. Exigirá mucho mayor trabajo o bien será muy caro, hasta el punto que nos planteemos si merece la pena la restauración, o quizás será mejor tirarlo y buscar algo que lo substituya o que lo transforme totalmente, cambiándolo de calidad y de aspecto.

Los cuidados a tener en los muebles, en los objetos y en los materiales que nos rodean están en función de la naturaleza misma del material que los constituye, y asimismo del tratamiento superficial y del acabado que les recubra o proteja.

En este apartado nos dedicaremos a tratar estos trabajos de conservación y reparación, que afectan precisamente a dicho tratamiento superficial o a los aspectos naturales de los materiales, sin hablar, naturalmente, de todos los procesos que corresponden a los sistemas constructivos, de los cuales ya se ha hablado en los diferentes apartados específicos (pintado, empapelado, ebanistería, tapizado, etc.).

También hemos acompañado a estas notas, de conservación superficial de los materiales, unas orientaciones para la reparación de ciertos objetos domésticos que constituyen un campo muy particular, como son las lámparas de todas clases que pueden formar parte de nuestro equipo del hogar, y asimismo de otro tipo de objetos también muy característicos, como son los artículos relativos a la batería de cocina, y a otros elementos que se hacen servir en ella habitualmente.

Indudablemente todos los muebles y objetos de los que hemos de tratar están hechos a base de un material, que es el que ha servido para poder agrupar los diferentes tipos de acciones dirigidas a la conservación de aquellos.

Habrá ocasiones en que el objeto pese a ser de un material determinado, lo que se habrá de tener más en cuenta, no será éste, sino el tratamiento superficial que lo reviste o cubre.

Es por ello que además de agrupar los objetos por clases de material, después cada uno de estos grupos será subdividido en otros, según cual sea la clase del tratamiento superficial, prescindiendo o no del soporte que lo constituye. Efectivamente hay veces en que el deterioro de un barniz, pongamos por caso, habrá ocasionado (al propio tiempo o como consecuencia de haber desaparecido y no ejercer su acción protectora) un perjuicio al material básico que constituye su soporte: una madera u otro material cualquiera susceptible de ser barnizado.

Una nota general: En algunos de estos trabajos de entretenimiento, restauración y limpieza, se utilizan productos que deben ser manejados con prudencia, tomando unas precauciones para nuestra propia seguridad. Protegerse, pues, según los casos con guantes, gafas y asimismo operar en lugares ventilados y en los que no haya llama, cuando se empleen productos inflamables o cuyos vapores pueden llegar a intoxicar.

10.

Muebles
y objetos
de madera

Lijado de una superficie de mesa muy gastada para rebajar las vetas salientes. Se utiliza un disco blando acoplado a la máquina universal, con un abrasivo de tipo basto para lograr rápidamente el rebajado. Hay que tener la precaución de estar desplazando constantemente el disco, para no dejar una depresión circular notable.

MADERA BLANCA SIN NINGÚN TRATAMIENTO SUPERFICIAL

Cuando la madera carece de tratamiento superficial, está totalmente indefensa a la acción de todos los agentes externos que puedan depositarse sobre ella o la rocen, golpeen, etc. Las manchas serán más intensas y más difíciles de extirpar debido a la porosidad, que es una de las características prccisamente de la madera. También será más susceptible al desgaste por esta misma porosidad, ya que sus partes más blandas carecerán de defensa a la abrasión.

Generalmente los muebles en blanco, cuando están muy sucios, se suelen limpiar con un cepillo o con un estropajo con agua tibia adicionada de jabón blando o con lejía. Se enjuagan y se dejan secar al aire libre o bajo una corriente de aire. Para emblanquecerlo, se cepilla con agua fuertemente acidulada con lejía e incluso con salfumán (atención: operar con guantes y tomar las precauciones oportunas). A continuación se enjuaga reiteradas veces con agua clara y se pone a secar.

Bajo estos tratamientos, la madera blanca sufre desgaste que hacen resaltar las fibras duras, por ser mayor el desgaste de la parte más blanca.

Las manchas recalcitrantes que hayan impregnado la madera porosa, se podrá intentar hacerlas desaparecer, empleando agua oxigenada de 110 volúmenes que emblanquecerá por decoloración. Si se tratase de grasas que hayan calado en los poros, se utilizarán polvos de talco

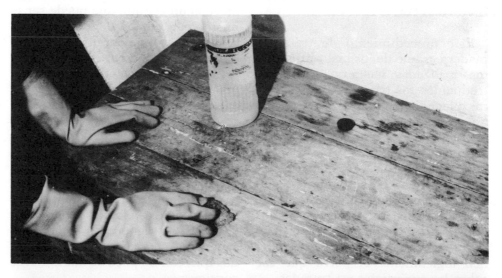

Lavado de una superficie de madera blanca muy deteriorada y manchada. La lejía proporcionará un blanqueado bastante bueno de la madera.

El tablero de madera maciza blanca muestra su desgaste y deterioro con el acusado relieve de las vetas sobre la madera más blanda. Por otra parte, los lugares en donde hay un clavo se revela fácilmente por el tono negruzco ocasionado por la herrumbre.

depositados sobre la mancha y después de intercalar una o varias hojas de papel esponjoso o de papel secante, se colocará encima una plancha eléctrica a temperatura media, durante un rato, vigilando que el calor no llegue a tostar la madera.

También puede actuarse con papeles de lija de grano medio primero y luego de grano fino.

En el caso de que una mesa se halle muy cargada de crasitud y de pegotes, se puede restaurar su superficie (en el caso de que esté confeccionada con tablas de madera rojiza) rebajándola con ayuda de un disco escofina acoplado a la máquina universal. Este trabajo de desbaste, puede luego ser complementado por un lijado con disco de abrasivo más fino o con la lijadora orbital si se quiere obtener una superficie completamente lisa y fina.

MADERA RECUBIERTA CON UN ENCÁUSTICO O ENCERADA

Este procedimiento de tratar la madera es uno de los más antiguos y más utilizados, hasta que fueron introducidos los barnices y las pinturas o lacados. Si bien es un producto que defiende la madera, a base de nutrirla y por lo tanto proporcionarle mayor estabilidad y resistencia, no acaba de ser un verdadero protector, ya que es muy susceptible a muchos agentes y acciones exteriores.

Los encáusticos son tratamientos que no forman película superficial sobre la madera. Son grasos y retienen lógicamente el polvo que cae sobre las superficies así tratadas.

Para desempolvarlos se emplean cepillos de cerdas relativamente blandas, un trapo de franela o también se les pasa por encima el aspirador. Ninguno de estos procedimientos logra eliminar totalmente el polvo, pues gran parte de él ya ha quedado fijado, o bien se acaba de fijar si se pasa un paño. Sobre todo, el polvo se acumula en los rincones, incrustándose en los residuos de cera que hayan quedado allí, dando lugar a una pátina natural entre las partes

rehundidas o entre los poros particularmente en aquellas maderas muy blandas.

En cierta manera, la mejor forma de contrarrestar el polvo es abrillantando la madera, a base de un reencerado y restregando la superficie con un paño de lana. También puede servir para el caso, algunos productos de los que se venden para tal fin en el mercado, y que se hallarán, principalmente, en droguerías y tiendas de bricolaje. Los hay en forma de cera espesa y otros en presentación muy líquida, que son autoabrillantadores. También hay frascos en aerosol.

Los productos que contienen aceite de silicona resultan muy eficaces, ya que esta resina sintética se caracteriza precisamente como un agente que rechaza el polvo. Aunque se deposite no queda retenido y fácilmente se elimina.

Las ceras en pasta se aplican con un trapo de hilachas y las ceras líquidas con un cepillo, que puede ser el mismo con que se dé lustre. Si las cerdas se reblandecen, debe emplearse un cepillo para cada trabajo.

La cera debe extenderse por sectores o zonas poco extensas, una vez extendida y dando tiempo a que la cera penetre en la madera se procede a dar lustre en la forma indicada.

Para facilitar el lustrado de superficies enceradas, pueden ser de gran utilidad los accesorios especiales, montados en la máquina universal: cepillos, fieltros, boinas de pelo, por el ahorro de tiempo y el menor cansancio que supone y por los resultados que, con un poco de habilidad se consiguen.

Para sacar brillo a superficies con tablas y rincones, puede utilizarse un pincel de cerdas gruesas y recias, montado en la máquina universal sirviendo el mango como astil, que se introduce en el portabrocas. Si las cerdas son demasiado largas, deben ser recortadas, con un formón apoyándolas en una madera y con un golpe seco, para lograr homogeneidad y limpieza.

En lugar de los productos preparados existentes en el mercado podemos preparar la cera, derritiendo cera virgen en aguarrás, en proporciones iguales. Esta operación debe

hacerse en caliente y al baño maría, para evitar peligros de inflamación del aguarrás que es un disolvente inflamable.

Téngase presente que muchos encausticados repetidos producen un encrasado del mueble: la cera formará una capa grumosa. Para evitarlo, lávese el mueble con aguarrás, realizando varias pasadas, hasta lograr una recuperación de la superficie. Esto puede comprobarse mirando al trasluz. Mientras se realiza esta operación de limpieza con aguarrás, se tomarán las precauciones debidas: hacerlo alejados de cualquier llama y preferiblemente con la ventana abierta. En lugar del aguarrás (esencia de trementina) puede emplearse también algún decapante ya preparado que exista para este fin.

Una vez limpio el mueble, se vuelve a encerar y a abrillantar.

En el caso de utilizar una cera hecha en casa, es preferible dar esta cera cuando está tibia y por lo tanto líquida. De esta manera se logra que la cera penetre más en los poros de la madera y que alcance hasta el fondo de los ángulos y tallas.

Manchas en los muebles encerados

El encáustico con cera, si bien es un buen tratamiento de protección de la textura de la madera contra los agentes ambientales, es en cambio muy sensible a muchos productos caseros y a acusar las diferencias de temperatura de los objetos que se depositen encima. Las enmiendas deben realizarse tan pronto como se haya producido la mancha, especialmente cuando ésta se debe a algún líquido, pues éste cala inmediatamente entre los poros.

Las manchas de agua, pintura, tinta, licores y otros productos corrientes, pueden eliminarse frotando con un estropajo de acero, un tapón de corcho o con otro elemento que no sea demasiado abrasivo. Una vez fregado, y seco, se procede a dar cera de nuevo.

Las manchas de grasa

Se eliminan con una pasta hecha a base de polvo de piedra pómez o de

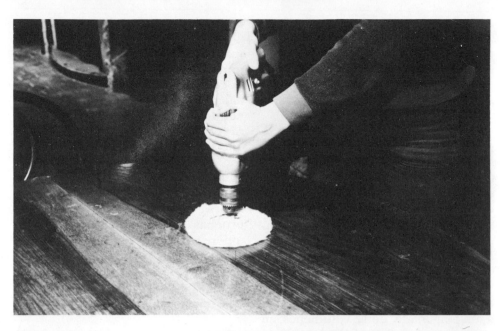

Lustrado de una superficie encerada, haciendo recurso a la boina de lana incorporada a un disco blando acoplado a la máquina universal.

Preparación del encáustico: cera virgen desmenuzada y esencia de trementina. Ambos productos se calientan al baño maría. Jamás a fuego directo.

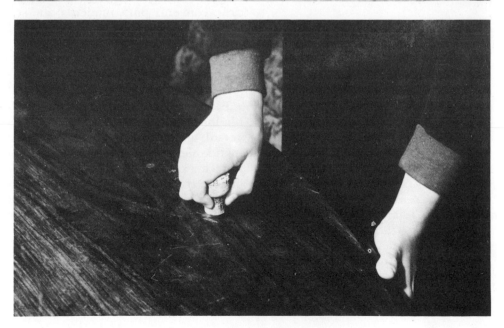

Eliminación de manchas en una superficie encerada mediante un tapón de corcho que se frota en la parte afectada.

asperón muy fino, con tricloroetileno (atención: inflamable). Se pasa la pasta con un trapo o cabos, se deja secar y luego se cepilla y se da cera.

Las manchas de tinta

Se secan inmediatamente que se producen con secante o chupón, se lavan con agua o con alcohol de 90° (particularmente si se trata de tinta de bolígrafo), se frota ligeramente con un estropajo de acero y, una vez seca la madera, se encera.

Las manchas de café

Se humedecen ligeramente con un tampón impregnado de agua con agua oxigenada, de 12 volúmenes, en partes iguales. Cuando se ha secado se frota con papel de lija de grano muy fino (00). Y se vuelve a dar cera.

Las manchas de pintura

Si han formado película se procura levantar con ayuda de un cuchillo, con la hoja aplanada contra la superficie. Lo que reste se eliminará con el disolvente apropiado a la pintura (aguarrás para las pinturas grasas o también white spirit). Se apomaza y reencera una vez está seca la zona afectada.

Las manchas de líquidos azucarados

Se humedecen con agua tibia, se dejan secar y se reenceran.

Ruedos de platos calientes

Lo mejor es reencerar tan pronto como se pueda. Si continúa siendo visible el ruedo, puesto que la nueva capa de cera no ha llegado a cubrir la diferencia de tono, será señal de que el mueble precisa de un reencerado total: lavado con aguarrás, apomazado o lijado con papel muy fino (00) y reencerado.

Las ceras siempre confieren a la madera un ligero tono amarillento, pero dejando transparentar el color natural de la madera.

Ahora bien, puede ocurrir que el encerado anterior se haya teñido con algún producto para dar un tono más obscuro a la madera. Una fórmula muy habitual para obscurecer la cera es la disolución de betún judaico al baño maría. Las proporciones dependerán del tono que se quiera obtener. Otros recursos típicos que se emplearon antiguamente fueron: la nogalina (con disolución al aguarrás y no al agua, el azafrán, la tierra de Cassel, etc.). Todo ello se habrá de tener presente y realizar las pruebas que sean necesarias si se quiere restaurar un mueble encerado antiguo.

Las cremas para zapatos

Estos productos han resultado siempre un valioso auxiliar para la ebanistería y para el anticuario cuando se trata de aplicarla en pequeñas cantidades, ya que resulta caro el tener que adquirir todos los tarros que se precisan para un mueble de gran tamaño.

Pero en cambio para realizar un apaño, tal como el citado anteriormente o para una mancha de agua en una superficie de un tablero, el recurrir a la crema para zapatos será una gran solución, con la ventaja de que incluso se podrá hallar, dentro de las gamas de color que hay en el mercado, el tono más idóneo para que corresponda con el del mueble que hay que restaurar. Recordar que existen también cremas incoloras que podrán convenir para maderas que se han conservado en su tono natural.

Uso de boinas peludas

El empleo de boinas peludas acopladas a un disco en la máquina universal, no es precisamente muy recomendable, ya que si bien el principio parece excelente para ahorrarse el penoso trabajo de sacar lustre, y que en realidad resulta bastante bien cuando se aplica a grandes superficies lisas y no se deja «dormir» la boina, en cambio tienen el inconveniente de que si se aplican a la velocidad normal y no se dispone de reductor (mecánico o electrónico) que baje la velocidad de 2.900-3.200 r.p.m. a unas 700-900 r.p.m., el rápido giro y el roce de los pelos de la boina hacen que la cera funda y que sea eliminada por la acción de la fuerza centrífuga, acumulándose en los bordes de la boina, o también ocasionando círculos sobre la superficie que se lustra. No hay que decir que cuando el disco lustrador se aplica sobre una zona con molduras, casetones u otros relieves, al no tener otro remedio que dejar la boina sobre un mismo sitio durante un cierto tiempo, la cera centrifugada se acumula en los resaltos y esquinas de las molduras. Un remedio es pasar rápidamente un trapo en el sentido longitudinal de los relieves.

En el caso de utilizar el lustrador conviene hacerlo a una velocidad muy baja (entre 300 a 500 r.p.m.), bajo cuya acción la cera no tiene ocasión de fundirse.

Maderas a las que conviene el encerado

Las maderas que tradicionalmente se han utilizado en el área europea y mediterránea (roble, nogal, cerezo, arce, castaño, olivo y más raramente algunos frutales), pueden ser encerados con muy buenos resultados y formando parte de una práctica habitual. En cambio las maderas exóticas, principalmente la caoba, si bien pueden encerarse, les es más acorde un barniz, gracias al cual su poro compacto logra su máxima vistosidad. Otra madera que, si bien antes se consideraba como rara, ha logrado entrar tanto como la caoba es la teca. Su tratamiento superficial, mejor que el encerado y el barnizado, es al que inmediatamente nos referimos, es decir, el aceitado procedente de su misma exudación.

MADERA ACEITADA

Los resultados entre la madera encerada y aceitada difieren muy poco. En realidad el aceite podría considerarse como un encáustico, con la diferencia que aquél tiene un mayor poder de penetración en los poros y logra por lo tanto una mejor protección y nutrición de las fibras. En el transcurso del tiempo, la madera aceitada precedió a la encerada, ya que la obtención de aceites es anterior a la obtención de la esencia de trementina. Se han utilizado como aceites para la madera los procedentes del lino, de la oliva, de nueces. Especialmente con el primero se trataban las maderas resinosas, y con el último la madera, no tan sólo de nogal, sino de roble y cerezo.

Posteriormente, con la introducción de la teca y de sus excelentes cualidades autoabrillantadoras por el aceite que contiene, se buscó la manera de obtener y aplicar dicho aceite con resultados excelentes sobre otras clases de madera, ya que además de su poder lubricante tiene además una acción desinfectante, e incluso oxidante, hasta el punto que una madera ennegrecida por el tiempo, tratada con aceite de teca, llega a recuperarse, tanto estructuralmente como en color. Estas propiedades son las que han llevado a utilizar como base el aceite de teca para otros productos, que aumentan el poder insecticida, fungicida y bactericida en maderas que son víctimas, respectivamente, de insectos (carcomas, diversos coleópteros y termes), hongos (hongo azul y otros) y bacterias (que dan como resultado enfermedades de la madera, como el hupe y el escarzo).

Estos aceites compuestos no son, pues, solamente un medio para lograr un tratamiento de acabado y buen aspecto (algunos de ellos llevan incorporados pigmentos y colorantes para teñir superficialmente la madera), sino verdaderos productos defensivos. Informarse de los productos de esta clase que se puedan hallar en el mercado, que se han comercializado bajo diversos nombres (Textrol, Tinxirol, Lignol, Xylamon, Xyladecor), cada uno de los cuales ofrece diversidad de aplicaciones específicas.

Como ya se ha dicho, los mismos defectos que puedan tener los muebles encerados los tienen los aceitados: son propensos a las manchas, a presentar ruedos de platos, etc. Y también, como ocurre en la madera encerada, después de haber actuado con los recursos que se han dado para eliminar cada una de las manchas específicas, lo mejor será proporcionar a la superficie un nuevo aceitado con el producto que anteriormente se haya empleado.

También los aceites que se quieren utilizar como tratamientos superficiales se dan sobre la madera calientes (algo más que tibios), ya que de este modo calan más a fondo al dilatar los vasos de la madera. Se aplica aceite hasta que se nota que ya no es absorbido y forma como lagunas en la superficie. Se deja entonces en reposo después de un último restregado, y finalmente se enjuga el que pudiera quedar aún, dejando el madero o el mueble que seque al aire libre, pero resguardado de la lluvia, tanto si hace frío como calor. Al cabo de unos cuantos días se restrega con un cepillo o un trapo áspero (de saco), adquiriendo la madera un brillo no muy vivo, pero sí profundo y definitivo.

El aceite de lino tiene una particular ventaja: la de que la madera tierna que ha sido tratada con él endurece más rápidamente.

LA MADERA BARNIZADA

A diferencia de los encáusticos y del aceitado, en que la madera, si bien está impregnada, carece de película protectora, el barniz confiere esta película superficial al soporte.

Según sea la clase de barniz empleado, poseerá mayor o menor resistencia a los agentes externos. Los tradicionales barnices de goma laca dados a muñeca, proporcionaban un brillo extraordinario, pero eran muy frágiles a los rayados, al calor y al frío súbitos, e incluso al agua. También les afectaban las manchas de licores, pues el alcohol que contienen diluía el film del barniz.

Los más recientes barnices sintéticos poseen mayor resistencia que los de goma laca a la mayoría de líquidos domésticos e incluso al calor. Ahora bien, hay que tener presente que si bien el calor no llega a dañar al propio barniz, éste trasmite dicho calor y queda afectada la madera de soporte. Los barnices de poliéster, son muy duros resisten incluso los cáusticos, además de todos los líquidos domésticos corrientes, pero tiene un inconveniente: siendo tan dura la película de protección, casi similar al vidrio, puede desportillarse o resquebrajarse fácilmente por golpes, especialmente si son objetos con cantos vivos los que le percuten. Asimismo es muy sensible a los cambios bruscos de temperatura ocurriendo entonces que siendo el soporte de madera y la película que forma el barniz de dos coeficientes de dilatación muy distintos, se produzcan agrietamientos en la capa más dura y de menor dilatación del barniz.

Los barnices de poliuretano no presentan los inconvenientes del poliéster, pues la capa de barniz que se da al soporte es mucho menos gruesa que la que precisa el poliéster y además, es un film más dúctil, menos rígido. Actualmente hay dos versiones de barniz poliuretano: satinado (que fue el primero en utilizarse) y el brillante. Sin embargo, el grado de brillantez de este barniz no alcanza nunca el grado que se puede lograr con el de poliéster ni con el barniz clásico de goma laca.

Para desempolvar un mueble barnizado es conveniente emplear un trapo muy suave (preferible la seda a la lana fina). Se puede pasar el aspirador pero con una boquilla adecuada que no ocasione rayaduras. Se puede obtener un eficaz accesorio envolviendo con un viejo pañuelo de seda la boquilla del aspirador que posee cerdas blandas.

En aquellos muebles que no están satinados y *en los que el barniz está en perfecto estado de conservación* se podrán aplicar los líquidos restauradores existentes en el mercado, que volverán a proporcionar un abrillantado completo a los muebles que presentan como veladuras y agrisados en su superficie. No obstante, antes de actuar definitivamente con cualquiera de estos productos, aunque nos los hayan recomendado especialmente, es una buena norma, hacer una experiencia en el mueble o muebles que queremos reabrillantar. Esta prueba podrá realizarse en algún sitio del mueble de poco compromiso aparente: la parte superior trasera de una pata, un lado que quede escondido por una pared, etc.

Desempolvado de superficies barnizadas, especialmente en lugares donde haya tallas y molduras, con ayuda de un aspirador, envolviendo la boquilla con un paño de algodón de tejido ralo.

Una manera de evitar rayaduras sobre muebles barnizados, es protegiendo la base de objetos metálicos con discos autoadhesivos de fieltro o de espuma.

Hay que tener presente que desconocemos exactamente la clase de barniz que se empleó en su fabricación y como durante los últimos años ha habido una gran variedad de barnices que se han ido experimentando, nunca podremos saber seguro si el producto podrá afectar o no a los materiales de recubrimiento que posee el mueble.

Manchas en muebles barnizados

El tratamiento de las manchas en los muebles barnizados es muy delicado, pues podemos fácilmente destruir el barniz y vernos obligados a realizar un rebarnizado, que generalmente no será satisfecho por el limitado al daño correspondiente a la zona afectada, sino que nos veremos obligados a tener que rebarnizar *toda la superficie*.

Si las manchas demuestran estar muy incrustadas o que han penetrado en la película constituyente del barniz, es preferible no hacer nada y dejarlo en manos de especialistas. Lo mismo se puede decir de las rayaduras profundas o de los desportillados. Homogeneizar una superficie de barniz es una tarea muy delicada a la que incluso muchos profesionales no se atreven. Y tal como se ha dicho, muchas veces es preferible proceder a la restauración completa de toda la

superficie. (Recuerde lo dicho sobre barnizado y tratamientos superficiales.)

Manchas de agua, de café, de líquidos azucarados

Limpiar cuidadosamente y sin producir roces con una esponja suave, ligeramente húmeda. Secar inmediatamente y luego aplicar un restaurador que se haya comprobado su eficacia.

Manchas de grasa

Enjuagarlas y eliminarlas todo lo que se pueda inmediatamente que se ocasionan. A continuación restregar con trapo limpio y suave, empapado con algunas gotas de restaurador.

Pasar reiteradas veces hasta que quede completamente seca la parte afectada.

Manchas de tinta, pintura o análogos

Intentar eliminarlas con líquidos quitamanchas que se pueden encontrar en el mercado. No obstante y tal como se ha advertido para los restauradores, es conveniente antes de proceder con ellos, haber realizado unas pruebas previas, para asegurarnos de que el producto no daña al mueble.

Precauciones generales

Como más vale prevenir que curar, téngase la precaución de no dejar ningún objeto que sea duro (vasos de cristal, porcelanas, etc.), sobre una superficie barnizada, sin disponer debajo de ellos algún fieltro o tapete. Los discos autoadhesivos de espuma o fieltro, resultan muy útiles. Las mesas pueden protegerse con una tela que sea por una cara impermeable y por la otra blanda. En su lugar un muletón protegido por un film de plástico o bien una banda de poliestireno espumado, con cara exterior continua, como el que se emplea para forrado de armarios o de estanterías, podrá ofrecer una garantía de protección de las superficies barnizadas, antes de colocar sobre ellas el mantcl.

LA MADERA PINTADA Y LACADA

La madera pintada al esmalte brillante o mate (lo que hoy se designa con el nombre de madera lacada) difieren solamente por el acabado exterior, pero están hechas con el mismo material básico, es decir, una pintura grasa (a base de resinas naturales, muy raramente ya hoy, o de resinas sintéticas). Es como decimos, la apariencia y la textura exterior que presentan una vez terminados estos materiales que tendrán una superficie brillante (y por lo tanto muy lisa y fina) o más o menos mate (lisa también pero carente de brillantez o ligeramente áspera o rugosa, si habiendo sido brillante se ha matizado con agentes abrasivos o disolventes).

Las maderas acabadas con pinturas brillantes son más resistentes y menos delicadas que las mates, tanto en su mantenimiento como en cualquiera de las operaciones que tengan que sufrir para un eventual percance. Las superficies completamente lisas brillantes no dejan penetrar tanto los líquidos disolventes o corrosivos que puedan atacarlas.

El desempolvado de las maderas pintadas debe efectuarse con un trapo suave o con ayuda de un aspirador cuya boquilla esté protegida tal como se ha dicho anteriormente, ya sea por protección de sus partes metálicas o porque está provista de un cepillo de cerdas suaves.

Si el mueble presenta muestras claras de suciedad o mugre, conven-

drá establecer si la pintura es lavable, cosa que generalmente es así para todas las pinturas grasas e incluso para algunas de dispersión (vinílicas o acrílicas). Las primeras pueden lavarse con una esponja impregnada con agua tibia, ligeramente acidulada con vinagre o algún producto especial que para tal finalidad se vende en las droguerías. Se trata de productos detergentes carentes de causticidad. Lo que sí que hay que evitar es lavar los muebles pintados (salvo que se trate de pinturas especiales que puedan aguantarlos) con aguas más o menos cargadas de productos cáusticos, como sosa, lejía, clorhídrico, etc. Si bien con estos productos se pueden eliminar muchas manchas y suciedades, el daño que ocasionan al tratamiento superficial es muy importante.

Si la pintura utilizada en el mueble es una de dispersión habrá que ir con cuidado y no confiar (como tampoco alarmarse demasiado) si se observa que el lugar tratado se vuelve mucho más claro, lo que es debido al efecto de la humectación. Al secar, no sólo el color del mueble volverá al tono que tenía, sino que también, o que es más grave, continuará presentando las manchas o crasitudes que ya tenía antes de ser lavado.

En los muebles pintados con tonos mates la operación del lavado es muy delicada pues si el trapo que se utiliza no está perfectamente limpio y no se cambia a menudo, se corre el riesgo de aportar mayor suciedad entre sus asperezas del matizado que la que tenía antes. Lo mejor es utilizar un trapo, que apenas esté húmedo y secar inmediatamente con un trapo de seda. Existen productos especiales para tratar los muebles lacados. De todos modos recomendamos que se haga una prueba previa.

La crasitud dejada por las manos en sitios característicos como son los cantos de la superficie, los bordes de los cajones y cerca de las empuñaduras y manijas, puede intentarse hacerlas desaparecer empleando una goma de borrar o una miga de pan tierno. También puede resultar eficaz el uso de una patata, de la que se van cortando rodajas, tan pronto como empieza a revelar signos de que ha logrado arrastrar suciedad.

Manchas en madera pintada o lacada

Manchas de grasa

Limpiar con agua jabonosa o con detergente poco cargado, enjuagar, y, finalmente dar lustre con aceite de linaza o algún producto especial.

Manchas de agua

El agua que cae sobre una superficie pintada puede ocasionar manchas por las materias que lleva en disolución, o también, por lavar una zona y poner en evidencia el resto que estaba más mugriento de lo que parecía.

En este último caso, tendremos que proceder a un lavado general como el indicado antes y lustrar.

En el primer caso, en cambio, bastará, con pasar por encima de la parte manchada un trapo empapado con cera blanca fundida a la que se habrá incorporado unas gotas de aceite de linaza. Este trapo debe pasarse siempre en el sentido del veteado de la madera.

Manchas de café

Emplear agua clara y a continuación, cuando aún está húmedo, insistir con agua jabonosa. Existen también productos especiales.

Manchas de tinta

Limpiar con agua fría o con alcohol de 90°.

Algunas tintas son muy difíciles de sacar por contener disolventes muy fuertes que atacan, calando en el interior de la pintura. Puede intentarse reblandecer la zona afectada con vaselina y luego enjuagar con alcohol de 90°. Seguramente se tendrá que reincidir varias veces en dicha operación.

Manchas de pintura

Trabajo tanto o más delicado que el citado anteriormente. Procúrese arrancar todo lo que se pueda con un

Los dorados que se mantienen en buen estado, una vez desenpolvados, cabe protegerlos con una capa de barniz especial para oro.

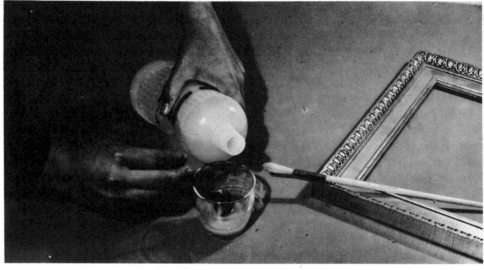

Una emulsión de yema de huevo con lejía proporciona un producto excelente para limpiar marcos dorados con talla.

cuchillo plano, evitando dañar la capa superficial de la pintura. También puede intentarse rebajar la pintura de la mancha, actuando con paciencia, con ayuda de un abrasivo de grano fino (papel de lija de 0 ó de 00).

Manchas de líquidos azucarados

Emplear únicamente agua clara tibia y secar rápidamente. Reiterar la operación si no sale al primer intento.

Nota importante: Los muebles antiguos pintados deben ser objeto únicamente de un desempolvado. Es preferible recurrir a un especialista en el caso de tener que quitar manchas. Con mayor razón si el mueble es valioso.

MADERA DORADA

Hay que ir con mucho cuidado y tratar con delicadeza la madera dorada, especialmente la recubierta con oro fino y no con purpurinas... Quizás de ahí viene el refrán que *no es oro todo lo que reluce.*

Una madera recubierta con purpurina no es otra cosa que un soporte de madera que en lugar de una pintura de color ha sido disimulada tras una capa de pintura de partículas metálicas. Normalmente se emplea el cobre para imitar el oro y el alumi-

nio para imitar la plata. Un mueble tratado con purpurinas, la mejor manera de recuperar su apariencia antigua es la de repintarlo en las partes que estuviera recubierto.

Ahora bien, la madera dorada de verdad, es decir recubierta con hojas de pan de oro, que se haya ajado o deteriorado, la única manera de recuperar todo su esplendor es volverla a dorar *de verdad.* No utilizar de ningún modo purpurina. Es preferible dejar el marco o talla tal como está, que ensuciarlos con un pegote de purpurina. La restauración de un dorado a base de hojas solamente la podrá llevar a cabo un especialista. Para hacer un dorado de verdad, hay que realizar ni más ni menos que diez y siete operaciones diferentes.

Si en realidad lo que se quiere es solamente limpiar un objeto o mue-

ble dorado, lo primero que hay que hacer es desempolvar cuidadosamente con un cepillo de cerdas muy suaves (preferible al empleo de un plumero cuyos cañones o barbillas podrían ocasionar rayaduras en el oro).

En el caso de que se quisieran eliminar manchas (por ejemplo de moscas) se podrán contrarrestar y arrancar del modo siguiente:

Batir una yema de huevo y añadir gota a gota hasta mezclar una cucharadita de lejía. Con esta mezcla se frota la parte afectada con un trapo empapado, y se enjuaga con otro a medida que se vaya progresando en el trabajo. Proteger luego el oro con un barniz incoloro especial para dorado (al alcohol), si el mueble o pieza es reciente. Si es antiguo y de valor, es preferible dejarlo sin barnizar.

11.

Objetos y soportes metálicos

Actualmente son muchos los muebles y otros objetos decorativos que se realizan con patas y estructuras de sostenimiento de metales. Tanto si se trata de todo un mueble como de unas partes del mismo es preciso saber dar el cuidado oportuno a estos elementos, tanto por lo que afecta a su buena presentación y acabado como para preservarlos de las acciones externas que pueden traducirse en oxidaciones superficiales, agarrotamientos de los elementos de unión, etc.

Entre estos materiales recientemente aportados a la técnica de construcción del mueble, destaca el acero, en forma de tubos y perfiles, y también el acero inoxidable, el aluminio, el duraluminio, y además, aquellos metales que ya son tradicionales como el hierro forjado, con sus típicos acabados, los bronces y latones, menos corrientes que en épocas anteriores, debido al elevado coste de estos metales, usados en macizo y, finalmente tenemos que hacer mención de otros materiales más raros, algunos antiguos, tales como el zinc para cierta clase de objetos, y las modernas aleaciones de varios metales.

Daremos cuenta, en primer lugar de los que son de uso más corriente y finalmente, hablaremos de los que hoy día casi no se emplean, pero de los que es posible que tengamos algún objeto antiguo.

ACERO INOXIDABLE

Es uno de los materiales metálicos más resistentes a las acciones externas, pues debido a su aleación con cromo o níquel, lo hacen altamente resistente a la oxidación. No obstante es menos duro que el acero corriente y por lo tanto sensible a las rayaduras.

Se desempolva con un trapo suave. Incluso en caso de que llegue a acumular cierta mugre en las partes donde se posan las manos o en los sitios donde se agarran para ser transportados de un sitio a otro, los elementos de acero inoxidable de los muebles, se pueden llegar a limpiar con agua jabonosa con la condición que se sequen inmediatamente con un trapo suave. Si tan sucio está, el alcohol de 90° será tanto o más eficaz que el agua de jabón. Finalmente

para darles lustre y toda la brillantez que pueden alcanzar, se tratarán con productos especiales que se hallan habitualmente en el comercio.

Hay que eliminar el empleo de cualquier tipo de abrasivo, ya sea en seco como en húmedo (los abrillantadores acuosos). En cambio son recomendables los abrillantadores grasos. Puede usarse también con eficacia la pasta dentífrica, pero no la perborada que es muy granulosa.

ALUMINIO

El aluminio suele presentarse tal como se denomina comúnmente, anodizado. Este proceso de acabado consiste fundamentalmente en procurar una preoxidación que inmunice al metal contra la que pueda provenirle del ambiente húmedo.

El aluminio corriente es mucho más frágil y menos resistente que el llamado duroaluminio, resultado de una aleación especial.

Se debe desempolvar regularmente, para evitar que el polvo se acumule en la superficie más o menos

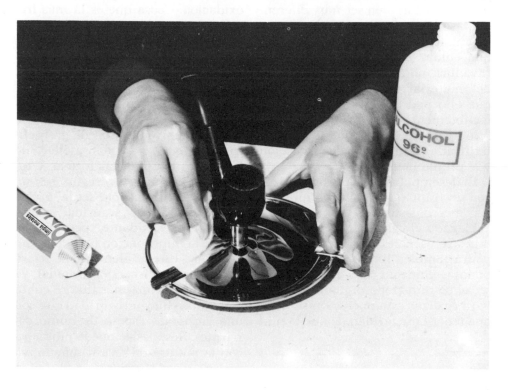

Limpieza de un objeto de acero inoxidable, frotando suavemente con un paño que carezca de pelusa. En el mercado hay abrillantadores para acero inoxidable.

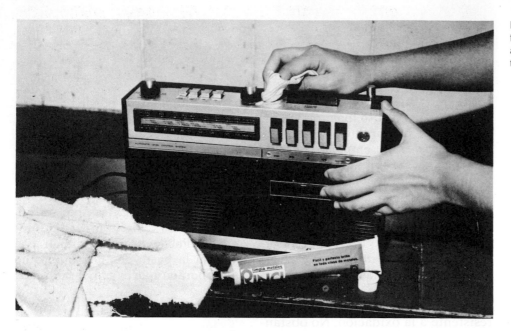

Los elementos de aluminio anodizado se limpian frotándolos con un trapo seco o empapado con alcohol. Existen productos especiales para el tratamiento de aluminio anodizado tanto si es brillante como mate.

rugosa que resulta del ataque de los ácidos en el proceso de anodizado.

Si está muy sucio, puede lavarse, como el acero inoxidable, con agua jabonosa, enjuagarlo y acabar frotándolo con una gamuza. El aluminio con acabado brillante (anodizado brillante), se puede pulir con productos especiales que se expenden en el comercio.

HIERRO O ACERO

Aunque los sistemas de pintado del hierro o el acero pueden ser muy distintos y también ser muy diferentes las clases de pintura que se emplean, lo más importante que hay que cuidar es que por un golpe o rayadura no se produzca una falta del material de recubrimiento, ya que ello podría entrañar casi indefectiblemente el herrumbrado, no sólo aparente, sino el que se hubiera infiltrado entre la capa de protección y el propio metal.

El desempolvado se puede realizar con un trapo o también con un cepillo de cerdas suaves.

Llegado el caso de que la pintura muestre señales de suciedad se podrá también limpiar con agua jabonosa, enjuagar con agua clara y secar con un trapo o gamuza secos. Para realizar esta operación se tiene que tener la seguridad de que la pin-

tura está en perfectas condiciones y de que no se han producido poros en la superficie de la misma, pues en este caso, sería peor el remedio que la enfermedad.

A excepción de los objetos pintados por sistema industrial de inmersión y posterior secado al horno, para el que se requieren unas pinturas especiales, casi todos los demás objetos de hierro o acero pintados con materiales corrientes pueden ser restaurados simplemente, suministrándoles otra capa de la misma clase de pintura.

Si la pérdida de pintura entraña oxidación —cosa que es la más frecuente— será preciso eliminar previamente el herrumbrado del metal. Para ello se cepillará la parte afectada —incluso comprobando algo más allá que la oxidación no se ha infiltrado— con un cepillo de cerdas metálicas. En el caso de disponer de máquina universal, son de gran eficacia los que se acoplan a ella y de los cuales hay muchas formas y tamaños para usarlos según sea el caso. A continuación se le aplica como medida de seguridad algún producto desoxidante, pero puede bastar la imprimación fina de minio de plomo (preferiblemente se usará la pintura en dispersión coloidal, ya que con una capa más fina se cubre con tanta o mayor seguridad que con una capa más espesa de minio corriente). Después se puede pintar ya con la pintura de recubrimiento, ya sea a pincel (mejor con paletina

plana) o bien con pistola. Para pequeñas reparaciones, pueden ser de gran utilidad los frascos de pintura aerosol, que resultaría muy cara si se tratase de cubrir una gran superficie.

HIERRO FORJADO

El verdadero hierro forjado e incluso las buenas imitaciones del mismo (aunque sean a base soldadura autógena o eléctrica y con curvaturas no realizadas a base de calentado en fragua) no suele ser acabado con pintura.

Respecto a los tan divulgados hierros forjados de hoy día que se tratan con pintura, el procedimiento de conservación y restauración no difiere del que anteriormente se ha explicado respecto a los productos de acero tubular o perfilado.

El tratamiento clásico del hierro forjado era el del pavonado o semipavonado, cociendo en aceite el hierro. Operación que se realizaba varias veces y finalmente se bruñía con trapos, hasta lograr una superficie semimate. Este pavonado puede ahora imitarse industrialmente por procesos que escapan al aficionado, pues se precisan instalaciones muy especiales con baños electrolíticos. El máximo perfeccionamiento del pavonado era el que se empleaba para las partes metálicas de las armas de fuego que tenían que resistir inclemencias y exposiciones al aire libre.

Eliminación de la herrumbre en una verja de hierro, frotando con un estropajo para aluminio. El estropajo de nilón puede impregnarse con petróleo para que actúe de disolvente y de lubricante.

Una herrumbre bastante avanzada en una verja de hierro se conseguirá eliminar mediante un disco de nilón, accionado por una máquina universal, reduciendo el esfuerzo físico que es preciso para la acción manual.

Otro acabado corriente, especialmente para los hierros que tienen que situarse a la intemperie (verjas, celosías, etc.) era el tratamiento con una pintura a base de plumbagina, que puede ser fácilmente imitada por un bricolador adquiriendo polvo de aquella clase y mezclándolo con aceite. Esta pintura tiene una característica particular que la identifica, parece como si estuviera constituida por escamillas brillantes que relucen cuando incide sobre ellas un rayo de luz.

La forma mejor de mantener un hierro con ambos sistemas de acabado es el de limitarse a un buen desempolvado, con ayuda de un cepillo suave y recurrir a un pincel para eliminar el polvo que se acumule en rincones.

Si este desempolvado no basta, se hará uso de una agua jabonosa con adición de un poco de amoníaco (una cucharilla de café, por medio litro de agua). Es importante enjuagar con toda minuciosidad para evitar que el agua permanezca en algún punto y dé lugar a oxidación.

En el caso de que se notaran algunos síntomas de herrumbre, ésta se eliminará con ayuda de un estropajo de nilón impregnado de petróleo.

Sin embargo, este procedimiento tradicional ha sido superado por el uso de productos muy específicos que contrarrestan la oxidación y pasivan incluso las partes afectadas, e impiden que progrese. Este producto puede emplearse sólo en la parte afectada y dejar que actúe durante un par de días y luego restaurar la pintura, ya sea dando previamente una capa de antioxidante a base de minio de plomo coloidal o también pintando directamente, pero habiendo mezclado a la pintura una parte del producto pasivador. Desde luego, si la oxidación ha penetrado mucho en el hierro, será mejor eliminar la parte más corroída con ayuda de un cepillo metálico acoplado a una máquina universal.

Si bien la pintura con plumbagina

Pintura a base de plumbagina, que se logra mezclando los polvos de plumbagina con aceite para metales. Es un eficaz producto para la protección del hierro al aire libre.

Para eliminar la pintura desportillada y la herrumbre en muebles de hierro, resulta muy eficaz el empleo de cepillos o tazas de cerdas metálicas acoplados a la máquina universal.

Después de limpiar la herrumbre convendrá aplicar un líquido desoxidante o mejor pasivador que neutralice y evite la propagación del óxido.

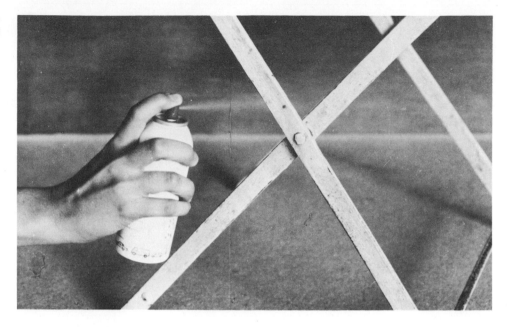

ya constituye un buen producto antióxido, no estará de más incorporar a ella el producto pasivador o bien dar una capa de minio muy fina.

También los productos antioxidantes presentados en bomba aerosol pueden resultar eficaces.

El verdadero hierro forjado tratado con aceite al fuego, tiene como se ha dicho una gran resistencia. Sin embargo, pese a las excelentes cualidades de aspecto mate, hay quien prefiere los tonos brillantes. En este caso, se pude recurrir a un barniz incoloro especial. Pero también se puede abrillantar el metal con una capa de cera o de parafina. Especialmente la cera de abejas virgen tiene excelentes propiedades y no altera el aspecto del hierro, proporcionándole un cierto brillo. La manera de encerar un hierro forjado, y siempre que ello sea posible, es la de calentar el objeto previamente, antes de pasar por encima de su superficie una pastilla de cera virgen. Al fundir la cera calará en los intersticios invisibles que pueda tener el hierro. Enjugar el exceso, dejar enfriar y secar, abrillantando finalmente con un trapo suave.

Reconstituir una pátina

Si se dispone de un objeto reciente de hierro forjado que presenta un aspecto *demasiado nuevo* o pulimentado en exceso se pueden lograr matices más obscuros y pátinas de las siguientes formas:

● Dar una mano de aceite residual de coches y luego calentar súbitamente el objeto. Quedará una pátina gris obscura con visos azulados, que ganará inmediatamente más brillantez si se frota instantáneamente. No hay obstáculo para que luego se encere.

● Exponer el objeto a la llama de papeles de periódico impresos, si es posible con varias tintas. Los vapores de tinta combinados con el negro de humo proporcionan una capa de protección matizada que se puede luego encerar.

● Aplicar vapores de ácido que provocarán sobre el hierro al desnudo una capa muy fina de oxidación casi pulverulenta. Bastará luego encerar para que se consiga una pátina parda. Para lograr ésto, guardar los objetos en un lugar cerrado, en una caja o armario empotrado, en el que se habrá dispuesto en un plato de porcelana o de vidrio, ácido clorhídrico o sulfúrico. No hay que dejar el objeto durante mucho tiempo; de veinticuatro a cuarenta y ocho horas bastan para conseguir una oxidación regular de los objetos.

● En lugar del aceite de vaciado de cárters puede utilizarse asimismo la cera. El calentamiento posterior deberá llegar hasta la desaparición total de restos de cera. En este caso la cera perderá el eventual tono o teñido que haya tenido sobre la superficie del hierro. Puede utilizarse lustre para los zapatos de color marrón o negro.

COBRE Y SUS ALEACIONES

El cobre y sus aleaciones, como por ejemplo los latones, son materiales nobles que tienen una gran resistencia contra las acciones que producen oxidación. Ahora bien, si esta oxidación no ataca a fondo el metal, si da lugar al cardenillo, de color verdoso, y que es venenoso, por cuyo motivo tiene que ser eliminado de todos aquellos objetos, vasijas o accesorios (un grifo) que son utilizados habitualmente.

Limpiar el cardenillo es un trabajo molesto por la suciedad que deja en las manos si éstas no se protegen con guantes.

Tanto por razones de curiosidad como para evitar posibles intoxicaciones es recomendable calzar guantes para proceder a estos trabajos de mantenimiento del cobre. Igualmente cuando se trata cualquier elemento de cobre conviene proteger la mesa o suelo sobre el que se va a operar.

La limpieza del cobre se logra con productos abrillantadores corrientes. Los hay sencillos y otros más

Para proteger de la oxidación un elemento metálico a base de cobre, latón o bronce, es aconsejable emplear un barniz protector especial (brasolina). Se aplica con ayuda de un algodón impregnado con dicho barniz.

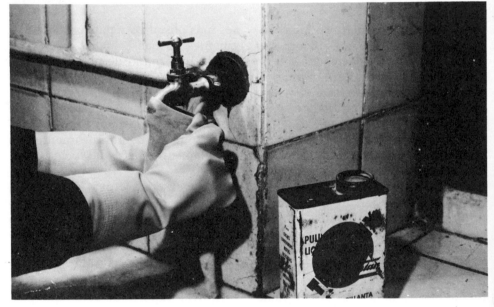

El abrillantado de latón se obtiene por aplicación de un pulimentador y se frota con un trapo suave después de que el pulimento se ha secado.

caros pero que aseguran una mayor duración de los efectos.

Toda limpieza de cobre entraña el volver a poner a la exposición la superficie pura del metal, por cuyo motivo, tendremos que volver a repetir la operación de entretenimiento si no tomamos la precaución de suministrar luego un barniz especial, denominado comúnmente brasolina y que se puede adquirir en las droguerías. Generalmente este barniz es muy concentrado y tiene que diluirse en alcohol de 90°. Este barniz se extiende con un tampón de algodón.

A partir de entonces podremos limitarnos a efectuar un desempolvado periódico y si, tanto llegase a convenir, con un trapo ligeramente humedecido, secando después rápidamente.

Si el cobre se hallase muy afectado por el cardenillo, antes de actuar con el lustrador corriente, se tratará con dilución de sal granada en vinagre, hasta saturación de aquélla (esto equivale a una cucharada de sal por medio litro de vinagre). Esta dilución se pone a calentar hasta el punto de ebullición y en el recipiente donde se ha preparado se sumergen los objetos. Se tendrá, por lo tanto, que hacer un tanteo para lograr una cantidad suficiente de líquido que pueda cubrir en la oportuna vasija el objeto que queremos tratar.

El objeto se deja dentro del líquido

hasta que se haya enfriado por completo. A continuación se enjuaga y se seca con un trapo o una gamuza. Después se le puede aplicar el producto idóneo para cobres y se pulimenta con un trapo suave (un resto de toalla o de género de punto).

Para llegar a los rincones y fondos se utilizan pinceles de cerdas duras.

Siendo el bronce una aleación de cobre podrá ser tratado con semejanza a lo que se ha dicho para este metal. En la figura que se acompaña se muestra la limpieza de una figurilla sumergiéndola en una dilución de sal y vinagre. No obstante, el bronce puede ser también lavado con una agua jabonosa tibia a la que se añade dos cucharadas soperas de alcohol

de quemar por medio litro de agua. Se enjuaga y se enjuga con un trapo seco. Su pulimento se logrará por medio de un trapo de lana cuidadosamente restregado por todos sus rincones y filetes, si los tuviere.

Si el objeto o accesorio de mueble se hallase en un estado muy profundo de suciedad se cepillará suavemente con un cepillo o pincel impregnado de petróleo. A continuación se limpia con agua jabonosa, se enjuaga y se abrillanta con un trapo suave.

Una vez pulimentado el bronce se puede proteger con una cera o aceite de siliconas que le conferirá una larga protección y aumentará su valor brillante.

La mugre y suciedad acumuladas en una figurilla u objeto de cobre o de latón se eliminarán fácilmente empleando un cepillo suave impregnado de petróleo.

Una manera muy contundente de eliminar la suciedad de objetos de cobre es immergirlos en un baño de sal gruesa diluida en vinagre. El cardenillo desaparece totalmente después de varias acciones y enjugados.

Hay que tener también en cuenta el *bronce dorado* más delicado que el anterior, pues tiene una ligera capa de oro.

Se limpiará con un pincel suave impregnado de agua amoniacal, en la proporción de una cucharada sopera por medio litro de agua. A continuación se lava con agua clara y se enjuaga con un trapo seco y suave o bien con una gamuza.

Las manchas que pueden afectar al bronce, al bronce dorado y al cobre, se pueden eliminar con un trapo empapado de agua jabonosa con algo de alcohol de quemar (una cucharadita de café por medio litro de agua). Se enjuaga y se seca cuidadosamente en todos sus rincones.

Mucho más radicales que las soluciones citadas anteriormente son las que hacen recurso a productos que requieren un manejo cuidadoso, pues son corrosivos e incluso muy venenosos. Nos referimos al uso de ácidos, clorhídrico, sulfúrico y al oxálico. En lugar de este último ácido se ha utilizado popularmente la denominada sal de acederas que es un oxalato. Todos estos productos se utilizan diluidos en agua y sin llegar a una concentración muy fuerte. En el caso de que el objeto sea muy voluminoso y no se pueda sumergir, humedecer trapos o papel de periódico y aplacarlos sobre la superficie del objeto, procurando que se adentre en los eventuales recovecos que pueda tener.

El efecto suele ser bastante rápido. Tan pronto como se recupera el aspecto metálico de la pieza, enjuagar con agua y proceder a un pulimentado con las pastas que se venden en el comercio.

Otra solución es también la lejía

hirviente, si hay la posibilidad de poderla emplear en un depósito, dentro del cual quepa el objeto que hay que restaurar.

Pese a estos recursos bastante contundentes, pudiera ser que hubiesen sitios en los que la oxidación haya profundizado y no quede totalmente extirpada. Entonces no habrá otro remedio que actuar con piedra pómez aplicada con un tampón o muñeca humedecida con gasolina, petróleo o alcohol.

Las pastas que se venden en el comercio suelen hacerse a partir de unas fórmulas que a la postre son de

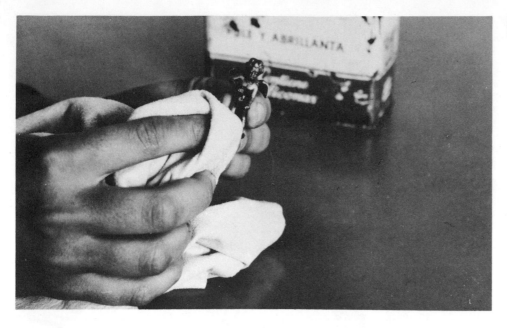

Después de haber eliminado el cardenillo y la mugre, el objeto de metal se limpiará con agua clara y se secará con un trapo suave.

origen popular, como por ejemplo:
1. Hacer una pasta con trípoli y agua a la que se añade un 20 % de ácido oxálico (sal de acederas).
2. Preparar una solución de 30 g de sal de acederas en 100 g de agua. Añadir luego 40 g de carbón de madera (de encina) pulverizado, 30 g de alcohol de 90° y 20 g de esencia de trementina.

Estas pastas se aplican al objeto y se frotan vigorosamente con un trapo, y después se acaba de restregar con un trapo limpio hasta lograr un brillo completo.

Las pátinas

Las pátinas no son una muestra inequívoca de autenticidad antigua para poder establecer si un bronce es o no de verdad viejo. Los broncistas tienen como pundonor el ser capaces de poder lograr la pátina que sea sobre un bronce reciente. Opuestamente los coleccionistas afirman todo lo contrario.

Como aquí no se trata de dar pistas para dilucidar si un bronce es o no es antiguo, como tampoco para facilitar falsificaciones, nos limitaremos a dar la fórmula para conseguir lo que se denomina «la pátina verde».

Bastará mezclar 100 g de ácido acético, 10 g de carbonato amónico y, finalmente, 10 g de tartrato dc potasio, mezcla todo ello muy bien y luego adicionar agua hasta formar una pasta, que no sea tan espesa que no tenga agarre sobre la pieza, ni tan clara que se escurra.

PLATA Y METAL PLATEADO

Para la plata y para los metales plateados existen productos típicos que ya hace muchos años están divulgados en el mercado y que se pueden encontrar fácilmente en todas las droguerías. Algunos de ellos, los denominados de «larga duración» proporcionan unos efectos más duraderos que los productos corrientes más baratos. Estos productos citados tienen la ventaja de que se combinan con el metal, la plata, y retardan la oxidación y ennegrecimiento consecuente del mismo.

Para el mantenimiento corriente, se limpiarán estos objetos con un tejido impregnado de un producto antióxido que reforzará la acción de los anteriores productos mencionados de largo alcance.

Atención: un objeto así tratado debe evitarse que se frote con un trapo para sacarle el polvo, pues dicho frotamiento eliminaría la acción protectora del mismo.

Los objetos de plata se limpian frotándolos con un tejido impregnado con un lubrificante antióxido.

Un sistema que da buenos resultados para bruñir objetos de estaño es frotarlos suavemente con un tapón de corcho.

EL ESTAÑO

El estaño ya no es un metal que se emplee usualmente. Generalmente se trata de piezas antiguas que conviene respetar tanto como sea posible.

No es prudente querer eliminar su pátina tanto si es natural como artificial. Bastará simplemente pasarles un trapo suave o un pincelito de cerdas suaves con agua jabonosa que se secará inmediatamente. Se lustrará por pasadas reiteradas de un trapo seco y suave.

En el caso de que el objeto estuviera muy sucio, se frotará con un trapo empapado de petróleo y una vez scco, se lustrará con un trapo de lana.

Los anticuarios utilizan un truco que requiere una cierta paciencia pero que confiere al objeto una cualidad inestimable. Consiste en frotar la pieza con un tapón de corcho, describiendo círculos.

Si un objeto de estaño estuviera muy mugriento y se detectasen signos muy profundos de oxidación, lo mejor es sumergirlo en petróleo y dejarlo en este baño durante varias horas e incluso días. Después se enjuga con un papel de periódico. Es muy posible que con esta operación salten las crasitudes. Pulimentar después con un producto comercial.

11.

Conservación de objetos de materiales varios

Si bien la madera y los metales son los materiales que entran en mayor proporción en la mayoría de muebles y objetos domésticos, hemos de tener en cuenta otros materiales que también forman parte de ellos, ya sea como materiales de recubrimiento o de accesorios.

Capítulo aparte merecen los materiales plásticos que están invadiendo terrenos que hasta ahora se consideraban exclusivos de la madera e incluso de los metales. Como material de revestimiento de superficies, como elementos accesorios de muebles (guías, bisagras, tiradores, etcétera), como productos de recubrimiento protector (films, pinturas, barnices, etc.), pero también como material exclusivo y total para obtener por un solo proceso de fabricación piezas enteras, ya sean muebles, envases, recipientes, objetos de adorno o de segunda utilidad, los materiales plásticos invaden nuestros hogares y hemos de tener presente que pese a sus concomitancias existen entre ellos diferencias importantes en lo que respecta a su composición y naturaleza y que por lo tanto no podemos considerarlos a todos ellos bajo un mismo criterio de conservación y mantenimiento.

EL MÁRMOL

Piedra utilizada antiguamente como revestimiento de superficies de muebles, como tableros de trabajo en las manipulaciones culinarias, como detalle de adorno de muchos otros muebles y objetos, en forma de esculturas y relieves, el mármol continúa estando presente en nuestros hogares.

Su gran resistencia a muchas acciones externas, a líquidos y a productos domésticos, ha hecho que se le trate muchas veces sin ninguna clase de consideración, creyendo que es prácticamente omnipotente contra todo. Ello no es así, pues es un material sensible a determinados ácidos que lo atacan y corroen, también es fácilmente rayable por objetos cortantes y duros como el acero y el vidrio, etc.

Como material superficial de muebles conviene desempolvarlo con frecuencia y evitar que el polvo que eventualmente se puede depositar llegue a formar crasitudes con el vapor de agua que se condensa en su superficie fría y al depositar sobre esta superficie las manos. El desempolvado puede realizarse con un trapo o un plumero, pero también

con ayuda de algún producto especialmente concebido para limpiarlo, que al propio tiempo le proporcionan una fina capa protectora para evitar que el polvo quede retenido.

Si el mármol se halla ligeramente sucio se puede lavar con agua tibia jabonosa, se enjuaga y se seca con un trapo seco y que no deje briznas de hilos. Después del lavado se puede optar por darle una cera incolora que contenga siliconas y lustrarla para conseguir más brillo.

Si el mármol está muy sucio se puede adicionar al agua tibia un poco de lejía (de 3 a 4 cucharadas soperas por medio litro de agua) y añadir a esta composición unas gotas de amoniaco. Se pasa la solución con un trapo, eliminando la suciedad e insistiendo en aquellos lugares más afectados (ranuras, cantos y regiones cerca de su entrega con el mueble, etc.) y después se enjuaga con agua limpia. El secado minucioso y encerado posterior completarán la operación. La alumbre es también un buen producto para limpiar el mármol realizando una dilución en agua tibia. Si se quiere obtener una brillantez en el mármol puede hacerse recurso al aceite de oliva como tratamiento final. No obstante, téngase

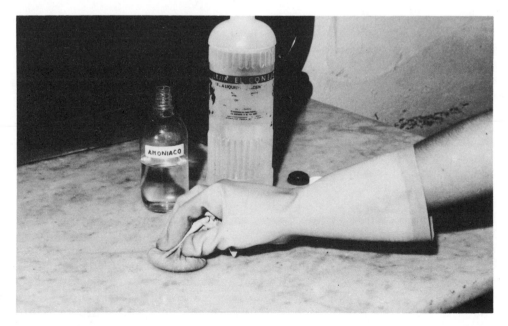

Un mármol muy sucio puede limpiarse simplemente con agua tibia añadiendo unas gotas de amoníaco y un poco de lejía doméstica.

presente que esta solución muy empleada antiguamente, tiene el inconveniente de que el aceite superficial constituye un retenedor de polvo y de mugre.

Los mármoles blancos que amarillean se lavan con agua de cloro. En el caso de que hubieran recibido acciones de calor y se hayan producido tostamientos, se frotan con un cepillo de cerdas duras o un estropajo de nilón. El agua oxigenada de 110 volúmenes, así como el ácido oxálico (atención: veneno) constituyen, tradicionalmente, productos blanqueantes.

Las manchas sobre mármol que son de más difícil extirpación son las que se deben a productos férricos. Primero se intentará pulir la superficie con algún pulimento abrasivo (polvos de piedra pómez o algún lustrador a base de abrasivo incorporado al líquido, como los corrientes productos de abrillantamiento) y luego, en el caso de no poder llegar al fondo de los poros que pueda tener el mármol, se recurre al agua oxigenada de 110 volúmenes.

Los mármoles de frontales de chimeneas que reciben los humos de combustiones muy diversas (papel, maderas diversas, etc.) seguramente recuperarán su calidad original si se frotan con una muñequilla embebida con una solución de cloruro de calcio al 6 % y se utiliza a manera de abrasivo los siguientes materiales en polvo: 2 partes de cristal de sosa, una de piedra pómez y otra de creta.

Las estatuillas y jarrones se limpiarán sencillamente con la solución de cloruro de calcio antes citada y luego, al cabo de cierto rato, se enjuagarán y secarán.

Para la mayoría de las otras manchas producidas por vino, cerveza, aguas carbónicas, café, etc., el mármol se limpiará con la solución amoniacal antes citada, aplicándola con una muñequilla. Esta muñequilla tomará una vez esté empapada un polvo abrasivo compuesto de 2 partes de sosa, una parte de piedra pómez y otra de yeso apagado (polvo de tiza).

Debido a su naturaleza (el veteado mismo) o por la acción contundente de cualquier objeto pesado que caiga sobre la superficie del mármol, éste puede rajarse. Si la pieza de mármol puede extraerse fácilmente, para ser manipulada libremente, la mejor solución para rejuntar las partes rotas es limpiar a fondo cada una de las caras rajadas con un disolvente del tipo tricloroetileno, acetona, etc., para eliminar —si se hubiera producido al cabo de un tiempo— suciedad y mugre. A continuación se unen los elementos rotos con resina epóxida.

Si el mármol no puede arrancarse del sitio donde está, se logrará el rejuntado con ayuda de una masilla a base de goma laca incolora con adición de polvo (o harina) de mármol, teñida de manera que se imite el color de la pieza que se va a recomponer. Esta masilla que debe ser muy consistente se ablanda con calor y se vierte en la raja obturán-

dola con ayuda de una espátula. Una vez seca se apomaza con una muñequilla empapada de alcohol y se pulimenta con un abrillantador de siliconas. En lugar de colorante para teñir la masilla se puede utilizar también polvo de alabastro para un mármol blanco, pizarra molida para un mármol gris o verdoso, ocre para un mármol amarillento o rojizo.

La cera virgen es el mejor tratamiento superficial de un mármol una vez se ha conseguido desmancharlo y limpiarlo.

EL ALABASTRO

Es un material cuyas principales cualidades son las transparencias opalinas que posee. Por lo tanto, será muy importante mantener el alabastro limpio para que ellas se manifiesten.

Un desempolvado periódico con plumero o con trapo suave es lo primero que hay que hacer.

Si el objeto estuviera muy sucio y amarillento se frotará con un trapo embebido en aguarrás. Luego para sacarle los restos grasientos del aguarrás se lava con agua algo más que tibia, ligeramente jabonosa. Se enjuaga con agua limpia y con un trapo se enjuga cuidadosamente.

Para poder dar al alabastro una protección más duradera contra el polvo se le suministrará una capa fina de cera de siliconas que al propio tiempo dará brillo y facilitará los desempolvados y limpiezas posteriores.

EL YESO

Para limpiar objetos de yeso es preferible utilizar un aspirador a un plumero o trapo. Este último tiene el inconveniente de que puede dejar pelusilla si los hilos no son muy torcidos y rayar el objeto si lo son.

Si el objeto está muy sucio, se podrá limpiar con una disolución de

Los objetos de alabastro, que se han vuelto amarillentos o que están muy sucios, se limpiarán eficazmente frotándolos con un trapo empapado con aguarrás.

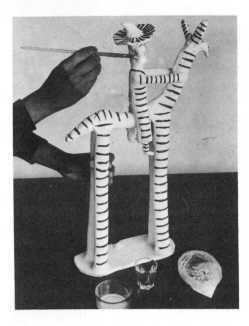

Un objeto de yeso que haya acumulado polvo y mugre se logrará hacerle recuperar su blancura limpiándolo con almidón diluido en agua y aplicando esta pasta con un pincel de cerdas suaves.

almidón en agua tibia, hasta conseguir una pasta muy fluida que se aplicará a pincel sobre las partes sucias o sobre todo el objeto. Preferiblemente, repasar todo el objeto. Una vez esta aplicación se ha secado totalmente, se cepilla con un pincel de cerdas duras o bien con un cepillo que no las tenga muy blandas hasta conseguir hacer caer todo el almidón el cual arrastrará la mugre del yeso.

Debe irse con mucho cuidado pues los objetos hechos a base de yeso se rayan muy fácilmente y será muy difícil restaurar las superficies que hayan sido afectadas por rayaduras, especialmente si han sido pintadas, pues, aunque se rellenase el hueco con escayola, sería muy difícil renovar exactamente igual la pintura en las soluciones de continuidad.

PORCELANA Y CERÁMICA VIDRIADA

En principio y tratándose de un material recubierto con un esmalte duro y además resistente a los álcalis y a los ácidos diluidos, no hay mejor modo que emplear los productos em-

La capa de almidón depositada sobre el objeto, cuando ha secado, se elimina fácilmente haciendo uso de un cepillo de cerdas suaves.

Las piezas de cerámica pueden lavarse simplemente con agua y un detergente corriente para vajillas.

Si se trata de objetos con relieves y rincones será preferible aplicar el agua con detergente mediante un pincelito de manera que se pueda llegar a los fondos.

pleados para el lavado de la vajilla doméstica, adicionados con algún ácido rebajado o bien con un cáustico.

Lo más cómodo —siguiendo esta técnica de limpieza doméstica— es la inmersión de los objetos dentro de un recipiente con agua caliente, en la que se hayan diluido los detergentes o jabón y se haya aportado los productos cáusticos. Cuando se haya de limpiar piezas muy delicadas, no es conveniente amontonarlas juntas dentro del recipiente, para evitar que en su manejo se produzcan golpes y desportillados. Para que durante un rato queden remojados, pueden colocarse de modo que entre ellos se pueda intercalar un trapo, o bien un papel poroso. La limpieza se realizará de pieza en pieza, también para evitar que puedan golpearse entre sí.

Si se trata de figuras con relieves, o de platos y otros objetos con rincones y calados, se utilizará un pincelito para eliminar los restos que pudieran quedar en las partes más recónditas.

Si las piezas no están muy sucias, se repasarán simplemente con ayuda de una muñequilla de algodón empapada con agua y alcohol de 90°. Si las manchas o pegotes subsistieran se atacarán con disolventes más intensos (acetona, tricloroetileno, etc.), y después se limpiarán del modo antes indicado.

VIDRIO, CRISTAL Y JADE

Se tendrán presentes las mismas recomendaciones que se acaban de dar para la porcelana y cerámica.

Las piezas de vidrio y de cristal pueden también lavarse con agua tibia adicionada con un poco de lejía (de una a dos cucharaditas de café por cada medio litro de agua). Asimismo, se empleará un pincelito de cerdas no muy suaves, para limpiar los fondos de los biselados o tallados. Enjuagar también con agua tibia y secar con un trapo de lino o de algodón con hilo muy retorcido.

Cuando se tienen que limpiar objetos que no pueden trasladarse por pertenecer a un elemento fijado en el techo o en la pared, se utilizará pre-

Los recipientes de cristal o de vidrio quedarán limpios enjuagándolos con agua en la que se haya disuelto sal gruesa, algo de lejía, unas gotas de amoníaco. Si se trata de sacar acumulaciones depositadas en las paredes interiores emplear a manera de granos abrasivos, una cáscara de huevo desmenuzada.

Después de haber introducido los ingredientes se agita el frasco de manera que el producto tenga acceso a todos los rincones.

ferentemente el tamponcillo empapado con alcohol puro.

Los envases, garrafas, damajuanas, botellas que están muy sucios se limpian introduciendo en el recipiente sal granada, con un poco de lejía (una cucharadita) y cáscara de huevo triturada. Puede añadirse también algo de vinagre. Después de tapar la abertura se agita enérgicamente comprobando al trasluz si queda algún rincón sucio para insistir especialmente sobre él. Después se enjuaga reiteradas veces con agua limpia y se pone a escurrir vuelta para abajo, sobre un trapo espeso (una bayeta esponja).

Las lágrimas de lámparas y arañas después de haberse limpiado tal como se ha indicado, lograrán mayor resplandor y una mayor duración de limpieza si se les proyecta un líquido aerosol, especialmente concebido para este fin y que contiene siliconas.

Análogamente al vidrio se tratará la opalita, marmolita, etc.

Se limpia con una esponja empapada con vinagre. Después se le da una cera líquida con siliconas y se lustra con un trapo de lana.

HUESO Y ASTA. MARFIL. CONCHA Y NÁCAR

Hemos agrupado todos estos materiales ya que tienen en común su origen orgánico y ser más o menos porosos, porosidad que va disminuyendo por orden de enunciado, ya que, tanto la concha y aún más el nácar, se hallan mucho más cerca de una dureza casi petrificada que los primeros.

El hueso y el asta

Lo primero que hay que hacer es desempolvarlos y descubrir si en la superficie se han depositado crasitudes. En este caso se podrán lavar con agua jabonosa o con un poco de detergente a la que se haya añadido un poco de amoníaco (una cucharada por litro). Después se enjuaga y seca, dejándolo en reposo en un lugar seco y cálido.

Por ejemplo, expuesto a los rayos

171

Los objetos de hueso o de asta se lograrán blanquear sumergiéndolos en agua salada a la que se habrá añadido unas gotas de zumo de limón.

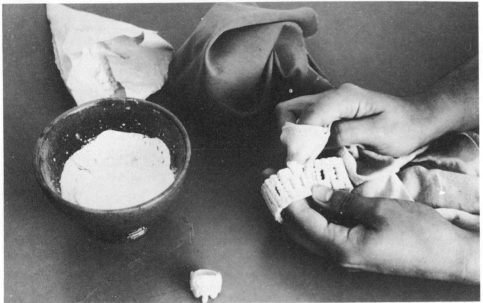

El marfil que está muy sucio y se ha vuelto amarillo se conseguirá blanquear aplicándole una pasta hecha con blanco de España y agua. En el caso de no lograr un buen blanqueado hacer recurso al agua oxigenada de 110 volúmenes.

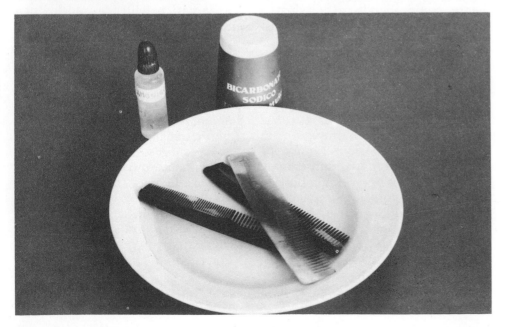

Los objetos de concha se limpian sencillamente con agua limpia y fría a la que se añade un poco de amoníaco y de bicarbonato sódico.

solares. Después se abrillanta con una franela empapada con aceite de oliva o bien encerándolo con un encáustico normal pero incoloro.

En el caso de que el hueso sea blanco y muestre manchas o toda la superficie de tono amarillento, se podrá recuperar el color blanco con agua salada hasta saturación a la que se habrá incorporado unas cuantas gotas de zumo de limón.

Por el contrario, si se quiere que la pieza adquiera un ligero tono tostado se imergirá dentro de té o café.

El marfil

El marfil procedente de las defensas de los elefantes ha sido en muchos casos reemplazado por las que tienen los rinocerontes, las morsas y por los dientes del hipopótamo. Llegar a distinguir perfectamente si la pieza que se tiene entre manos es realmente marfil o no, es algo muy difícil. Y el problema viene agravado por el hecho de que, incluso dentro del marfil auténtico, hay que distinguir el duro del blando. El primero corresponde a las defensas de elefantes de regiones boscosas y umbrías, en tanto que el segundo corresponde a los mamíferos que se hallan en zonas azotadas por los rayos solares que pierden poco a poco su sabia, e incluso llega a agrietarse su punta.

La primera dificultad de tener que manipular un objeto de marfil reside

en que tiene que tratarse con sumo cuidado para no dañar los delicados relieves y tallas que se hayan realizado en la pieza, pues debido precisamente a su gran dureza fibrosa se presta a muchas filigranas.

El marfil puede limpiarse simplemente con agua y jabón, habiéndola espumado con un agitador. También será un producto muy bueno el alcohol de quemar. Después de haberlo enjuagado se abrillanta con un trapo de seda con blanco de España o talco. También una pasta de talco hecha con agua caliente y aplicada sobre el material conseguirá limpiar hasta las partes más hondas. Hay que dejar secar y luego cepillar con un pincel de cerdas.

Si el marfil está muy sucio y amarillento, tal como suele ocurrir con las teclas de pianos antiguos, se podrá blanquear con agua oxigenada corriente de 20 volúmenes, seguido después de un enjuagado con agua tibia y un secado esmerado. Si la superficie es lisa se puede bruñir con un trapo suave.

Por el contrario, si se considera que el marfil es demasiado blanco y se le quiere «hacer adquirir» el tono típico y característico que tienen las piezas viejas se bañará (preferiblemente sumergiéndolo) en café. Hay que prestar atención a que este teñido no actúe demasiado, por una inmersión prolongada. Secar con cuidado y pulimentar a base de frotar con un trapo y talco.

La concha

La concha procede del caparazón de las tortugas de mar. Una de las más apreciadas es la especie denominada *carey*. Se conseguirá su limpieza con agua fría, ligeramente adicionada con amoníaco y bicarbonato sódico (en una proporción de una cucharadita de cada uno de estos productos por cada 0,5 l de agua). Secar luego con cuidado para evitar que los posibles desconchados o levantamientos se acentúen.

Utilizar siempre el trapo en dirección de las estrías. El abrillantado se logrará con aceite de oliva, aplicado superficialmente con un trapo.

El nácar

Se limpia con agua que carezca de cal (usar agua destilada), a la que se añaden unas gotas de zumo de limón. Se seca con un trapo que no pueda dejar hilachas y se pulimenta con aceite de oliva.

LOS PLÁSTICOS

En realidad, agrupar dentro de un mismo capítulo los plásticos, bajo el punto de vista de su limpieza, es continuar incurriendo en el error en que

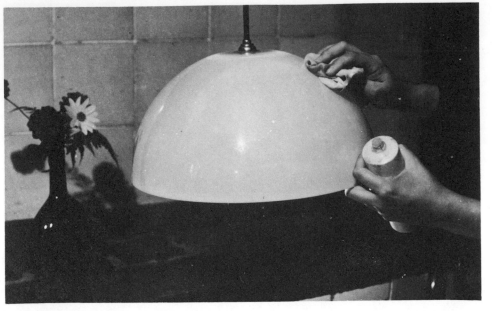

Los plásticos rígidos se limpian con agua tibia (nunca demasiado caliente) y un jabón adecuado.

suele caerse vulgarmente, de que bajo una designación común nos encontraremos con materiales muy análogos y por lo tanto susceptibles de ser tratados también de forma similar.

Lo cierto es que nada más lejos de la verdad que la identificación que puede hacerse entre dos plásticos que pertenezcan a familias muy diferentes. El tratamiento que puede darse a una resina de melamina o a un estratificado (por ejemplo, Fórmica), no tendrá nada que ver con el que se tendrá que usar para limpiar un termoplástico, como puede ser un objeto de ABS (los receptáculos de muchos aparatos electrónicos portátiles, por ejemplo).

Hay que reconocer que, para un profano, es sumamente dificultoso poder explicar en cuatro palabras las principales diferencias que hay entre las primordiales familias de plásticos, e incluso entre los productos pertenecientes a una misma familia. El que quiera llegar a un mayor conocimiento (dentro de unas ciertas limitaciones), aconsejamos que consulte el apartado correspondiente a los PLÁSTICOS, en el primer tomo de esta ENCICLOPEDIA CEAC DEL BRICOLAJE, en donde se dan las principales características diferenciales de los plásticos más utilizados, para la obtención de objetos y materiales corrientes.

De acuerdo con la mayor utilización de algunos plásticos, daremos aquí algunos consejos, para lograr la limpieza de ellos.

Así, por ejemplo, uno de los plásticos que más divulgación ha conseguido, por sus analogías con el cristal inorgánico, es el que se conoce vulgarmente con un nombre de marca que se ha generalizado: el *plexiglás* o metacrilato de metilo. El plexiglás se utiliza para pantallas transparentes y translúcidas, y asimismo para substituir el cristal. Tiene el inconveniente de que, pese a su tenacidad, es un material que se raya fácilmente, pudiendo llegar a semejar un cristal mate si está expuesto a roces continuos. Este desgaste puede contrarrestarse haciéndolo objeto de un pulimentado intenso con un abrillantador (polish), aplicado con un trapo suave. Hay que tener en cuenta que este plástico, al ser restregado, aumenta su poder de atracción de partículas de polvo que puedan hallarse en el ambiente, y, para evitar que se cubran inmediatamente las superficies, hay que proporcionarle una capa de algún líquido antiestático, que se puede adquirir en cualquier droguería. Si el objeto de plexiglás está simplemente sucio, con restos grasosos, se podrá limpiar con agua tibia (*jamás con agua muy caliente*) a la que se haya adicionado detergente con algún producto cáustico (lejía). Utilizar una esponja o una bayeta esponjosa muy blandas. Si las manchas persisten, emplear

únicamente un producto del mercado que indique que es especial para este tipo de plástico, pues no puede ser aplicado ningún producto que contenga un disolvente orgánico muy contundente. Sí se podrá utilizar alcohol, bencina y tetracloruro de carbono.

Parecido al plexiglás, y también utilizado para objetos similares, es el poliestireno (normal y antichoque).

Es mucho más barato que el plexiglás y se utiliza generalmente para objetos baratos. Puede diferenciarse de aquél golpeándolo ligeramente con un objeto metálico, como, por ejemplo una cuchara. El objeto de poliestireno emitirá un sonido más cristalino que otro igual de plexiglás.

Los objetos de poliestireno solamente podrán limpiarse con agua jabonosa y detergente, o con alcohol de quemar o etílico de 90°. Cualquier disolvente orgánico corriente puede reblandecerlo.

Entre los termoplásticos blandos, del tipo etilénico y vinílico, también el agua jabonosa o con detergente, ligeramente amoniacado, será el mejor vehículo de limpieza. El vinílico (del que se hacen telas para tapicería, revestimientos para suelo, maletas, bolsos, etc.) puede también limpiarse con alcohol de 90° y ser enjuagado luego con agua limpia. Las manchas de tinta y de bolígrafo son muy rebeldes. Se pueden intentar limpiar aplicando una mezcla de glicerina o vaselina con alcohol. El éxito puede depender de la composi-

Las manchas de tinta con los termoplásticos blandos, pueden quitarse frotando con vaselina y alcohol de 90°.

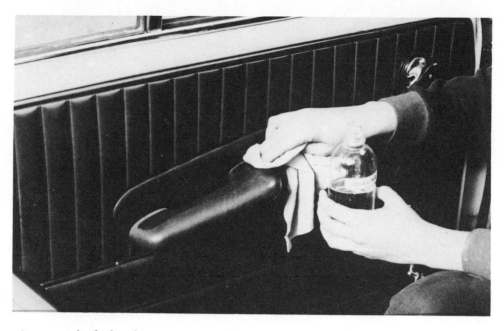

ción y cargas empleadas en su obtención.

Frente a estos plásticos, que pueden ser alterados por la aplicación del calor (termoplásticos), se hallan todos los que no se modifican con el calor (termoestables), dentro de los cuales hay las planchas de estratificados (tipo Fórmica) y muchos objetos realizados con resinas de melamina (ceniceros, vajilla, objetos de sobremesa y otros). Son materiales muy duros y ofrecen cierta resistencia al rayado, si bien la acción fuerte de algo cortante lo consigue.

Se limpian todos ellos con agua jabonosa y detergentes, y con agua adicionada con cáusticos. En el caso de haberse adherido alguna mancha grasa o se haya depositado un producto adhesivo, pueden aplicarse toda clase de disolventes corrientes, sin temor a alterar la película que los recubre (así podrá utilizarse desde

vinagre, alcohol, white sprit, gasolina, petróleo, benceno, acetona, tricloroetileno, etc.).

Después de su lavado con agua y detergente se secan con un trapo y pueden ser abrillantados con algún producto especial para ello. Existen asimismo productos para los objetos que presentan un aspecto mate.

En cambio, no se debe incluir en esta misma consideración al poliéster.

Esta resina sintética suele utilizarse para confeccionar muebles, receptáculos de vehículos, piscinas, lavaderos, depósitos, etc. Suele caracterizarse a simple vista porque su parte opuesta es granujienta, y en ella se observan claramente las fibras de vidrio que se emplean para reforzar el plástico.

El poliéster reforzado con fibras de vidrio es sensible a la acción de muchos de los disolventes orgánicos.

Puede, en cambio, utilizarse sobre él el alcohol de quemar y el de 90°. Siendo resistente a las bases y ácidos diluidos, los objetos de poliéster podrán ser limpiados cómodamente con lejías y clorhídrico diluido o comercial.

Una recomendación: antes de proceder a la limpieza de cualquier plástico, procurar informarse de su naturaleza, y en todo caso, realizar previamente alguna prueba en un lugar que no se halle a la vista, antes de dar como bueno el producto con el que se va a actuar. Así, por ejemplo, será muy indicado probar en algún nervio o resalto que sobresalga de la superficie lisa, en un lugar que quede escondido. En la limpieza de vidrios de diales que llevan grabados números o letras, limitarse a pasar agua adicionada con detergente. Pudiera ser que, incluso el alcohol, borrase los signos grabados.

13.

Lámparas y aparatos de luz

Aunque el concepto de lámpara se identifica en la actualidad prácticamente en el de «aparato de luz» (es decir, el de utensilio que proporciona luz artificial, recurriendo a la combustión de líquidos o gases o a la energía eléctrica), creemos que sería conveniente conservar la denominación más genérica de «aparato de luz» o «de iluminación» frente al más concreto de «lámpara» que podría emplearse concretamente para designar aparatos que aún dando luz, no tienen en ello su principal función, tal como ocurre con las lamparillas de soldar, por ejemplo.

Los diversos y cada vez más perfeccionados sistemas de que se ha valido la humanidad para obtener luz artificial tienen un común denominador: haber consagrado unas formas típicas, que se han mantenido con ligeras modificaciones lo mismo en lámparas de aceite que en lámparas eléctricas.

Las diversas clases de lámparas (de mano, de pie, de mesa, de techo) suelen tener unos brazos en cuyos extremos se sitúa el foco de luz protegido muchas veces por una pantalla o difusor (globo, tulipa, etc.) para que proporcione una luz que no hiera la visión.

Gran parte de lámparas modernas que por carecer totalmente de la necesidad de contener combustible como lo exigían las lámparas de aceite, petróleo, etc., podrían ser diseñadas de otro modo, sin embargo continúan ofreciendo unas formas que son la reminiscencia de aquellos tipos de lámpara. Es la ley de herencia del diseño, según la cual muchas formas se mantienen por inercia, a pesar de estar superada la necesidad funcional que les dio origen.

Así, por ejemplo, las simples pantallas que albergan los tubos fluorescentes coexisten con lámparas ornamentales, en la que el tubo fluorescente además de ser usado como elemento luminoso se integra a una forma caprichosa, inadecuada a la iluminación fluorescente, sólo para dar satisfacción a deseos decorativos; con brazos más o menos adornados que no son otra cosa que evocaciones de lámparas que usaron otra fuente de luz.

Esta actitud humana —que puede ser objeto de múltiples objeciones, pero que es un hecho incuestionable— hace extraordinariamente difícil el poder establecer un orden sistemático en la clasificación de lámparas, y también respecto a lo que nos interesa especialmente ahora: su reparación. Pues si bien, los materiales metálicos, se usaron con preferencia para un gran número de aparatos de luz, que empleaban combustibles, los mismos materiales metálicos continúan usándose en lámparas que emplean la energía eléctrica, para lo cual el metal, por ser conductor de la electricidad, sólo tienen verdadera utilidad práctica en los hilos conductores de corriente, mientras que los demás elementos de la lámpara cuanto menos conductores de la corriente sean, mejor.

Esta mezcolanza de materiales, funciones y formas en que todas ellas se combinan, cruzan e incluso se oponen, hace difícil tal como hemos indicado antes, el poder establecer una perfecta clasificación actual, por cuyo motivo empezaremos describiendo, siguiendo una línea histórica, los principales tipos de lámpara y sus problemas de reparación o restauración.

Antes sin embargo, insistiremos en aquellas dos formas básicas de todas las lámparas que hemos apuntado: tener un receptáculo alargado por uno o varios brazos en cuyo extremo se produce la quema, combustión o incandescencia (o sea, la luz), o bien carecer de brazos por tener el foco de luz en el mismo centro del receptáculo.

En cualquier caso, tanto en una forma como en otra, el foco de luz suele estar rodeado por una pantalla, que total o parcialmente lo protegen tanto para evitar que la llama de las lámparas antiguas se apagase al estar sometida a una corriente de aire o al ser trasladada de un sitio a otro, como para proteger del deslumbramiento cuando el foco luminoso es muy intenso, circunstancia ésta que se da más en las lámparas actuales de incandescencia que en las antiguas de combustión.

Como ejemplos citaremos el candil y los velones, a los que se solía proveer de una pantalla, a manera de pendón; los faroles, cuyo foco luminoso estaban protegidos por unas paredes translúcidas que los envolvían totalmente, dejando en la parte superior unos orificios para que pudieran escapar los humos de la combustión; los quinqués de petróleo, cuyo foco de luz también estaba protegido por una tulipa de vidrio (o porcelana translúcida) abierta por arriba, etc.

LÁMPARAS ANTIGUAS

Aunque muchas lámparas sean antiguas aún continúan usándose (o al menos guardándose como objeto decorativo), a veces de verdadero valor histórico.

LÁMPARAS DE ACEITE

Las milenarias lámparas de aceite cuya forma más característica es la clásica griega o romana, en forma de esfera achatada con una piquera o brazo por cuyo extremo ardía el pabilo impregnado en el aceite del cuerpo central. Estas lámparas y sus imitaciones actuales suelen ser de cerámica, y por lo tanto son propensas a roturas y desconchados cuando sufren algún golpe o caen al suelo.

LÁMPARA DE CERÁMICA

La reparación de una lámpara de cerámica rota puede ser llevada a cabo con adhesivos especiales, particularmente las resinas epoxy. Aun cuando existen actualmente resinas

Preparación de la mezcla de dos componentes de una resina epóxida. Salvo prescripciones contrarias del fabricante, normalmente la mezcla se hace a base de partes iguales de los dos componentes (la resina y el endurecedor). La mezcla puede llevarse a cabo sobre una plaquita de PVC, que repele la resina epóxida.

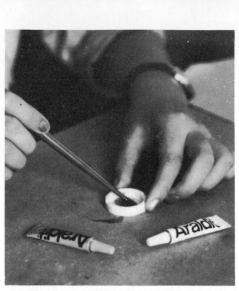

Es muy importante lograr una mezcla perfecta de ambos componentes. La pasta resultante se aplica directamente sobre los elementos que se quieren encolar, después de haber limpiado las zonas a recibir el adhesivo con un disolvente enérgico (acetona o tricloroetileno) para hacer desaparecer restos de grasa o polvo.

cierto tiempo, pues estas reacciones pudieran muy bien no ser inmediatas.

Las reparaciones de lámparas que no sean auténticamente antiguas, las imitaciones, así como las interpretaciones de este tipo de lámparas, no es preciso que sean objeto de tantos miramientos.

REPARACIÓN DE PALMATORIAS

También de cerámica, pero también de otros materiales (vidrio, metal, etc.), son las palmatorias destinadas a llevar una vela de cera o sebo en un alojamiento especialmente destinado a la base de la vela, alrededor del cual hay un plato (redondo, cuadrado, oblongo o de forma caprichosa) cuya misión es recoger el goteo de la vela.

Palmatorias de cerámica

Las palmatorias antiguas de cerámica merecerán la misma atención que acabamos de indicar para las lámparas de aceite de valor histórico.

La resina epoxy es el gran remedio para el encolado de toda clase de piezas de cerámica, tanto si son de loza como de porcelana.

Lo mismo que hemos dicho respecto a no intentar la reconstrucción decorativa de un fragmento de cerámica antiguo se puede aplicar a querer imitar los desconchados en el vidriado o barnizado exterior de los objetos de loza. Es preferible dejarlos tal como están que intentar reproducir burdamente los elementos decorativos del resto de la pieza.

Palmatorias de vidrio

Las palmatorias, menos corrientes, de vidrio, pueden recomponerse también con resina epoxy, en el caso de haberse roto en fragmentos recomponibles dado su tamaño, pues es una buena obra de paciencia el intentar recomponer una pieza de vidrio que se haya roto en mil fragmentos, como suele ocurrir desgra-

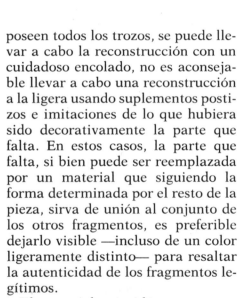

epoxy de rápida catalización (es decir que «secan» rápidamente y en las que simplemente reteniendo un rato breve las piezas con la mano se logra la adhesión) es preferible usar resinas de catalización lenta (24 horas) para garantizar un más perfecto encolado.

En este caso naturalmente se tendrá que recurrir a sistemas ingeniosos para que las partes que se tengan que adherir queden en su sitio, perfectamente retenidas entre sí y sometidas a cierta presión. El uso combinado de gomitas de aro y de cintas autoadhesivas (lisas o arrugadas) puede contribuir con éxito a un perfecto apriete. Asimismo la inserción de la pieza a encolar dentro de un receptáculo entre cuyas paredes quede apretada por medio de cuñas de madera o dobleces de papel, puede constituir un buen recurso, en esta tarea delicada (pero no difícil) de la recompostura de una lámpara de cerámica.

La reconstrucción de una lámpara antigua de cerámica presenta una nota especial cuando la lámpara es realmente valiosa, pues aunque si se

poseen todos los trozos, se puede llevar a cabo la reconstrucción con un cuidadoso encolado, no es aconsejable llevar a cabo una reconstrucción a la ligera usando suplementos postizos e imitaciones de lo que hubiera sido decorativamente la parte que falta. En estos casos, la parte que falta, si bien puede ser reemplazada por un material que siguiendo la forma determinada por el resto de la pieza, sirva de unión al conjunto de los otros fragmentos, es preferible dejarlo visible —incluso de un color ligeramente distinto— para resaltar la autenticidad de los fragmentos legítimos.

El material más idóneo para cubrir estos huecos, será para el aficionado una pasta obtenida a base de caolín, con resinas epoxy, tal como emplean los restauradores especialistas de los museos. El incorporar aditivos colorantes o pigmentos a esta mezcla o pasta es siempre peligroso si no se conoce perfectamente la reacción que dichos colorantes podrían ocasionar al ser puestos en contacto con la resina epoxy y con su catalizador. En todo caso, si se desea hacer una colocación, es aconsejable realizar previamente una prueba, y observar los resultados al cabo de

Restauración de una palmatoria de latón con resina epóxida.

ciadamente con el vidrio; particularmente cuando éste ya es viejo.

Palmatorias de metal

Las palmatorias de metal (cobre, latón y hierro, etc. y aleaciones metálicas en general) deben ser restauradas con cuidado y atención especiales. En las de cobre, latón o hierro no es corriente que tengamos que proceder a una recompostura por haberse roto dada la naturaleza de estos materiales, pero sí que se suele presentar este caso en las otras aleaciones aludidas, tal como en el denominado metal blanco (cobre, níquel, y cinc), el peltre (cinc, estaño y plomo) y otras. También en este caso la resina epoxy constituirá el remedio más eficaz para la recompostura.

En la figura que se acompaña se ve la parte inferior de una palmatoria metálica después de restaurada con una resina epoxy. Los golpes, mellas y dobleces que hayan de sufrir estos objetos se intentará enmendarlos cuidando de no causar con el arreglo daños peores (rayados o huellas de las herramientas de presión que se utilicen).

Los doblados se intentarán corregir usando sargentos o pinzas de presión. Para no dañar las superficies se actuará intercalando entre las mordazas metálicas y el objeto un pedazo de una resina sintética relativamente dura, como el nilón o el polipropileno.

Cuando la superficie a enderezar no fuese lisa, sino que presentara molduras o relieves, lo ideal sería reproducir en hueco sobre la pieza que se emplea para ejercer la presión la misma clase de moldura, o el espacio vacío que albergue los salientes de la pieza.

LIMPIEZA

Deberá procederse también con delicadeza en el cuidado de la superficie de estos objetos metálicos, pues si están llenos de mugre, conviene limpiarlos; pero esto no se debe efectuar tan a fondo que haga desaparecer una de las principales cualidades de una pieza antigua: la pátina. La limpieza a base de gasolina, e incluso de acetona, podrá resultar muy eficaz para hacer desaparecer las materias grasas que cubren un objeto.

Los relieves se podrán restaurar con ayuda de un pincel de cerdas animales duras, pero nunca con una broza metálica, que dañaría la superficie del metal.

Asimismo se debe descartar la limpieza con líquidos abrasivos, como son los limpiametales domésticos. Con ellos, si bien lograríamos obtener un bruñido resplandeciente del metal, haríamos desaparecer todo resto de oxidación y verdete de los bronces y latones eliminando precisamente una de sus principales características: la pátina. Esta es con-

veniente que la conservemos, e incluso que la fijemos.

Una vez eliminada la mugre con disolventes, y obteniendo el contraste entre partes bruñidas y patinadas, se podrá proceder a un barnizado especial de metales, que proteja al objeto de la oxidación ambiental. El clásico barniz para metales es el conocido con el nombre de brasolina, el cual se puede adquirir en las tiendas de droguero, o también en las casas destinadas a restauración de metales.

Existen también ahora, dentro de la gama de casi todos los fabricantes de productos de limpieza, un artículo equivalente a la brasolina a granel. Generalmente los productos de esta clase llevan incorporados en su fórmula una pequeña proporción de siliconas, que protegen los objetos de la oxidación causada por ambientes húmedos.

LÁMPARAS DE ÉPOCA

Las lámparas de época, tanto de pie como de sobremesa, así como las de techo, no son otra cosa que aparatos de iluminación más grandes que los dos mencionados hasta ahora: la lámpara de aceite de un solo pabilo y la palmatoria. Como típica lámpara de aceite tenemos el candil, con uno o varios puntos de iluminación, y dotado de base para ser dejado sobre una mesa, o con un sistema de suspensión para colgarlo del techo. Análogamente, tenemos los velones y veloneras, para poder insertar en su alojamiento una o más velas.

Los materiales de estas lámparas son, además de hierro, el cobre, el latón, la madera y también el vidrio. El aparato de luz, en este caso, es un complejo de varias piezas, soldadas en el caso del hierro, encoladas en el caso de la madera, pero que también pueden estar simplemente ensambladas o unidas por atornillado.

La reparación de esta clase de aparatos deberá ser realizado atendiendo las características de cada uno.

Lámparas de hierro

Las lámparas de hierro forjado, que se hayan roto o desoldado, podrán ser resoldadas (la soldadura eléctrica actual puede constituir una magnífica solución) pero teniendo en cuenta el eliminar los restos aparentes de esta recompostura (desbarbar mediante lima y papel de esmeril, y luego, volver a tratar el hierro con un pavonado de aceite quemado, hasta igualar y devolver a la parte tratada toda la semejanza con el aparato).

Lámparas de madera

Los elementos desencolados que constituyen una lámpara de madera podrán ser reencolados con una cola de toda garantía, teniendo cuidado de rellenar los espacios huecos que pudieran producirse con una pasta de madera sintética o con astillas (recuérdese que las colas no rellenan los huecos o espacios producido en un ensamble defectuoso).

Lámparas de porcelana y vidrio

En las lámparas que están compuestas por toda una serie de piezas superpuestas (como suelen ser muchas lámparas de porcelana o de vidrio) la retención de las piezas se logra generalmente con un armazón interior, normalmente de hierro, a manera de alma, en el cual se van insertando una tras otra las distintas piezas. En estos casos, para efectuar la restauración de estas lámparas se tendrá que proceder con cuidado al desmontado para tenerlo presente en el momento de volver a montar. No estará de más realizar un croquis e ir numerando la sucesión de las piezas, colocando una etiqueta en cada pieza con el número que le corresponda en el croquis.

La retención de estas piezas sueltas, y simplemente encajadas, se suele realizar por medio de un atornillado que ejerce presión sobre la pieza terminal. Hay que ir con mucho cuidado al proceder a este atornillado, pues de ejercer demasiada presión, podríamos originar la rotura de las piezas frágiles (cerámica o vidrio) que integran el árbol o los brazos de la lámpara. La inserción de una arandela de materia blanda (fieltro, goma, fibra o plástico) podrá no sólo evitar una posible rotura, sino ayudar a una consolidación.

TORNILLOS EN LAS LÁMPARAS

Otras lámparas están compuestas de elementos que se atornillan entre sí o están retenidos por pasadores u otro sistema de fijación. El aflojar estas uniones es una de las partes más delicadas en el desmontado, para una restauración completa de un aparato de luz. Es conveniente recurrir a líquidos desincrustantes y lubricantes, para facilitar el desenroscado o el desalojamiento de pasadores, muchos de los cuales estarán herrumbrados. Querer forzar demasiado un desenroscado no sólo es peligroso por las posibles roturas de piezas delicadas, sino que incluso puede resultar dañoso para otra clase de piezas resistentes de hierro o de metal, por los mellados o rayados que podemos producir con las herramientas. En el caso de recurrir a ésta, siempre se intercalarán cuerpos relativamente blandos que, contribuyendo al trabajo, eviten el contacto de las pinzas, mordazas, o partes metálicas de la herramienta con la pieza que hay que desmontar.

PIEZAS DE LÁMPARA QUE FALTAN

En la restauración de esta clase de lámparas, compuestas por diversidad de piezas, pudiera muy bien ocurrir que se detecte la falta de un elemento, roto o perdido con el tiempo. En este caso, convendrá dotar al elemento que carece de la pieza de una reproducción de la misma, a partir de la que corresponde en otro elemento similar.

En la mayoría de lámparas antiguas sería inútil pretender encontrar un recambio, como no fuese una pura casualidad hallarla en una casa de objetos antiguos o en un chamarilero.

REPRODUCCIÓN DE PIEZAS

Sin embargo, hay algunas piezas que pueden ser reproducidas con relativa facilidad y de modo que la reproducción quede igual que la que se tenga como patrón, o al menos imitando la forma o contorno, cuando no la calidad y la textura exactas. Así, por ejemplo, las piezas en forma de cilindro con madera, hierro o cualquier otro metal, tanto si son torneadas lisas, como con molduras o estrías. Pero también pueden ser objeto de reproducción otras piezas aparentemente más complicadas, tal como arandelas o discos labrados con relieves, gracias a los actuales materiales sintéticos, que están al alcance de cualquier aficionado.

Para la reproducción de esta clase de piezas, el aficionado dispone de dos clases de resinas sintéticas, con las que puede reproducir mucha clase de objetos: las siliconas y las resinas epoxy y poliéster. Con las primeras se puede obtener un molde (que no resultará rígido, sino elástico, para facilitar el desmoldeo de relieves difíciles) que reproducirá exactamente y con la máxima fidelidad la pieza que se tenga que imitar, y gracias al cual podremos formar una nueva pieza rellenando su interior con resina epoxy o poliéster acompañadas o no de una carga. Sin carga, estas resinas una vez endurecidas serán translúcidas. Con carga, resultarán opacas y con un color li-

Quinqué de petróleo: detalle del sistema de cremallera para lograr desplazar arriba y abajo la mecha en forma de cinta.

Quinqué de petróleo tradicional. Es conveniente, para casos de emergencia, tenerlo siempre limpio y a punto. Mantener transparente y exenta de polvo la pantalla de vidrio y que el quemador que aguanta la mecha esté limpio de restos de quemazón y de grasas.

geramente más pálido que el del material de carga que se haya empleado.

Aun cuando, cualquier aficionado podrá aplicar fácilmente la técnica de reproducción a base de estas resinas, leyendo atentamente las normas de utilización de los productos (que se pueden adquirir en algunas droguerías y casas de suministros para carrocerías), hemos creído oportuno que el aficionado sepa que incluso una operación aparentemente tan especial como es la reproducción de una pieza de talla, labrada o con complicados relieves, puede estar a su alcance perfectamente.

LÁMPARAS DE PETRÓLEO. QUINQUÉS

Con el descubrimiento y divulgación del petróleo se logró un alumbrado mucho más intenso que con los anteriores combustibles (aceite, o velas de cera o sebo). Las torcidas usadas anteriormente fueron sustituidas por mechas tejidas y se dotó a las lámparas de un sistema sencillo de cremallera gracias al cual la mecha podía ser elevada a medida que se quemaban las fibras impregnadas del líquido combustible. Para garantizar la estabilidad de la llama, ésta se protegió con una tulipa de cristal fino que resistía al calor (pero no siempre los bruscos cambios de temperatura) y que al mismo tiempo difundía mejor la luz. El vidrio podía ser transparente, o matizado para evitar que una luz demasiado concentrada hiriese la vista. Naturalmente era una parte importante de tales lámparas la base o recipiente donde se alojaba el combustible líquido.

En cierta manera, las lámparas de petróleo se asemejaban a las antiguas lámparas de aceite: un depósito de líquido combustible y un brocal o boquilla que acababa en la mecha o torcida que, sumergida en el líquido, absorbía por capilaridad el combustible fluido. La diferencia consistía en el hecho de que, así como para el aceite era conveniente una cierta inclinación, gracias a la mayor volatilidad del petróleo la fuente lumínica se podía situar directamente y per-

pendicularmente encima del depósito de combustible. Por esto puede comprenderse la evolución y forma definitiva que adquieren estas lámparas de petróleo, cuya configuración más típica es la del quinqué.

La restauración de quinqués de petróleo no es tan difícil de realizar como la de los otros tipos de aparatos de luz que antes se han enumerado. A pesar de haber desaparecido del mercado, aún existen en los chamarileros piezas procedentes del desguace de antiguos aparatos y, lo que es más curioso, debido a la reimplantación de todo lo que era de finales del siglo pasado, pueden aún encontrarse en el mercado piezas correspondientes a quinqués que han sido reproducidas o reconstruidas, para dar forma de antiguos quinqués a lámparas modernas. Con algo de paciencia y de afán de búsqueda no será difícil hallar el complemento de una lámpara de petróleo antigua, cuando no la reproducción actual de una pieza caída en desuso. Por otra parte, los fabricantes de vidrios para lámparas disponen de viejas existencias de accesorios para lámparas de petróleo que hoy han vuelto a revalorizar, de acuerdo con las tendencias neomodernistas.

Otro factor a tener en cuenta ha sido que durante los tiempos posteriores a la guerra se tuvo que recurrir debido a las restricciones de sistemas más modernos a procedimientos más primitivos debido a los cortes de corriente eléctrica, con la consiguiente reutilización de muchos

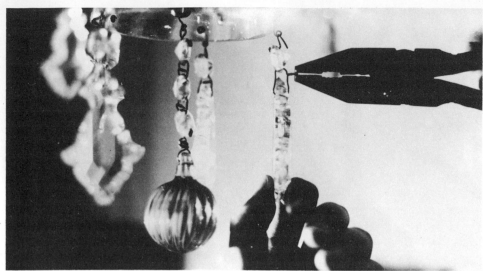

materiales y mecanismos que habían quedado relegados.

El dispositivo más delicado de un aparato de luz de petróleo es quizás la cremallera destinada a subir la mecha, que se fundamenta en una rueda dentada que aplicada contra la mecha permite, gracias a un mando grafilado, hacer ascender aquélla cuando se tuestan sus fibras. Para corregir la deficiente actuación de la rueda dentada, es preciso proceder al desmontado de la misma y rectificar mediante una lima triangular los dientes que se habrán desgastado.

Si el desgaste afecta a las puntas y, por lo tanto, a su diámetro, con lo que no se establece la eficaz acción contra el tejido de la mecha, será conveniente sustituir la ruedecilla por otra equivalente, la cual suele estar simplemente unida al vástago por remachado.

APARATOS DE LUZ ORNAMENTALES. ARAÑAS

Ya en épocas anteriores a la luz de gas, muchos candelabros de techo, cuyo cuerpo era de cobre o de hierro, llevaban incorporados a manera de colgantes de los brazos, y de partes salientes de los árboles centrales o ramificaciones, unas piezas de cristal tallado, cuya misión era dar refulgencia a la luz de las velas. Este tipo de lámparas, cuyos nombres algo indeterminados, son araña, lustro o lucerna se han mantenido desde su misión como portadoras de velas hasta nuestros tiempos, acomodándose a los otros tipos de alumbrado: gas, electricidad, etc.

Además del cuerpo portante, en ellos se cuelgan rosarios y pinjantes de vidrio tallado, unidos entre sí por medio de alambres que los enhebran o los suspenden. Las formas del vidrio son caprichosas y adoptan formas de cuentas, biseladas, redondas u ovaladas, así como placas, talladas por una sola cara, o por ambas, en forma de rombos, de gotas, o lágrimas, etc.

Es muy posible que, con el tiempo, algunas de estas lágrimas o cuentas se hayan roto o deteriorado y que, por lo tanto, convenga buscar un recambio, cosa relativamente posible, pues como se ha dicho, la araña es una forma de luz que continúa aún vigente para la decoración de habitaciones de estilo y de salones de ostentación.

Hemos de ir con cuidado, de todos modos, al querer reemplazar una de estas cuentas o lágrimas, pues podría muy bien ser que la diferencia de calidad del cristal, que puede resaltar más de lo que a primera vista parece, empeorase más que mejorase la presentación de la lámpara.

Algunas de estas lámparas están construidas a base de verdadero cristal y no de vidrio. La mejor refulgencia del primero sobre el segundo es manifiesta, y caso de no encontrar una pieza de recambio de la misma calidad, se notaría inmediatamente

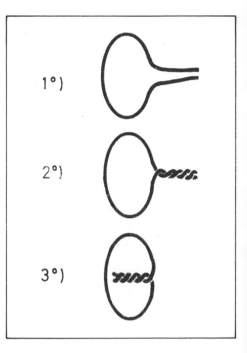

1°)

2°)

3°)

la diferencia entre la nueva pieza y las restantes, sin contar que hacer este apaño en una araña de calidad sería casi un agravio.

Sustitución de una pieza de cristal en una araña

En caso de no encontrar una pieza exactamente igual en forma o calidad del cristal, podemos optar entre dos soluciones:

a) hacer tallar una nueva pieza idéntica según el patrón de las otras enteras que hayan quedado y con las que tenga que emparejarse —solución cara, pero posible—, o bien;

b) dejar la lámpara tal como está, sobre todo si se trata de un solo elemento en una araña muy cargada de pinjantes o de cuentas.

Esta última solución, aunque parezca muy acomodaticia, siempre será más correcta, porque quedará más disimulada que incorporar en el lustro un adorno de cristal de baja calidad.

La sustitución de las piezas es fácil: basta abrir un poco el alambre del que están suspendidas las lágrimas por un agujero en su parte superior, cosa que se podrá realizar con unos alicates.

Si al abrir el alambre notásemos que está muy herrumbrado, o que al abrirlo se rompiese, podremos sustituir fácilmente este alambre con otro de calibre análogo. El alambre que se suele usar en estas arañas o lustros es de cobre, menos propenso a la herrumbre y más maleable que el de hierro. No es prudente efectuar una sustitución por alambre de hierro cobreado, a pesar de que su apariencia puede ser igual a la del cobre macizo.

Este sistema de unir entre elementos por retorcido de un alambre es útil no sólo para unas cuentas de lámparas, sino también en muchas otras ocasiones, en que se quisiera unir o apretar dos elementos. Las tres formas consecutivas serían las que se ve en la ilustración adjunta: 1.º, hacer un eslabón de alambre, doblando simplemente éste y dejando los dos extremos paralelos; 2.º, retorcer los dos extremos con unos alicates, pues con los dedos generalmente resultará difícil; 3.º, doblar hacia dentro la trenza para que no moleste.

Los rosarios de cuentas están enhebrados también a un alambre cuyos extremos se anudan al árbol principal de la araña y se dejan pendientes, formando un ligero pandeo, para ser anudados en su otro extremo en los brazos o adornos que posee la lámpara.

Hay que proceder con cuidado al desprender estos rosarios, pues si bien, generalmente cada cuenta suele estar separada de las otras por un nudo se podría correr el riesgo de que al soltar por un extremo el rosario, pudieran resbalar las cuentas y causar un estropicio mayor.

Limpieza de las arañas

La principal cualidad de las arañas y lustros es la refulgencia de los cristales. Ello exige que los cristales estén perfectamente limpios, para que den todas sus cualidades de brillantez y refracción de luz. La limpieza de los lustros es delicada.

Para garantizar una buena permanencia de la limpieza, es aconsejable usar un líquido limpiacristales que contenga siliconas, ya que el principal papel de ellas es su propiedad antiestática, que impide que se deposite el polvo. Otro recurso contra el polvo es, después de haber procedido a la limpieza de cristales, rociar con un spray de aceite de siliconas, que se podrán adquirir en las droguerías.

LÁMPARAS DE GAS

Con la divulgación del gas del alumbrado, las lámparas se adecuaron al nuevo combustible, por cuyo motivo los elementos que constituían sus brazos no eran otra cosa que tubos, a través del cual podía circular el gas. Esta característica del tubo de cobre o latón, aun después de haberse relegado el consumo de gas para el alumbrado, continúa vigente en la construcción de lámparas. Naturalmente, una condición indispensable en este sistema de transporte de gas era el asegurar una perfecta estanqueidad en los empalmes entre tubos, para evitar posibles salidas de gas que provocarían intoxicaciones. Debido a este peligro, muchas lámparas dispuestas para otro tipo de alumbrado se adecuaron simplemente incorporando un tubo a los brazos ya existentes, y procurando hacerlo pasar lo más disimuladamente posible.

Otro recurso para las lámparas de gas fue usar brazos huecos, por cuyo interior podría pasarse un tubo de goma; gracias a este sistema, se eliminaba la posibilidad de escapes por las juntas de los tubos.

En las lámparas de gas se continuó usando el mismo procedimiento que se venía empleando para el petróleo, para albergar la fuente luminosa: una tulipa alargada de vidrio, protegida o no por unas pantallas, a manera de aro, que reflejaban hacia abajo la luz, cuando así convenía. En lugar de la mecha, la combustión del gas se realizaba por medio de una camiseta o bulbo de tejido, que si bien se podía poner incandescente no se quemaba fácilmente. Procedimiento que es el que se continúa empleando en las actuales lámparas de butano (muy utilizadas para camping y que es muy conveniente tener también a mano para casos de corte de suministro eléctrico). Asimismo este sistema se emplea en las lámparas que utilizan petróleo o gasolina gasificada a presión.

LÁMPARAS ELÉCTRICAS ACTUALES

Al introducirse la electricidad, la mayoría de lámparas existentes se adaptaron a la misma, dada la facilidad que permitía el sistema añadido de unos hilos conductores y de unos portalámparas en los sitios donde se hallaban los mecheros o los soportes de velas. Los cables podían pasarse —a la manera como se había hecho con los tubos de gas, pero con mucha mayor facilidad de que pasaran desapercibidos— a lo largo de los elementos de la lámpara, atándolos con hilos cuyo color se asemejara tanto como fuera posible con los materiales de que estaba hecha la lámpara.

En otros tipos de lámparas, es decir, en aquéllos cuyos elementos eran tubos o cuerpos huecos, la solución fue mucho más fácil, ya que el cable quedaba completamente escondido. Esta solución con una apariencia perfecta ha dado lugar a una gran cantidad de sinsabores en la reparación de la instalación interior de las lámparas eléctricas, pues si bien la misma se realiza más o menos con facilidad cuando se procede al primer montaje en la fabricación, es causa de muchas dificultades cuando se tiene que proceder a una reparación, ya que para corregir, a lo

Para pasar cordones a través de lámparas hechas a base de tubo resulta muy práctico emplear una cadenilla que se introduce por su propio peso en el interior del tubo resiguiendo todas sus curvas.

Lámpara desmontada para mostrar la rótula que permite una articulación de la pantalla o de algún otro elemento de la misma.

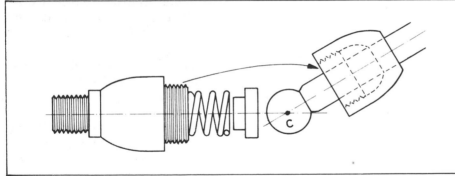

Detalle del mecanismo de rótula para la articulación de elementos constitutivos de una lámpara.

He aquí esquematizadas las seis formas más corrientes de conseguir el encendido y apagado de una lámpara.

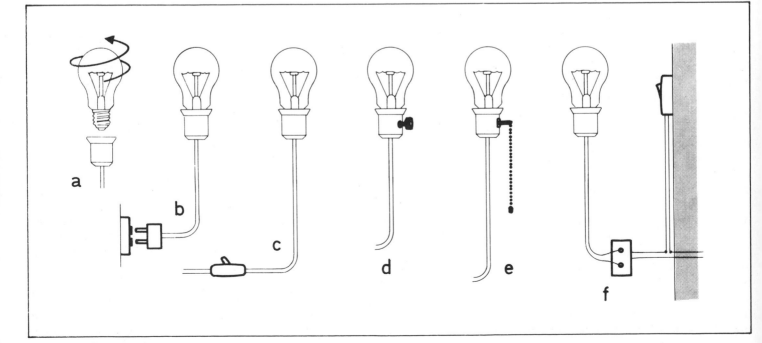

cada sinuosidad, para facilitar que por gravedad se vaya introduciendo.

Generalmente la operación tiene siempre éxito, especialmente si la cadenilla, tal como se ha dicho, es bastante inferior al calibre del interior del tubo o cuerpo hueco.

En la figura adjunta se acaba de hacer pasar la cadenilla por el interior del tubo de una lámpara y está saliendo el cordel atado a la cadenilla.

Si se trata de hacer pasar el conductor por un solo brazo, lo más práctico es emplear el atado directo. Pero, si se trata de alimentar varios brazos de una lámpara con un árbol central, quizás convendrá hacer pasar primero unos cordeles que se dejan sobresaliendo por cada extremo del tubo; y a continuación, atando al cordel el cable correspondiente a cada brazo, se introducen los conductores, cortados previamente en la longitud que les corresponda (con un margen prudencial para efectuar los empalmes). Así se tendrán disponibles y a punto todos los brazos, para efectuar las derivaciones del cable central que ha de alimentarlos.

Roscado de piezas

En las lámparas de este tipo hay que cuidar, al efectuar los roscados de los diversos componentes, que el cable introducido en el interior de los tubos no se retuerza, cosa que siempre ocurre cuando el brazo o tubo está sujeto por roscado. Por ello es conveniente no efectuar periódicamente los empalmes con los portalámparas para que se pueda enmendar el posible retorcimiento del cable. Esta corrección se hará dando al trozo de cable que sobresalga tantas vueltas en sentido inverso como se hayan dado al roscar. En el caso de haber procedido previamente al empalme del portalámparas, puede también procederse a dar varias vueltas a éste en sentido contrario al del roscado.

En toda esta clase de lámparas, con elementos ensamblados por roscado, hay que tener presente lo que ya antes hemos dicho acerca de los agarrotamientos y herrumbrados que pueden dificultar el desmontado

mejor, una simple desviación de un brazo, no hay otro remedio que desmontar toda la lámpara. Esto sin tener en cuenta que hacer pasar el cable por el interior de un tubo sinuoso o acotado presenta a veces ciertas dificultades. Veamos a continuación, una forma de hacerlo:

Hacer pasar un cable por el interior de un tubo acodado, de manera que se acomode a las sinuosidades y que no se retuerza sobre sí mismo, con todos los inconvenientes que esto implica, es el problema que tendrá que resolver el aficionado, aunque puede hacerlo con facilidad si emplea un recurso sencillo: una cadenilla de bolas.

La cadenilla de bolas se puede adquirir en cualquier ferretería. Las hay de varios calibres, siendo preferible recurrir a una cuyo calibre sea pequeño, pues siempre será más fácil que se deslice entre angosturas que otra de calibre grande. La longitud de la cadenilla será de unos 15 a 20 cm mayor que el trayecto que tenga que recorrer en el interior del tubo o brazo hueco.

En un extremo —el opuesto al que se tiene que introducir en el tubo— se ata un cordel resistente pero no muy grueso, o bien se ata directamente el cable eléctrico. Este atado es muy importante. Conviene asegurar esta sujeción para que al ser arrastrado por el interior del tubo no pueda soltarse (especialmente cuando, en vez de tener que pasar por un tubo de pared interior lisa, tenga que pasar por una pieza de fundición, llena de resaltes).

Es aconsejable unir la cadenilla al cordel o al cable mediante un hilo recio (hilo de coser del 10, o bien hilacha de cobre extraída del propio conductor eléctrico): pero interesa que el cordel o las hilachas queden perfectamente cubiertas y que el atado sea lo menos grueso posible.

Una vez esto dispuesto, se toma el tubo por el que se tiene que pasar la cadenilla, y se introduce la cadenilla, dejando que se deslice hacia el interior por su propio peso. Si el tubo es recto, no se realizará ninguna operación ulterior. En cambio, si es sinuoso se procederá de tal modo que la cadenilla se vaya deslizando perpendicularmente siempre con respecto a

de las piezas, por cuyo motivo será procedente utilizar un líquido desincrustante y lubricante.

En caso de encontrar una tuerca o arandela en mal estado, se cambiará por otra en perfectas condiciones.

De más importancia es que una rosca se haya pasado y que no se pueda proceder a una fijación eficaz del brazo. Como muchas veces será casi imposible encontrar un brazo de recambio exactamente igual que sería la mejor solución, se puede intentar lograr un ajuste rellenando con estopa o unas hebras finas de cobre los pasos de rosca que se hubieran mellado.

Las últimas y más recientes lámparas eléctricas ofrecen una extraordinaria variedad de materiales, sistemas de unión, articulaciones, etcétera, para los que resulta prácticamente imposible poder dar unos consejos generales que convengan a todas.

Una gran ventaja de muchas lámparas modernas es que se han liberado de la obsesión de esconder el cable y muchas veces éste se deja al descubierto con lo que se facilita extraordinariamente la localización y corrección de cualquier fallo debido al conductor eléctrico, por su fácil sustitución.

Los elementos componentes de la lámpara suelen estar retenidos por tornillos y roscas, generalmente consolidados con arandelas de retención que evitan un fácil aflojamiento y descoyuntamiento al ser manipulada la lámpara para colocarla en la posición que se prefiera.

Un repaso periódico de estos atornillados será muy conveniente, especialmente en las lámparas de pie y de sobremesa.

Encendido y apagado de las lámparas

En las lámparas de pie y de mesa, el encendido y el apagado puede hacerse de varias maneras. A continuación, citamos las más corrientes: (ver ilustración)

a) Desaflojando la bombilla. Es el sistema más simple: basta con dar una vuelta para que la bombi-

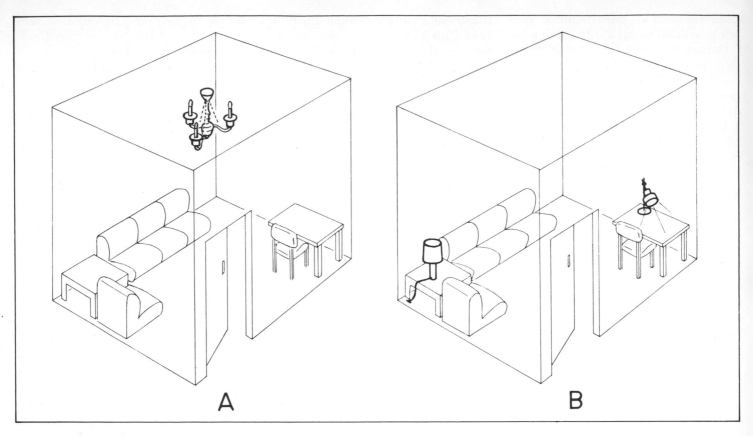

lla deje de hacer contacto por su borne inferior y se apague.

Naturalmente es el sistema menos recomendable por muchas razones: porque es incómodo llegar hasta la bombilla (especialmente cuando hay pantalla en la lámpara), porque la bombilla puede quemarnos, (ya que al cabo de un rato de estar encendida el vidrio está muy caliente), porque no es conveniente producir movimientos en el filamento de la bombilla ni en el portalámparas.

b) Desconectando la clavija de la base del enchufe. Es el procedimiento preferible, si no hay interruptor.

c) Intercalando un interruptor en medio del hilo. Es una solución más fácil de instalar. Solamente habrá que cortar uno de los dos hilos del cable, pues el otro hilo pasará tal cual a través del interruptor.

d) Colocando un portalámparas con interruptor giratorio. De este modo bastará acercar la mano al portalámparas y apagar o encender.

e) Colocando un portalámparas con interruptor de cadenilla. Tiene la ventaja sobre el interruptor anterior que no hay que introducir la mano debajo de la pantalla (con la dificultad de encontrar el interruptor al tacto).

Es la solución más adecuada en todos los casos (que son la mayoría) en que la lámpara de pie o de mesa lleve pantalla. Estos portalámparas son algo más caros, pero vale la pena la diferencia de precio.

f) Colocando un interruptor de pared que conecte o desconecte uno de los hilos del enchufe al que va enchufado la lámpara de pie (o de mano). Es la forma de encender la lámpara a la entrada de la habitación.

Resulta muy útil ahora que se tiende a prescindir totalmente de las luces de techo. Incluso los mismos interruptores que sirven para la lámpara de techo pueden servir para la lámpara de pie; bastará muchas veces con un simple cambio en los empalmes entre hilos en una caja de empalmes.

Esta solución resulta, sin duda, magnífica si se complementa con

Dos formas de iluminar una misma habitación: en A, mediante una lámpara de techo (con más o menos bombillas) y en B, con puntos de luz localizados. Los efectos de intimidad y de mayor rendimiento para la realización de trabajos diversos, lectura, costura, etc. son mejor conseguidos con el segundo sistema. Ello no impide que ambos medios se utilicen simultáneamente.

una de las anteriores, pues entonces la lámpara de pie o de mesa se puede encender al entrar en la habitación y se puede apagar desde la misma silla o sofá con el interruptor de cadenilla.

La mejor solución, de todos modos, cuando se ha de apagar y encender la luz desde dos sitios distintos es emplear conmutadores. Pero esta solución resulta más trabajosa y cara, pues, los conmutadores han de estar unidos entre sí por un cable.

Pantallas para lámparas eléctricas

Muchas lámparas antiguas en las que la luz se producía por combustión tenía una pantalla para proteger del foco, pues éste podía quemar. Actualmente con la luz eléctrica esto ya no es necesario, pero se colocan también pantallas para difuminar la luz, ya que la bombilla de incandescencia tiene una luz muy intensa, concentrada a un pequeño lugar (el filamento incandescente). Si no lo ha comprobado, fíjese que es mucho más acogedora una habitación con luces indirectas (incluso a ser posible sin que se vea de dónde procede la luz exactamente) que otra en la que se vean las bombillas.

Actualmente los problemas de luz deben resolverse combinando dos formas:

— Luces con pantalla translúcida, que dispersan la luz, a fin de iluminar con poca intensidad un volumen grande.
— Luces con pantalla opaca, que concentran la luz, a fin de iluminar con mucha intensidad una superficie pequeña.

Las pantallas que más nos interesa y que incluso podemos hacer nosotros mismos son las translúcidas. Las formas de pantallas más corrientes son las dos que se ven en la ilustración: las cónicas y las cilíndricas. En todas ellas la bombilla ha de estar en el centro, del modo más oculto posible.

Estas pantallas están formadas por dos aros circulantes entre los cuales está situada una tela, un papel, etc. En la siguiente figura se ve el desarrollo de dos de estas lámparas (una cónica y otra cilíndrica) junto a sus correspondientes aros. Estos aros son del mismo tamaño en la pantalla cilíndrica, y de diferente tamaño en la cónica. El desarrollo en la pantalla cónica, como se puede ver, es diferente del desarrollo de la cilíndrica (el de ésta es rectangular y el de la primera es un sector de corona circular).

Para calcular el desarrollo de pantalla habrá de tenerse en cuenta un pequeño sobrante por arriba y por abajo para la sujeción a los aros y un pequeño sobrante por un extremo para empalmarlo con el otro (partes señaladas de oscuro en la figura). A fin de hacer el trazado exacto de la superficie desarrollada para construir una pantalla troncocónica, se dibuja la pantalla tal como se verá de perfil, y se alargan los dos lados obteniendo el punto 0, que será el centro de las dos circunferencias que se trazarán.

Ese punto 0 se hallará a una dis-

tancia del punto A que si no quiere hacerse el dibujo, puede hallarse por la siguiente fórmula:

$$\text{distancia } A0 = \frac{h\,D}{D-d}$$

O sea que esa distancia resulta de multiplicar la altura de la pantalla por el diámetro mayor, y dividir el resultado por la diferencia entre los dos diámetros (el mayor y el menor).

El ángulo de abertura α se podrá calcular por la fórmula:

$$\alpha = \frac{180\,(D-d)}{h}$$

O sea, ese ángulo se obtendrá de multiplicar 180 por la diferencia entre los dos diámetros (el mayor y el menor) y se dividirá por la altura de la lámpara.

Veamos un ejemplo: si queremos construir una pantalla cónica (o, dicho más técnicamente, de forma troncocónica) de 50 cm de altura, 45 cm de diámetro mayor y 30 cm de diámetro menor, trazaremos en el mismo material del que queremos construir la pantalla el perfil de ésta, y prolongaremos los dos lados del cono, tal como se ha hecho en la figura. Si queremos calcular la distancia A0 directamente, emplearemos la fórmula indicada antes:

distancia
$$A0 = \frac{h\,D}{D-d} \times \frac{50 \times 45}{45-30} = 150 \text{ cm}$$

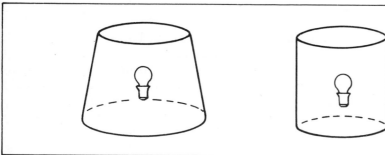

Las dos formas más tradicionales utilizadas para pantallas de lámparas de pie y de sobremesa: cónica y cilíndrica.

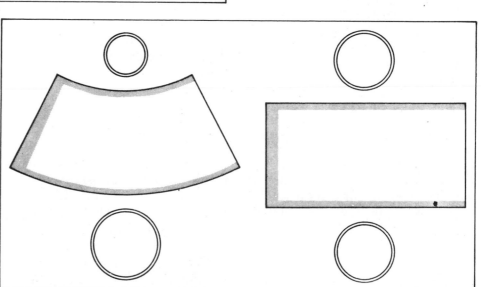

Desarrollo de cada una de las dos pantallas mostradas anteriormente. Los orillos sombreados están destinados a recibir por superposición o unión los aros metálicos, así como para el solapado de los orillos que se unen.

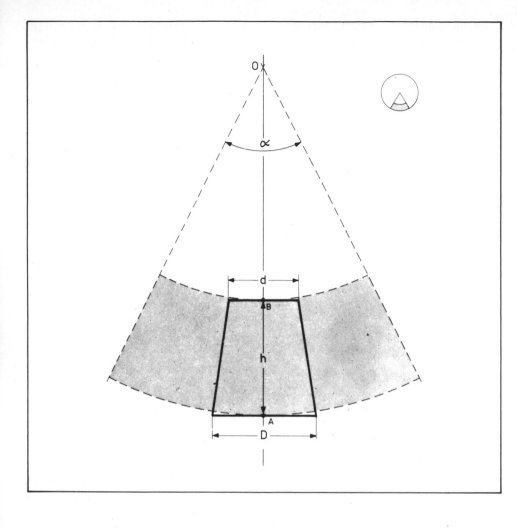

Por lo tanto el radio de las dos circunferencias que habremos de trazar parcialmente sobre el material será un metro y medio.

Nos bastará calcular el ángulo de abertura para poder ya trazar exactamente el desarrollo de la pantalla. Ese ángulo será, según la fórmula anteriormente indicada:

$$\alpha = \frac{180\,(D-d)}{h} = \frac{180\,(45-30)}{50} = 54°$$

Es decir, que con estos dos datos: radio de 150 cm, que podremos medir con un metro metálico enrollable, con una cinta métrica, con una regla larga, o con un metro plegable; y ángulo de abertura de 54°, que podremos medir con un sencillo transportador de ángulos escolar, de plástico, tendremos todos los datos

para trazar el desarrollo de la pantalla.

El trazado de los arcos —puesto que para radios tan grandes no podrá utilizarse un compás— podrá hacerse con un cordel sujeto al centro por medio de una chincheta y con un lápiz atado en el otro extremo. Manteniendo el cordel tirante con la mano mientras se traza, irá describiendo un arco. Luego habrá que dejar los pequeños márgenes laterales.

Soporte de la pantalla y del portalámparas

El portalámparas, con su correspondiente bombilla, así como la pantalla que dispersa la luz, deben tener un pie o soporte. La forma y longitud del soporte dependerá de que la lámpara sea para situarla en el suelo o para colocarla sobre una mesa.

Si es para situarla en el suelo, lógicamente el cuerpo será en la mayoría

de casos una barra o tubo vertical, por dentro del cual se introducirá el cable. Si es posible elegir, recomendamos siempre que esté soportado por 3 pies, pues tres pies son mucho más estables que 4 pies (por eso en fotografía, en que tiene mucha importancia la perfecta estabilidad de la máquina, se usa el clásico trípode, que significa «tres-pies»).

Si es para situarla sobre una mesa podrá utilizarse como soporte una botella grande. Se usa mucho el elegir botellas de vidrio cuyo diseño guste como soportes de lámparas, pero habrá que tener en cuenta, de todos modos, que tengan estabilidad, para ello, cuanto más gruesa sea por su parte baja y más delgada por su parte alta, más estable será la botella.

El cable podrá pasar por fuera o por dentro. Es natural que el hacerlo pasar por dentro sea lo mejor, pero entonces la botella habrá de disponer de un agujero para la salida del cable.

14.

Reparación de utensilios de cocina

BATERÍAS DE COCINA

Independientemente del entretenimiento diario o periódico concerniente con la limpieza y cuyas explanaciones corresponden más a un punto de vista de economía doméstica, existen, debido al constante uso, una serie de desgastes, deformaciones, desportillados, descoyuntamientos de mangos, asideros, etc., en muchos de los artículos de batería de cocina, cuya enmienda y reparación caen perfectamente dentro del bricolaje. Algunos de ellos son de fácil reparación y es absurdo que por no prestarles atención se releguen muchos objetos a los que nos habíamos acostumbrado y que debidamente solucionados aún pueden durar unos cuantos años.

Se trata de utensilios principalmente de aluminio que ofrecen una fácil reparación. También podríamos añadir otros utensilios de acero, sin esmalte, ya que estos últimos escapan por completo, en lo que a dicho recubrimiento se refiere, por lo menos hasta ahora, de las posibles soluciones que un aficionado tendrá a su alcance.

UTENSILIOS DE ALUMINIO

Los utensilios de aluminio —cacerolas, cazos, botes, ollas, etc.— sufren fundamentalmente de tres percances:
a) Deformación de la pieza, especialmente si se trata de cazuelas y ollas, en las que su grosor es bastante débil.

Debido a los trabajos culinarios las paredes y fondos del utensilio cobran desfiguraciones, abombados, abolladuras, etc., hasta que acaba la pieza completamente informe y no prestando utilidad pues se asienta mal sobre los fogones o se tambalea sobre una superficie plana. También las tapaderas sufren tanto o más que los propios utensilios para los que están destinados.

El aluminio puede ser objeto de

fácil enderezamiento, mientras se disponga de un martillo (preferiblemente de cabeza blanda de nilón) y un pequeño yunque o tas (cuyas funciones las puede desempeñar igualmente otra cabeza de martillo), afirmado en un tornillo de banco o simplemente retenido a una mesa por medio de un sargento. Con estos simples elementos se pueden corregir las abolladuras, perfiles, cantos, etc., de muchos utensilios de aluminio martilleando de manera que se vayan rectificando poco a poco las desigualdades. En las formas combadas no se debe pretender arreglar este alabeo directamente sino primero perfilando el canto del fondo, gracias a lo cual se logrará que dicho fondo se vaya atirantando por sí mismo. A continuación se podrá insistir sobre aquellas abolladuras pequeñas o medianas hasta lograr recuperar la forma plana que le corresponde.
b) Desprendimiento de asas y mangos que están retenidos por remaches.

Los utensilios de aluminio suelen emplear remaches para unir entre sí las piezas que sirven para asir y sostener el receptáculo. También estos puntos de unión acaban cediendo con el tiempo, hasta que se desprenden totalmente.

Tan pronto se nota que una asa o mango empieza a tener juego debe ser objeto de remachado, apoyando la cabeza del remache sobre un tas o sobre un objeto macizo que pueda recibir fácilmente los impactos y golpear por la parte interior el remache, de modo que desborde por encima de la chapa de aluminio.

Si no se toma esta precaución, el asa acaba desprendiéndose, primero de un punto de remache y al cabo de poco tiempo los otros adquieren rápidamente juego, o si no se enmienda acaban desprendiéndose. En estos casos se procederá a un nuevo remachado. Como sea que al ir cobrando holgura, es muy posible que se haya estropeado el agujero donde se asientan los remaches, se tendrá que ensanchar dicho agujero (con una

broca cuyo calibre sea algo superior al anterior agujero) y realizar esta misma operación en los otros agujeros pertenecientes al asa.

Si el asa quedase aún retenida por algún remache, en primer lugar se deberá desprender el remache que aún mantuviese la unión de los dos elementos. Para ello, se lima la parte interior, opuesta a la cabeza, con ayuda de una lima de media caña, hasta conseguir eliminar la rebaba que retiene el remache en el utensilio.

En casi todas las ferreterías podrán adquirirse remaches de aluminio de calibres muy diversos. Naturalmente, cuando hay que retocar el agujero antiguo, habrá que elegir un remache cuyo calibre corresponda con aquél.

Generalmente estos remaches suelen tener una longitud mucho mayor que la necesaria, para esta aplicación, en que se trata solamente de atravesar el grosor del asa (de 5 a 10 mm) y el espesor del receptáculo que puede variar entre 0,5 y 3 mm. Tomando la medida de uno y otro, aunque sea aproximadamente, recortaremos el remache de acuerdo con la suma de ambos espesores a la que añadiremos 1-2 mm, que será lo que asomará por el interior y que se tendrá que remachar, de manera que sus bordes carguen sobre las paredes del interior del receptáculo. No interesa que el remache sea mucho más largo que estos 2 mm que se dan de más, pues si el remache es demasiado largo, en lugar de achaflanarlo, regularmente por toda su periferia, lo que ocurre es que se dobla y no se obtienen los efectos del remachado.

Para remachar se aplicará la cabeza del remache sobre el tas y se martilleará su punta procurando dar efecto al martillo de modo que golpeando en el centro, la pena del martillo se vaya deslizando hacia la periferia. Una vez logrado que la punta cargue sobre las paredes del reci-

Sobre un banco de trabajo varios instrumentos y herramientas para reparar utensilios de bateria de cocina: tas, martillo de cabezas de nilón, etc.

Aplanando las abolladuras de un recipiente de aluminio con un martillo o maza.

Sartén cuyo mango está retenido por medio de remaches de aluminio.

Utensilio en el que los remaches que sirven para aguantar las asas están en mal estado y conviene reemplazarlos.

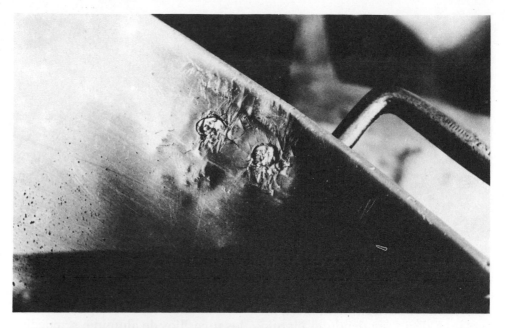

Limado de los resaltos del remache para poderlo sacar de su alojamiento y facilitar su extracción.

Diferentes tipos de remaches de aluminio

piente, se remachará de manera inversa, es decir, siguiendo el círculo exterior, con golpes secos y contundentes.

Una vez remachados cada uno de los roblones nuevos, se comprobará la corrección de esta manipulación, llenando el recipiente de agua hasta que ésta desborde el remache que quede más alto.

Lo ideal es remachar con un martillo de bola o en su defecto con la pena de un martillo cuadrado pero con bordes romos. No debe golpearse nunca por la parte más estrecha de la cabeza de un martillo, pues, no sólo dañaríamos el remache y la pared de la cazuela interiormente, sino que seguramente no lograríamos una perfecta estanqueidad de dichos remaches.

Algunos utensilios modernos emplean mangos de material plástico, los cuales, en caso de rotura, pueden cambiarse buscando un recambio y substituyéndolo; para ello basta aflojar el, o los tornillos que lo retienen a la base de aluminio. Esta base se halla a su vez remachada con el receptáculo, y en el caso de ocurrir un aflojamiento de los mismos se tendría que proceder análogamente a lo que se ha explicado anteriormente con la salvedad de que estos remaches, mucho más largos que los habituales que se pueden encontrar en ferreterías, tendrán que ser solicitados a la fábrica o a la empresa que la represente en la localidad.

Análogamente a lo explicado para los utensilios de aluminio se pueden realizar correcciones en mangos y asas de sartenes, ollas y cazuelas en la batería de plancha de acero. En este caso en lugar de remaches de aluminio se emplearán remaches de hierro, también de fácil obtención en ferreterías.

Más difíciles de realizar son las reparaciones en hierro esmaltado o hierro fundido. Prácticamente, o bien hay que desechar el utensilio, o bien llevarlo a recomponer a un profesional, quien poca cosa podrá hacer en muchos casos.

C) Otro punto interesante son los poros o agujeros que se producen en las paredes delgadas de un recipiente de aluminio. La sal sódica común ataca mucho al aluminio y cuando existe algún poro en él rápidamente consigue perforarlo.

La solución estriba en taponar este agujero. Ello se puede lograr a veces de una manera normal por simple martilleo en el lugar afectado, siempre y cuando se trate realmente de un poro y no de un agujero. En este último caso quedan dos recursos, la soldadura con plata, y obturación del agujero con resina epóxida, con alguna carga metálica (polvos de aluminio, por ejemplo, que fácilmente se puede encontrar en forma de purpurina).

Esta última solución, no será lo suficientemente buena, si el agujero se halla en un lugar donde toque directamente el fuego, pero sí lo será para las zonas de las paredes de la olla o cazuela que quedan por debajo del nivel de agua, aunque ésta llegue al punto de hervor.

BALANZAS DOMÉSTICAS

Este útil doméstico que nos proporciona los pesos, solamente será de verdadera eficacia si está convenientemente emplazada y regulada. Muchas de las pesadas efectuadas en la cocina son de escasos gramos y, por lo tanto, puede ser muy importante el no tener en cuenta la mala nivelación de las balanzas que pueden dar lugar a errores de 5 a 25 gr por lo menos.

La nivelación es precisa, pero al mismo tiempo y para compensar los defectos de la misma o el material acumulado en los platos, es necesaria una regulación, antes de llevar a cabo cada pesada.

Generalmente todas las balanzas disponen de un sistema fundamentado en el contrapeso, gracias al cual girando un tornillo se pueden equilibrar las desviaciones o errores. Bastará corregir gracias a este tornillo (que generalmente está a la vista en todas las balanzas, pero que en algunos modelos antiguos está dentro del cuerpo), levantar el plato y tomar como punto de compensación el que ya está indicado, el cual es naturalmente el que corresponde a un buen enrase, descontando el peso del plato. La corrección estriba en hacer que, desfrenado el fulcro, la aguja corresponda exactamente con el índice, es decir que marque cero.

Índice